BRICE · BLOCKADEBRECHER

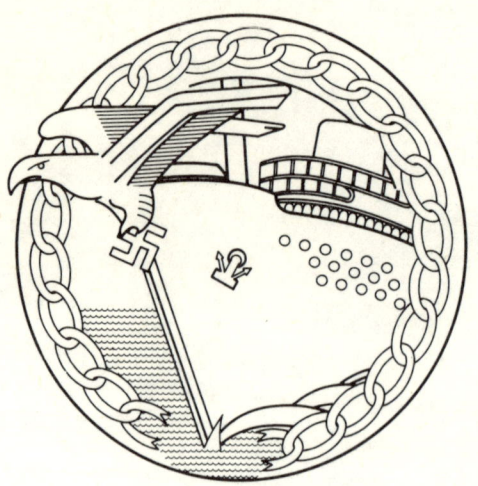

Blockadebrecher-Abzeichen

MARTIN BRICE

BLOCKADEBRECHER

*Der Durchbruch von Handelsschiffen
der Achsenmächte durch die allierten
Sperrgürtel im 2. Weltkrieg*

MOTORBUCH VERLAG STUTTGART

Einband und Schutzumschlag: Siegfried Horn

Die Übersetzung ins Deutsche besorgte
Kapitän z.S. a.D. Otto Köhler

ISBN 3-87943-978-8

Inhalt

1. Die Blockadebrecher 9
2. Die Spielregeln 22
3. Das Glück im Spiel 36
4. Die Kontrolle der Konterbande 46
5. Bewachung im Norden und Jagd im Süden 57
6. Das Verhalten der Neutralen 72
7. Unruhige Gewässer 82
8. Frankreich und Italien 93
9. Die wiedergewonnenen Prisen 102
10. Der Indische Ozean 111
11. Die Nachwirkungen der Rheinübung 117
12. Die Blütezeit der Blockadebrecher 128
13. Schwierige Zeiten 139
14. Der kritische Winter 150
15. Uboot-Blockadebrecher 163
16. Das hoffnungslose Spiel 176
17. Monsun 187
18. Wo liegt das Land? 197
Literaturverzeichnis 201
Verzeichnis der Schiffe 203
Sach- und Namensverzeichnis 207

DANK DES VERFASSERS

Den folgenden Personen und Organisationen, die mich beim Schreiben dieses Buches unterstützt haben, möchte ich für Ihre Auskünfte, Ratschläge und sonstige Hilfe meinen herzlichsten Dank sagen.

Aldershot Library; D.C. Allard, Head of the Operational Archives Branch of the Navy Historical Center; Alton Library; A.T. Boden; Sir Frank Bowden; British Library; F. Brookshaw; Deutsche Afrika Linien GmbH & John T. Essberger; Frank E. Dodman; George J. Duke; George E. Finch; Gordon Frater; Heinz Kurt Gast; Hamburg Südamerikanische DG; Hansa DDG; Hapag Lloyd AG; Imperial War Museum, Departments of Photographs and Printed Books; Lieutenant-Commander H.M. Irwin; S. Jacobs; P.M. Jervis; G.G. Kaye; W.H. Longstaff; Loughton Library; James S. Lucas; Kenneth J. Ludwig; Don McKeggie; National Maritime Museum; Ministry of Defence, Naval Library; The Editor Navy News; Reinhard Nehrlich; Poplar Central Library; Merchant Navy Collection; Portsmouth Central Library, Naval Collection; Harold C. Potterton; Public Record Office, Kew; Red House Museum Christchurch; Prof. Dr. Jürgen Rohwer & die Bibliothek für Zeitgeschichte, Stuttgart; Royal United Services Institute; The Editor Sea Breezes; Donald H. Shore; Lieutnant-Commander Charles McD. Stuart; Ludwig Timm; Commander Seymour Tuke; Edward A. Wilson; and Winchester Central Reference and Lending Libraries.

Die Fotos wurden zur Verfügung gestellt von:

F. Brookshaw: 2 / Deutsche Afrika-Linien GmbH & John T. Essberger: 9, 26 / George E. Finch: 6 / Hapag Lloyd: 4, 15 / Imperial War Museum: 3, 7, 18, 22, 32, 33 / S. Jacobs: 1, 14 / National Maritime Museum: 5, 10, 11, 12, 13, 21, 27, 29 / Reinhard Nehrlich: 8 / Ludolf Timm: 23 / United States Naval Historical Center: 24, 25 / Edward A. Wilson: 17, 19, 20, 28, 30, 31.

Meinen Dank auch dem unbekannten ersten Funker von HMS »Maloja«, der das von Mr. D.H. Shore entliehene Foto knipste: 16.
Die Abschriften aus den Crown Copyright records in the Public Record Office erfolgten mit der Genehmigung des Controller of Her Majesty's Stationery Office.
Schließlich bin ich der Oxford University Press für den Vers auf Seite 200 dankbar. Er wurde geschrieben von Arthur Hugh Clough (1819–61) und ist in »The Oxford Book of Victorian Verse« enthalten, Herausgeber Arthur Quiller-Couch im Verlag Clarendon Press 1912 und 1948.

VERMERK DES VERFASSERS

Tonnage
Die Tonnage der Handelsschiffe wird im allgemeinen in Brutto Register Tonnen, BRT, angegeben; die Größenangaben der Kriegsschiffe erfolgt nach der Wasserverdrängung. Die meisten Größenangaben der Ladung erfolgten in Gewichtstonnen. In einigen Originalunterlagen fehlt die Angabe, ob es sich um tons avoirdupois oder um tons metric handelt. Da der Größenunterschied gering ist, wurde nur das Wort Tonne verwendet.

Metrische und internationale Maßeinheiten.
Maße wurden nur angegeben, wenn es notwendig erschien, zum Beispiel um die Bewaffung vergleichen zu können. Das Kaliber der Geschütze wird zunächst in den Maßen angegeben, die in den Marinen der betreffenden Schiffe üblich sind, gefolgt von den in das jeweils andere Maßsystem umgerechneten Werte. In Deutschland wird das Kaliber gewöhnlich in Zentimeter, in Frankreich und Italien in Millimetern angegeben.

Zeitangaben.
Jede Begebenheit in diesem Buch könnte am klarsten vier Zeitangaben haben in der Reihenfolge: britische Ortszeit, deutsche Ortszeit, Zeit der britischen Admiralität, Zeit der deutschen Kriegsmarine in Berlin. Die Zeit der britischen Admiralität kann sein: Mittlere Greenwich Zeit, englische Sommerzeit oder doppelte englische Sommerzeit. Die britische Ortszeit des Schiffes kann die des Bereichsbefehlshabers sein, dessen Gebiet möglicherweise so groß ist, daß es mehrere Zeitzonen hat. Die Teilnahme der amerikanischen Streitkräfte vergrößerte noch diese Permutation. Natürlich hatte man im Krieg Verfahren um schnell festzustellen um welche Art von Zeitansage es sich handelte.
Spätere Quellen, selbst offizielle, können je nach ihrer Nationalität recht verschiedene Angaben haben, die bei Zeitangaben um Mitternacht sogar ein anderes Datum ergeben können. In diesem Buch habe ich weitgehend die 12 Stunden Ortszeit genommen, um die Ereignisse im Ablauf des täglichen Lebens der Besatzungen zu bringen.
Die 24 Stunden Zeitangabe benutzte ich als offizielle Zeit, die die Ortszeit des Schiffes sein kann, aber nicht zu sein braucht.

1. Die Blockadebrecher

Aus dem Osten kamen sie, die goldenen Strahlen der aufgehenden Sonne brachen sich in ihrem Kielwasser. Achteraus hinter der gleißenden Scheibe lagen verborgen die Inseln und Kontinente mit ihren Gerüchen, ihrem Lärm, ihren Farben und Menschen, der schwierigen Navigation und den wißbegierigen Spionen des Orients. Voraus die unheimlich Weite des sich in die Antarktis öffnenden Indischen Ozean.

Aus dem Süden kamen sie, ihre Kielwasser brachen sich schneeweiß im wolkenlos ruhigen Horizont. Weit hinter ihnen waren jetzt die umherziehenden Albatrosse und die treibenden Eisschollen. Jetzt begleiteten sie fliegende Fische und vor dem Bug spielende Delphine, als wären es Geschöpfe der Luft.

Aus dem Westen kamen sie, ihre Kielwasser wurden von den Wassern des Atlantiks geschluckt, jede auflaufende See hob das Heck und schob spürbar das von Menschenhand geschaffene Tausende von Tonnen schwere Schiff seinen Weg. Achteraus waren die Nebel der Neufundland Bank, voraus die Hafen Europas und — die Patrouillenschiffe des Feindes.

Aus dem Norden kamen sie mit einem kaum spürbaren Heckwasser, sie glitten dunkel gegen die schwarzen Berge durch die eisigen Fiorde. Achteraus lagen die kargen Häfen und das kalte Nordlicht. Voraus die Heimathäfen, die nicht in der Karte verzeichneten Felsnadeln, die Fallen und Hinterhalte des Feindes.

Aus dem Osten und dem Süden, aus dem Westen und dem Norden kamen die Blockadebrecher, beladen mit Zinn für die Weißmetallegierungen, mit Wolfram für Glühdrähte und für die Wolfram-Stahllegierungen, ohne die keine Werkzeugmaschinen fabriziert werden können. Ihre großen Tanks hatten sie voll mit Speiseöl, einem wesentlichen Bestandteil der Margarine und anderer Nahrungsmittel zur Verpflegung der Soldaten, zur Stärkung der Munitionsarbeiter, zur Ernährung der Bürger. Die Blockadebrecher hatten Zellulose und Kaffee, Edelsteine und Drogen geladen. Einige von den Passagierschiffen — nicht alle — hatten Menschen an Bord, von denen jeder einzelne für die Kriegführung wichtig sein konnte. Die wichtigsten Blockadebrecher waren die mit Ladungen von Rohkautschuk, das einzig wirklich gute Material, das zur Herstellung von Reifen für Panzerwagen, die durch Steppen und Wüsten ratterten, für die Reifen der Bomber und Jagdflugzeuge, für die Lastwagen und Schlepper, die auf den Flugplätzen von Norwegen bis Libyen, von der Bretagne bis in den Kaukasus, gebraucht wurde.

Aus dem Osten, dem Süden, dem Westen und dem Norden kamen »Bremen«, »Konsul Horn«, »Wangoni«, »Himalaja«, »Anneliese Essberger«, »Portland«, »Fusijama« und »Rio Grande« — »Rio Grande« ein deutsches Schiff mit einem lateinamerikanischen Namen, das — mit Ausnahme des italienischen Schiffes »Pietro Orseolo«, — mehr als irgendein anderer Blockadebrecher dem feindlichen Nachstellen entkommen ist.

»Rio Grande«, bei Kriegsbeginn ein nahezu brandneues Schiff lief bei der Hamburger Howaldswerft am 17. Januar 1939 vom Stapel; am 27. März 1939 war sie fahrbereit. Mit 6062 BRT hatte die »Rio Grande« eine Ladefähigkeit von 9425 Tonnen bei einer Länge von 145,3 m, einer Breite von 18,7 und einem Tiefgang von 7,3 m. Ihr 8 Zylinder Diesel, von der Maschinenfabrik Augsburg-Nürnberg, mit einer Leistung von 3350 hp gab dem Schiff eine Geschwindigkeit von 13 Knoten. Die Hamburg-Südamerikanische Dampfschiffahrtsgesellschaft in Hamburg war der Eigner, der sie bis zum Kriegsbeginn im September 1939 in der Südamerika-Fahrt eingesetzt hatte.

Über ein Jahr lang lag die »Rio Grande« im Hafen gleichen Namens, Rio Grande do Sul; durch die brasilianische Neutralität beschützt vor der draußen wartenden Royal Navy. Noch bevor es dem Jahresende zuging, glaubte man, daß es Zeit wäre in Fahrt zu kommen. Ihr Kapitän J. Heins, der I. Offizier Heinrich von Allwörden und der 2. Offizier Hans Georg Erhardt hatten alles getan, damit die »Rio Grande« jederzeit auslaufen konnte, wenn der Befehl dazu kam. Abgesehen davon, daß das Schiff in einem guten Zustand gehalten worden war, befand sich in seinen Bunkern viel mehr Brennstoff als die britischen Agenten annahmen. Die Gesundheit und gute Laune der Besatzung waren durch sportliche Betätigungen aufrecht erhalten worden, wobei noch die Kontakte zu Leuten gepflegt werden konnten, die über die Bewegungen der britischen Schiffe Bescheid wußten. Als der Auslaufbefehl aus Deutschland über das Konsulat eintraf, liefen gerade drei britische Handelsschiffe in den Hafen ein. Kapitän Heins entschied mit dem Auslaufen zu warten, bis der letzte Engländer den Hafen verlassen hätte, da er durch sie leicht hätte beschattet werden können.

Am Donnerstag Abend, den 31. Oktober 1940 um 6.03 Uhr zogen zwei gecharterte Schlepper die »Rio Grande« von ihrem angestammten Liegeplatz. Die Besatzung wußte, daß sie von feindlichen Spionen beobachtet und die Verlegung des Schiffes gemeldet wurde, aber Schiffe verlegen oft aus den verschiedensten Gründen von der Pier zu einem Ankerplatz, in die Werft, ins Dock. In aufkommender Dunkelheit ist es schwer festzustellen, ob es sich um eine der üblichen Verlegungen des Schiffes im Hafen handelt oder um das Auslaufen.

Die Schlepper brachten die »Rio Grande« langsam durch den flachen See, auf dem Boote die Verbindung zu den von Deutschen gegründeten Siedlungen um Porto Alegre hielten. Die Lichter der Zwillingsstädte Rio Grande do Sul und S. Jose do Norte verschwanden achteraus; für acht Seemeilen war tiefe Nacht an jeder Seite des breiten Stromes, der alle Wasser der Flüsse, die in den landumschlossenen Lagoa dos Patos münden, ins Meer bringt.

Dann war an der Mündung des Flußes in der ausgebaggerten Fahrrinne eine Barre von 6 Meter auf die die »Rio Grande« auflief. Nach zweiundeinhalb Stunden hatten sie die Schlepper heruntergebracht. Um 10.07 Uhr morgens wurden die Schlepptrossen losgeworfen und eine Stunde später ging der Lotse von Bord. »Rio Grande« war auf ihrem Weg in die Heimat mit einer Ladung von 6948 Tonnen für die Kriegswirtschaft Deutschlands.

Ein britischer Agent meldete seinem Nachrichtendienst, daß »Rio Grande« um 10.10 Uhr abends ausgelaufen und auf Nordkurs gegangen sei. Sie war jedoch später auf Gegenkurs gegangen. Am nächsten Tag machte die Royal Navy einen Funkspruch an ihre Kriegsschiffe mit der Beschreibung der »Rio Grande« und dem Auftrag, nach ihr auszuschauen. Die nächsten Kriegsschiffe waren der Kreuzer »Enterprise« und die bewaffneten Handelskreuzer (AMC's) »Queen of Bermuda« und »Asturias«, die 1200 bzw. 286 Seemeilen weit weg waren.

Die Uhrzeit des Funkspruches mit den Anweisungen an »Asturias« war 0847, da aber dem Empfang bei der Vermittlerstation auf den Falkland Inseln sehr schlecht war, hatte »Asturias« erst um 19.00 den vollständigen Funkspruch. Dadurch war eine Lücke in der Überwachung südlich von Rio Grande do Sul entstanden; die Suche wurde außerdem noch erschwert durch das Zusamentreffen mit einem argentinischen Schiff, das ebenfalls den Namen »Rio Grande« hatte. Neun Tage lang war die deutsche »Rio Grande« allein auf hoher See. Kapitän Heins ging, nachdem er einmal frei von der Küste war, auf ungefähr Ost zu Nord Kurs zu einem geheimen Treffpunkt im Südatlantik zwischen Trinidad und Tristan da Cunha. Dieser Treffpunkt mit dem Decknamen »Andalusien« lag in einem verhältnismäßig ruhigen Gebiet des mittleren Südatlantiks, nicht zu fern von den normalen Schiffahrtsstraßen und doch kaum von einem Schiff befahren. Hier traf »Rio Grande« den getarnten Hilfskreuzer »Thor«, der schon seit über fünf Monate in See war. Die Luken des Frachters wurden geöffnet, und alles was »Thor« von der Ladung brauchen konnte, wurde umgeladen. »Thor« nahm die Gelegenheit wahr, 315 Gefangene von acht versenkten oder aufgebrachten Schiffen loszuwerden. Sie wurden mit ihren Bewachern auf die »Rio Grande« gebracht; es wurde ihnen gesagt, »Rio Grande« sei das Schwesterschiff »Belgrano«, damit sie bei einer eventuellen Flucht keine richtigen Angaben machen konnten. »Rio Grande« beendete ihre Rolle als Versorger eines Hilfskreuzers und die beiden Schiffe trennten sich.

Während der Reise nach dem Norden gab es die üblichen Probleme der Verpflegung, des Trinkwassers für so eine große Anzahl von Gefangenen und außerdem galt es einen Spitzel ausfindig zu machen, der Gerüchte über eine Flucht ausgestreut hatte. Verschiedene Handelsschiffe wurden gesichtet, ein Tanker passierte in einer Nacht in einem Abstand von 500 Meter, aber es ereignete sich nichts. Kurz zuvor hatten englische Unterseeboote einige rückkehrende deutsche Handelsschiffe in der Biscaya abgefangen, aber was auch in den Köpfen der Passagiere und der Besatzung vorgegangen sein mag, welche Ängste oder Hoffnungen sie durchgemacht haben mögen, es passierte nichts. Der Frachter, ausgerüstet mit einer hölzernen Kanone, fuhr zeitgerecht von Position zu Position, wie es von der Seekriegsleitung bestimmt worden war, und lief in Bordeaux am 14. Dezember 1940 ein.

Die Aufgabe der Blockadebrecher bis zum Jahr 1941 war, die Ladungen, die sie in ihren gewohnten Häfen der Friedenszeit geladen hatte, sicher in die Häfen der Achsenmächte zu bringen. Von nun an begannen aber die deutsche Behörden einen direkten Schiffahrtsdienst zwischen Japan und Europa aufzubauen. Die Schiffe mußten dafür schnell und groß genug sein, damit es sich lohnte, und weiter mußten sie um gut die halbe Welt fahren können, ohne bunkern zu müssen. »Rio Grande«, zeitweise in Bordeaux als Tender bei der Marine eingesetzt, entsprach all diesen Forderungen. Sie wurde überholt und mit einer 15 cm (5,9 inch)-Kanone ausgerüstet und lief unter dem Kommando von Kapitän von Allwörden mit einer Ladung von Fertigfabrikaten m 21. September 1941 die Gironde hinunter. Diese nach dem Fernen Osten bestimmten Ladungen, enthielten meist eine Menge Klavierseidendraht, der zur Herstellung von Federn verwandt wurde. Nach Passieren der gefährlichen Gewässer ließ die »Rio Grande« die Geleit-Uboote hinter sich, durchquerte den Nord- und Südatlantik, umrundete Kap Horn und überquerte mit Nordwest-Kurs den Pazifischen Ozean zwischen den Phönix Inseln und Hawaii. Am 6. Dezember 1941 machte sie in Osaka fest.

Am nächsten Tag befand sich Japan im Kriegszustand. Überfall auf Pearl Harbour. Der Zeitplan der »Rio Grande« wurde kaum davon beeinflußt. Der Rest der Ladung wurde auf der anderen Seite der Bucht in Kobe übernommen, und am letzten Tag im Januar 1942 ging sie wieder in See. Diesmal fuhr sie in großem Abstand von den schwierigen Gewässern um Pearl Harbour und den wilden Seeschlachten bei den Philippinen und im Südostasien durch die Inseln des Südpazifik. Obwohl ein großer Teil des Gebietes schon von den Japanern kontrolliert wurde, hatte Kapitän von Allwörden keinen Vorteil davon. Ein unbekanntes Handelsschiff in diesem Gebiet kann nur ein feindliches sein, dachte ein japanischer Pilot logisch und griff die »Rio Grade« an.

Glücklicherweise gingen alle Bomben daneben, nur ein Splitter kam an Deck. Der Frachter setzte seine Fahrt fort, tief in die Antarktis hinein, passierte in großem Abstand Kap Horn, bevor er wieder auf Nord-Kurs ging. Am 10. April 1942 machte »Rio Grande« in Bordeaux fest. Als der Hafenschlepper das Schiff mit dem Heck zuerst an die Pier drückte, sah die Besatzung auf der Pier eine Abteilung Soldaten in Paradeaufstellung. Konteradmiral Menche, der Leiter der Kriegsmarinedienststelle (KMD) Bordeaux war persönlich zur Begrüßung erschienen. Musik, Blumen und ein besonderer Empfang bei Großadmiral Raeder in Berlin folgten. Kapitän von Allwörden konnte nicht verstehen, daß man soviel Aufhebens von seiner Reise machte. Handelsschiffer waren es gewohnt nach einer Reise von 34.000 Seemeilen mit Schiff, Ladung und intakter Besatzung einzulaufen. Das war eben ihr Beruf.

In der folgenden Werftliegezeit wurden zusätzliche Öl- und Wassertanks auf der »Rio Grande« eingebaut und eine weitere Kanone aufgestellt. Am 28. September 1942 lief sie wieder aus, mit einer Ladung von Geräten, Maschinen und anderen Dingen, die für die Kriegswirtschaft Japans so nötig waren, wie Kautschuk für Deutschland. Nahezu gleichzeitig wurde das Schiff von zwei »Short Sunderland«-Flugbooten angegriffen; es mußte zeitweise Schutz in dem neutralen spanischen Hafen El Ferrol suchen. Kapitän von Allwörden hielt sich frei von dem gefährlichen Seegebiet zwischen Cap Finisterre und Gibraltar, in dem sich die Schiffahrtslinien in das Mittelmeer bündeln, fuhr nach Westen und ging erst nahe der Neufundland Bank auf Südkurs. Damit waren die Besorgnisse aber nicht beendet, selbst dann nicht, als die größte Enge im Südatlantik passiert war. Nachdem Südostasien nun in japanischen Händen und der Midway und Guadalcanal im Mittel- und Südpazifik für Überwasserschiffe der Achse zu gefährlich war, nahm »Rio Grande«, wie alle Blockadebrecher seit Mitte 1942 die 11000 Seemeilen Route um das Kap der guten Hoffnung. Sie ließ das Kap gut an Backbord und nahm im Indischen Ozean Kurs auf die Sunda Straße zwischen den Inseln Java und Sumatra. Irgendwann mußte sie die britische Geleitzugroute von Australien kreuzen. »Ramses«, ein nach Europa fahrender Blockadebrecher hatte das gerade getan und war von Geleitfahrzeugen entdeckt worden. »Rio Grande« befand sich zwar nicht in der Nähe dieses Zusammentreffens, Kapitän von Allwörden bekam aber Befehl, sich aus diesem Gebiet abzusetzen bis die feindlichen Aktivitäten abgeklungen seien; die deutsche Führung war sich nicht klar, ob es sich nicht um eine ausgesprochene Jagd auf Blockadebrecher handelte. Befehlsgemäß steuerte Kapitän von Allwörden eine Reihe von großen Zick-Zack-Kursen nach der Westküste Australiens, bis er sicher sein konnte, den japanischen Verteidigungsgürtel entlang der Inseln des Malaiischen Archipel ohne Schwierigkeiten anzusteuern. Die »Rio Grande« fuhr dann zwischen Borneo und Celebes und südlich der Philippinen, um am Neujahrsabend 1942 in Japan anzukommen.

Die Hafenliegezeit in Tokyo und Yokohama war beendet und »Rio Grande« am 28. Januar 1943 ausgelaufen. Sie fuhr zunächst nördlich der Philippinen mit dem Ziel Singapur, um dann die Sunda-Straße zu passieren. Die alliierte Seemacht war unterdessen gewachsen. Im Indischen Ozean waren jetzt überall Kriegsschiffe zum Schutz der Truppentransporte. Im Atlantik waren die Überwachungsstreitkräfte verstärkt worden, so daß nahezu alle Blockadebrecher auf dem Wege nach oder aus dem Fernen Osten abgefangen worden waren. Das Coastal Command machte es einem deutschen Schiff bald unmöglich die Biscaya zu passieren. Dazu würden die Tage auch länger sein, wenn die »Rio Grande« in diese Gegend kommen würde. Deshalb erhielt Kapitän von Allwörden den Befehl umzukehren. Bei dem scheinbar planlosen Hin- und Herfahren glaubte die Besatzung eine zeitlang, daß die Pläne für ihre Heimreise wieder geändert worden wären, aber bald waren sie wieder zurück in Japan.

Bis zum Bau regelrechter Fracht-Uboote sollte der Einsatz von Kampf-Ubooten 1943 den Austausch von Gütern zwischen Deutschland und Japan in kleinen Ausmaßen überbrücken. Die deutsche Industrie konnte aber nicht darauf warten bis sich diese Planungen realisieren würden. Im Winter 1943 wurden einige Rohstoffe dringend gebraucht und nicht erst in ein paar Jahren. Obwohl es ein waghalsiges Spiel war, es mußte versucht werden, mit Überwasserschiffen durchzukommen.

Vielleicht könnten die fünf Motorfrachter, die schon in Japan sind, versuchen durchzukommen, indem sie in ziemlich kurzen Zeiabständen hintereinander fahren, um die alliierten Suchstreitkräfte zu verwirren; das Aufbringen von einem Schiff könnte die Aufmerksamkeit von dem anderen ablenken. In der Mitte des Atlantik müßten sie sich auf ihre eigene Initiative und Bewaffnung verlassen, aber in den gefährdetsten Gebieten bei der Annäherung an Europa müßte ihnen geholfen werden können. Das waren die Überlegungen.

Die Geleitstreitkräfte in den französischen Häfen wurden verstärkt und die Uboot-Kommandanten eindringlich darauf hingewiesen, wie wichtig es sei, die Blockadefahrer zu sichern.

Abgesehen von ihrer normalen Fracht von Kautschuk und anderen Produkten von insgesamt 33,095 Tonnen, sollten diese Blockadebrecher noch fünf Gefangene an Bord nehmen, die der verschiedensten Verbrechen angeklagt waren. Es wurde behauptet, daß einer von ihnen ein Mitglied des kommunistischen Spionagerings von Richard Sorge in Japan gewesen sei. Der Chef der Gestapo in Tokio bestand auf schwerste Bestrafungen aller fünf einschließlich der, die weniger schlimme Verbrechen begangen hatten. Alle sollten bei einer Versenkung des Schiffes in ihren Arrestzellen verbleiben, da sie sonst bei einer Rettung durch die Alliierten weiteren Verrat begehen könnten.

Der deutsche Marineattauché in Tokio, Admiral Wennecker, war mit diesem Befehl nicht einverstanden und erbat eine Bestätigung von der Seekriegsleitung in Berlin. Eine Antwort traf jedoch bis zum Auslaufen der Blockadebrecher nicht ein. Bei der Übergabe der schriftlichen Befehle an die betreffenden Kapitäne versuchte Wennecker, ihnen im Gespräch deutlich zu machen, daß er diese Weisung nicht für unbedingt bindend hält.

Die Schiffe sollten in Abständen von 400 Seemeilen fahren, sodaß die Gleitfahrzeuge jeden einzelnen aufnehmen, nach Bordeaux bringen und wieder auslaufen konnten, um den nächsten zu treffen. Die Mitte des Winter 1943/44 wurde als die beste Zeit für diese Operationen angesehen. Das britische Ministerium für Kriegswirtschaft hielt diesen Zeitraum auch für sehr wichtig, zeigte die fotografische Aufklärung doch eine Verstärkung der Seestreitkräfte in der Biscaya, die Auswertung des Funkverkehrs und die Berichte der Agenten aus dem Fernen Osten wiesen ebenfalls auf die zu erwartenden Ereignisse hin.

Das Abfangen dieser fünf Blockadebrecher wurde eine eigene große Operation. Amerikanische, britische, französische, italienische, brasilianische und neuseeländische Kreuzer, Zerstörer, Geleitträger, Korvetten, Liberators, Wildcats, Halifaxes, Sunderlands, Mosquitoes, Beaufighters, Stirlings, Mariners und Kingfishers waren vom Kap der Guten Hoffnung bis zum Ärmelkanal auf der Wacht. Sehr viel Glück würden die Blockadebrecher brauchen, um da durchzukommen.

Bis dahin hatten diese fünf Handelsschiffe und ihre Besatzungen Glück gehabt; sie hatten auch viel Erfahrung. Kapitän Paul Hellmann's »Osorno« von der Hamburg-Amerikanischen Paket Aktien Gesellschaft (HAPAG) hatten schon im Krieg eine Reise von Japan nach Europa und zurück gemacht. »Alsterufer«, mit 2729 BRT, das kleinste Schiff der Gruppe, war ein Kühlschiff der Reederei Robert M. Slomann Jr., Hamburg. Sie wurde eben vor Kriegsbeginn auf der Eriksberg Werft in Göteborg, Schweden, gebaut. Bevor sie von Bordeaux nach Japan gekommen war hatte sie als Versorger für Hilfskreuzer gedient; ihr Kapitän hieß Piatek. Kapitän Krage hatte die »Weserland«; sie war das älteste Schiff der kleinen Flotte, 1922 bei Blohm & Voss für die HAPAG gebaut. Unter dem Namen »Ermland« hatte sie vom Dezember 1940 bis April 1941 ihre erste Reise vom Fernen Osten nach der Gironde-Mündung gemacht. Um Verwechslungen mit dem Marine Troßschiff »Ermland« zu vermeiden, wurde sie 1942 in »Weserland« umbenannt. Nach Japan zurückgekehrt, versuchte sie Anfang 1943 nach Europa zu kommen, wurde aber zurückgerufen.

Das größte Schiff, die »Burgenland« mit 7320 BRT von der HAPAG, hatte eine ähnliche Geschichte und wurde von Kapitän Schutz befehligt. Und dann war da noch die »Rio Grande«.

»Rio Grande« war die dritte in der Reihe der fünf Blockadebrecher und lief am 4. Oktober 1943 aus Yokohama aus. »Weserland« und »Burgenland« folgten zwar erst gegen Ende des Monats, aber die alliierten Spione in Saigon hatten das Auslaufen der ersten drei Schiffe schon gemeldet.

Von all dem wußten die Schiffe auf ihrer Fahrt nichts. Kapitän von Allwörden ging mit »Rio Grande« wieder durch die Sunda-Straße. Wieder einmal lag Krakatoa, der Schauplatz des größten Vulkanausbruches in der überlieferten Geschichte der Menschheit, achteraus. Wieder einmal teilt der Bug des Frachters die Wellen des Indischen Ozeans und wiegt sich in der südlichen Dünung. Dann kam, wie schon einmal, der Befehl auf der Stelle zu treten und langsam in Zick-Zack-Kurven den Südatlantik zu durchqueren um genau zwei Tagesreisen vor »Weserland« und »Burgenland« zu stehen.

Sehr weit voraus, als erster, versuchte Kapitän Hellmann mit »Osorno« sein Glück. Am 8. Dezember 1943 halbwegs zwischen der brasilianischen Insel Fernando Noronha und Ascension wurde »Osorno« von einem viermotorigem Landflugzeug mit doppeltem Leitwerk gesichtet; es war ein Consolidated PB4Y Liberator vom United States Navy Bomber Squadron (Bombron) 107 auf Ascension. Der Flugzeugführer war zwar mißtrauisch, aber er wollte auf keinen Fall ein Handelsschiff bomben, das sich zwar etwas merkwürdig verhielt, aber doch ein befreundetes sein konnte, noch wollte er einen Blockadebrecher versenken, dessen Kautschukladung auch für die Alliierten von großem Wert war. Ein Kriegsschiff hätte die Möglichkeit gehabt, den Fremdling zu untersuchen. Das Flugzeug beobachtete »Osorno« etwa vierzig Minuten lang und flog dann weg. Der Flugzeugführer versuchte den amerikanischen Kreuzer »Marblehead« und seinen Geleitzerstörer hinzubringen, aber diese beiden Schiffe waren dabei, ein anderes in Sicht gekommenes Schiff zu untersuchen, das sich dann als befreundeter Einzelfahrer herausstellte. Erst dann, drei Stunden, später konnten sie sich um die Sichtmeldung von Pb4Y kümmern. Nahezu zur gleichen Zeit wurden der Kreuzer und der Zerstörer in eine Jagd auf »U510« einbezogen, einem von den großen IXD2-Booten, das auf der Reise in den Indischen Ozean war, um auf der Rückfahrt als Blockadebrecher zu fahren. Letzten Endes entkam »U510« und auch »Osorno«.

Das Glück begleitete sie weiter; ohne gesichtet zu werden kam sie bis zur Neufundland Bank, wo sie östlichen Kurs ging. Es blieb auch am 18. Dezember 1943 bei ihr, als sie ein Sunderland-Flugzeug mit der Angabe beruhigte, daß sie die britische »Landsmen« als Einzelfahrer auf der Reise von Kapstadt nach Liverpool sei. In einer Nacht schimmerte der Schatten eines Zerstörers durch die Dunkelheit — offensichtlich ein Brite —, und es war ebenso offensichtlich, daß »Osorno« erkannt worden war. Als der Zerstörer nahe genug war, warnte der britische Kommandant die »Orsorno« mit dem Megaphon vor Ubooten und befahl ihr, aus dem Wege zu gehen. Kapitän Hellmann antwortete, daß er den befohlenen Kurs nicht steuern könne und stoppen würde. Was würde die nächste Anweisung sein? Sie kam niemals. Das britische Kriegsschiff drehte ab und begann auf einen verdächtigen Asdic-Kontakt Wasserbomben zu werfen. Die beiden Schiffe verloren sich aus Sicht, und die Identität der »Osorno« blieb weiter ihr Geheimnis, ebenso wie ihre genaue Position, die selbst die deutsche Führung nicht kannte.

Die deutsche Luftwaffe bekam Befehl, nach ihr auszuschauen und dreizehn Uboote wurden am 20. Dezember 1943 in der Gruppe Borkum zusammengefaßt, um die mögliche Route des Schiffes zu sichern. Der dazu erforderliche Funkverkehr wurde von den Alliierten entschlüsselt und eine amerikanische Unterstützungsgruppe, bestehend aus dem Geleitträger »Card« und den zerstörern »Leary« »Schenk« und »Decatur«, bekamen den Befehl, diese Uboote zu jagen. Es war jedoch »Card«, die zuerst von einem deutschen Langstreckenflugzeug gesichtet wurde. Diese Meldung veranlaßte Großadmiral Dönitz, die Uboote der Gruppe Borkum auf die Kriegsschiffe von Captain Isbell anzusetzen, um sie von »Osorno« abzuziehen. Am nächsten Tag, dem 23. Dezember 1943, meldete ein einsitziger »Grummann FM-1 Wildcat fighter«, gestartet von »Cards« Flugdeck, ein Handelsschiff auf Südost-Kurs. Auf Anruf konnte das Schiff nicht korrekt antworten, obwohl die britische Flagge gehißt wurde.

Das Glück blieb »Osorno« aber noch gewogen. Es tauchten keine Zerstörer mehr auf — sie hatten zu wenig Brennstoff, um bei dem schlechten Wetter mit hoher Geschwindigkeit eine Sonderausgabe durchzuführen; sie konnten auch bei der bekannten Anwesenheit von Ubooten in diesem Seegebiet den Geleitträger nicht allein lassen. Es erschien auch kein Flugzeug mehr bei »Osorno«, da es bei der schweren See zu Unfällen auf dem Flugdeck der »Card« gekommen war, die den weiteren Flugbetrieb verhinderten. In dieser Nacht wurden die Bewegungen des amerikanischen Trägers und seiner Zerstörer laufend von der deutschen Luftwaffe gemeldet, da deren Flugzeuge von einer soliden Piste starten konnten. »Card« und seine alten Zerstörer mit ihrem flachen Deck waren voll damit beschäftigt, sich der Borkum-Uboote zu erwehren. Der Geleitträger entkam drei Torpedos, die im Zick-Zack-Kurs geschossen worden waren und »Decatur« einem Horchtorpedo. »Schenk« lief zur Abschlußstelle eines anderen Horchtorpedos und versenkte mit Wasserbomben »U645«; ein weiterer Horchtorpedo wurde von »U275« geschossen, der in der Schraube von »Leary« detonierte; versenkt wurde »Leary« schließlich durch einen weiteren Torpedo von »U382«. Die Ereignisse wiederholten sich vierundzwanzig Stunden später, als die Uboote der Gruppe Borkum auf einen britischen Geleitzug stießen und der Zerstörer »Hurricane« durch einen Horchtorpedo von »U305« versenkt wurde.

Durch das sturmumtoste Schlachtfeld steuerte »Osorno«. Das Glück war weiter mit ihr auch als sie am 1. Weihnachtsfeiertag morgens von Sunderlands der 201. (RAF), 422. (RCAF) und 461. (RAAF) Geschwader beschattet wurde. Ein Flugzeug kam zu nah, »Osorno« eröffnete das Feuer und schoß es ab, soviel man sehen konnte fiel es ins Meer. Dann, es war ein trüber Mittag, ungefähr 450 Seemeilen vor der Gironde-Mündung, sah der Ausguck der »Osorno« die schwachen Schatten von Zerstörer und Torpedoboote mit wohlbekannten Schornsteinhauben. Es war Kapitän zur See Erdmenger mit der 8. Zerstörer- und 4. Torpedoboot-Flottille. Mit »Frohe Weihnachten« begrüßte sie Kapitäm Hellmann. Im Laufe einer Stunde hatten die elf »Narviks« und »Elbings« einen Sicherungsgürtel um »Osorno« gebildet; sie verfügten mit ihren insgesamt 207 Geschützen von 2 cm (8 inch) bis 15 cm (5.9 inch) Kaliber und 76 Torpedos über eine ansehnliche Feuerkraft, falls die englische Zerstörer von Plymouth bis zu den Azoren dem Verband zu nahe kommen sollten. In der Luft waren Ju88-Kampfflugzeuge. Von der Royal Air Force erschienen Handley Page Halifaxes, acht von ihnen waren vom 502 Sqadron, sie griffen die deutschen Streitkräfte von 16.20 bis 19.15 Uhr an. Ein Flugzeug schien ein Schiff getroffen zu haben. Es war gewiß nicht die »Osorno«. Das Glück blieb ihr weiter treu, auch bei den folgenden Angriffen und als in der Nacht die achtundfünfzig de Havilland Mosquitos und Bristol Beaufighters mit ihren Torpedos sie nicht finden konnten. In der ersten Morgendämmerung des 26. Dezember 1943 lief sie dann unbehelligt in den 200 Meter frei geräumten Weg der Gironde. Minensuchboote übernahmen das Geleit, während die Zerstörer zum

Bunkern fuhren. »Osorno« war um den halben Erdball gekommen, und dann verließ sie das Glück.

Vor über einem halben Jahr, am 14. Juni 1943, war der »Sperrbrecher 21«, das frühere Handelsschiff »Nestor«, vor Royan auf eine Mine gelaufen und gesunken. Das Wrack war teilweise in den Kanal gerutscht, im Nebel lief »Osorno« darauf. Etwas Glück blieb ihr, sie konnte so lange schwimmend gehalten werden, bis sie bei Le Verdon auf Strand gesetzt werden konnte. Die Bergungsfachleute stellten fest, daß der größte Teil der Ladung geborgen werden könnte, was auch trotz der laufenden Verminung durch die Short Stirlings der RAF gelang. Kapitän Hellmann wurde für diese großartige Leistung mit dem Ritterkreuz zum Eisernen Kreuz ausgezeichnet. Er war der einzige Zivilist, der so geehrt wurde.

Die Zerstörer und Torpedoboote liefen dann wieder an der »Osorno« vorbei in die offene See, um den nächsten Blockadebrecher in der Liste, »Alsterufer«, aufzunehmen. Sie hatte beim Passieren der Enge im Südatlantik bald noch mehr Glück gehabt als »Osorno«; sie wurde dort überhaupt nicht bemerkt. Weihnachten feierte »Alsterufer« allein in aller Stille im Nordatlantik. Das Feiern und ein Trinkgelage wurden bis nach dem Einlaufen in Bordeaux verschoben, um einen doppelten Grund zum Feiern zu haben. Sie blieb bis zum 27. Dezember 1943 10.15 Uhr ungefähr 500 Seemeilen nordwestlich von Cape Finisterre unendeckt. Dort sichtete sie eine Sunderland »T« vom 201. Squadron, die die Geschützbesatzung der »Alsterufer« auf Abstand hielt. Das Flugzeug kreiste zweieinhalb Stunden um das Schiff und funkte seine Position. Eine weitere Sunderland »Q« vom 422. (RCAF) Squadron und »U« vom 201. Squadron erschienen. Nunmehr drehte Sunderland »T« auf »Alsterufer« zu und griff sie mit dröhnenden Motoren an; »T« wurde mit lebhaften Geschützfeuer empfangen. Die Bombe verfehlte das Ziel, das Flugboot ging hoch und verschwand in Richtung seines Stützpunktes.

Während des wolkigen und regnerischen Nachmittags wurde »Alsterufer« zweimal in gleicher Weise angegriffen, ohne ihre Fahrt von 15 1/2 Knoten in Richtung Bordeaux zu vermindern. Bis zum sicheren Hafen war es aber noch ein weiter Weg. Jetzt bestand keine Veranlassung mehr, Funkstille zu wahren; Kapitän Piatek funkte seinen Standort. Er erhielt die Nachricht, daß Flugzeuge und Zerstörer unterwegs seien; aber die Überwasserschiffe konnten nicht vor dem Morgengrauen da sein, und kein deutsches Flugzeug unterbrach das ständige Brummen der kreisenden Pratt & Whitneys. Einige von der Freiwache der »Alsterufer« standen an Deck, starrten in den Himmel und waren wütend, daß kein deutsches Flugzeug kam, um sie zu schützen. Andere gingen unter Deck und versuchten beim Schachspiel ihren Ärger zu vergessen.

Dann riß dem Flugzeugführer O. Dolezal von der Liberator »H« vom 311. (Csech) Squadron der Geduldsfaden. Er griff vom Süden her an der Steuerbordseite der »Alsterufer« an und löste seine acht Raketen. Durch das Fla-Feuer zog er über das Ziel auf 200 Meter und warf zwei Bomben, eine von 250 Pounds und eine von 500 Pounds (113 kg und 227 kg). »Alsterufer« fuhr schnell, schneller als man von irgendeinem Handelsschiff erwarten konnte. Die Bomben fielen nahezu in das Kielwasser, aber nicht ganz; an einer starken Explosion merkte Flugzeugführer Dolezal (Kapitän Piatek beschreibt ihn in Richards & Sanders »Royal Air Force 1939—1945« als einen schlauen Fuchs), daß er mit Erfolg genau das Heck getroffen haben mußte.

Als das Flugzeug »H« kreiste, damit ein Besatzungsmitglied Aufnahmen machen konnte, schossen aus der achteren Luke Flammen. Es folgten mehrere Explosionen. Die Brücke, die Aufbauten und das ganze Achterschiff stand in Flammen; die Besatzung der »Alsterufer« hatte auf Rettungsflößen und -booten das Schiff verlassen. Bald danach nahm Flugzeugführer Dolezal mit seiner Liberator Kurs auf Talbenny in Pembrokeshire, die zwei anderen Flugzeuge kreisten noch bis zum frühen Abend, bis der glühende Schiffskörper, 750 Seemeilen vor seinem Bestimmungsort, auf Tiefe gegangen war. Zweiundfünfzig Überlebende wurden zwei Tage später von britischen Korvetten gerettet, weitere zweiundzwanzig von anderen Schiffen aufgenommen. Die zwei Schachspieler waren nicht darunter. Sie wurden von der Bombe der Liberator getötet.

Nun kam das neue Jahr, das Jahr 1944. Jetzt war »Rio Grande« an der Reihe. Sie eilte durch den Südatlantik, jeder Hub ihres Diesels, jede Umdrehung ihrer Schraube brachte sie der gefährlichen Enge zwischen Westafrika und Brasilien näher, und dann kam die gefährlichste Strecke, die Fahrt durch die Biscaya. Keine Zerstörer werden sie in Empfang nehmen können, sie wurden bei dem unternehmen »Alsterufer« dezimiert und versenkt. Aber das Glück mag weiter bei »Rio Grande« bleiben, auch wenn es die anderen verlassen hatte. Für Kapitän von Allwörden und seine Männer war es ein verzweifeltes Spiel. Sie wußten es. Aber was soll's, Blockadebrecher hatten zu wagen, manchmal gewinnen, manchmal verlieren, das war das Spiel seit Jahrhunderten.

2. Die Spielregeln

Die rivalisierenden Stadtstaaten der alten Griechen mit ihren Kolonien auf den Inseln waren abhängig vom Handel mit Korn, Holz, Erzen und anderen Rohstoffen, die auf dem Seeweg befördert wurden. Dieses wirtschaftliche Konzept konnte durch eine Blockade empfindlich gestört werden; es gibt viele Hinweise, daß damals Geschwader für diese Art des Seekrieges eingesetzt wurden waren. Im Jahre 425 v. Chr. war ein Verband von 420 Spartanern mit ihren Heloten auf der Insel Sphacteria in die Falle gegangen. Zwei Galeeren der Athener umkreisten während des Tages die Insel; während der Nacht lagen siebzig Kriegsschiffe um Sphacteria vor Anker, um jeden Versuch Spartas ihre Garnison zu verproviantieren zu unterbinden. Als die Herbstnächte länger wurden, die Anker nicht mehr hielten, die Riemen brachen oder die Ausgucks vor Sprühregen nichts mehr sehen konnten, merkten die Bewacher aus Athen, daß es unmöglich war, die Insel vollkommen einzuschließen, obwohl sie nur 200 Meter weit weg von der Küste lagen. In solchen Nächten bemannten Heloten freiwillig die Boote und schmuggelten Ladungen von Nahrungsmitteln zu ihren spartanischen Herren. Erfolgreiche Bootsbesatzungen erhielten ihre Freiheit und wurden außerdem noch mit dem notwendigen Gold belohnt, um sich ein neues Leben aufbauen zu können. Selbst bei ruhigem Wetter schafften es einige beherzte Seelen, leise bei den Athenern vorbeizuschwimmen und Schläuche hinter sich herzuziehen, in denen wohlschmeckende Rationen aus einer Mischung von Honig, Mohn und Leinsamen waren, eine Verpflegung reich an Proteinen und Kohlehydraten.

Diese Leute waren im eigentlichen Sinne keine Blockadebrecher, da sie diese Fahrten nicht zum Nutzen eines zivilen Gemeinwesens machten, es waren mehr militärische Unternehmen. Immerhin, die Heloten setzten sich freiwillig ein, sie standen nicht unter Kriegsrecht. Die Tatsache, daß sie später einen persönlichen Gewinn erhoffen konnten, minderte nicht die Gefahr. Mit der Bereitschaft, ihren spartanischen Herren zu helfen, zeigten sie ihren Patroitismus, die Belohnung war ein Extra-Bonus.

In alten Zeiten müssen manche Versuche den Hunger — und auch die Freßgier — von eingeschlossenen Nichtkombattanten zu lindern, gescheitert sein. Zu allen Zeiten war es das Los aller Blockadebrecher sich auf eine Mischung aus Schlechtwetter, List und Kühnheit zu verlassen, anstatt sich ihren Weg zu erkämpfen; auch konnte ein Blockadebrecher den Feind auf sich ziehen, um dem anderen das Durchkommen zu ermöglichen. So war es während des schottischen Stuart-Aufstandes 1745 mit zwei Schiffen: auf einem befand sich der junge Thronbewerber, als sie bei Kap Lizard von HMS »Lion« gesichtet wurden. Während der Freibeuter »Elisabeth« das Kriegsschiff bekämpfte, konnte »Du Teillay«, das von den Schotten unter dem Namen »Doutelle« gechartert worden war, mit Prinz Charles Edward Stewart und seinen »Sieben Mann von Moidart« an Bord ruhig seine Fahrt fortsetzen. Unglücklicherweise war der Vorrat an Munition auf dem anderen Schiffen.

Zu Beginn des amerikanischen Sezessionskrieges 1861 erklärte Präsident Lincoln der Konföderation der Südstaaten die Blockade. Er hatte aber nicht genug Schiffe, um die ganze Küste zu blockieren und konnte sich nur auf gewisse Brennpunkte konzentrieren. Nach einer anerkannten Erklärung aus dem Jahre 1856 mußten bei einer Blockade die Kriegsschiffe so nahe vor dem Hafen liegen und so oft die Küste entlang fahren, daß kein Fahrzeug in den Hafen einlaufen konnte, ohne gestoppt zu werden, sonst war es rechtens keine Blockade. Weiter konnte keine Nation ihre eigene Küste blockieren, sie konnte nur ihre Häfen schließen. Daraus folgerten die Neutralen, hauptsächlich England, daß die Amerikaner nicht das Recht einer kriegführenden Macht zur Untersuchung von Schiffen hatten. Diese wichtigen Regeln hatten sich in dem englisch-amerikanischen Krieg von 1812 ergeben. Diplomatische Verhandlungen erreichten jedoch, daß die Neutralen die Blockade durch die Nordstaaten de facto anerkannten; unterdessen war die Flotte der Nordstaaten gewachsen, sie bemühte sich, den Handel der Konförderierten zu unterbinden.

Die Marinen der Südstaaten versuchte sich diesem Würgegriff zu entziehen, indem sie neue Erfindungen, wie bewaffnete Rammen und getauchte Torpedoboote einsetzten — aber ohne Erfolg. So blieb es den regierungseigenen oder privaten Einzelfahrern, überlassen allein durchzukommen. Einige machten das schon seit Ausbruch der Feindseligkeiten, später wurden eigens für diesen Zweck Rad- oder Schraubendampfer gebaut. Sie waren leicht, aber fest gebaut, schnell — »Will o' the Wisp« erreichte 17 ½ Knoten — und gewöhnlich unbewaffnet, da Kanonen auf Handelsschiffen rechtliche Schwierigkeiten machten und zusätzlich Gewichte waren. Die meisten Schiffe hatten einen Tarnanstrich, denn die fehlende Bewaffnung bewahrte sie nicht vor Geschützfeuer. Nur durch Stoppen und Übergabe des Schiffes konnte die Besatzung sicher sein, ihr Leben zu retten, aber an Übergabe dachten sie nicht.

Die Laderäume der auslaufenden Schiffe waren mit Baumwolle und Tabak, die der Heimkehrenden mit Waffen und militärischem Gerät beladen. Da war immer noch Platz für zusätzliche Ladungen, offizielle, wie Arzeneien und medizinische Geräte und nicht offizielle, wie Tee, Kaffee, Parfüm, Nägel und Nadeln, persönlich erworben und persönlich verkauft — für Gold. Der Gewinn des Kapitäns war groß, die Dividende der Aktionäre ermutigend, die Heuer der Besatzung hoch; das erhebliche Risiko wurde in Kauf genommen. Die großen Schiffahrtsgesellschaften wurden durch die »Doktrin der fortgesetzten Reise« von diesen Geschäften abgehalten. Diese Doktrin besagt, daß eine verbotene Ladung vom ersten Erwerb bis zur endgültigen Auslieferung als Konterbande beschlagnahmt werden kann, auch, wenn die Ladung in einem Zwischenhafen umgeladen und wieder verkauft worden war.

Die Zielhäfen für die Blockadebrecher, die über den Atlantik kamen, waren zunächst Nassau und Bermuda, bevor sie nach den Südstaaten segelten. Sie verließen diese Häfen dann in ziemlich rascher Folge, damit bei der Verfolgung von einem, die Aufmerksamkeit vom anderen abgelenkt werden sollte; sie nutzten Nebel und Sturm, um durch den Ring der Yankee-Kreuzer hindurchzuschlüpfen, die sich gerade außerhalb der Reichweite der Küstenbatterien der Südstaaten hielten. Je länger der Krieg dauerte, umso mehr ermüdeten die Schiffe und die Besatzungen, aber sie wagten immer wieder das Spiel, bis die Granaten und die Kanonenkugeln die Schiffskörper zersplitterten und die Männer zerfetzten. Selbst wenn sie im sicheren Hafen lagen, konnte das Ausladen durch die Belagerer behindert werden. Nur noch

geringe Mengen, wie Chinin oder Salz in den Kleidern oder am Kör-
per der Männer und Frauen, kamen noch durch. Die Eigenschaften,
die ein rechtmäßiger Blockadebrecher im Krieg haben mußte, waren
nicht so verschieden von denen eines gesetzbrechenden Schmugg-
lers, nämlich Findigkeit, Selbstvertrauen, einen kühlen Kopf und die
Bereitschaft eines Spielers, alles auf eine Karte zu setzen. Die Blockadebrecher der Südstaaten haben sich im amerikanischen Sezessionskrieg bis zum Ende der Auseinandersetzung mit ihren Schiffen, ihren
Menschen und ihrem Vermögen voll eingesetzt; ihr Wagemut ist im
Charakter von Rhett Butler in Margaret Mitchell's Buch »Vom Win-
de verweht« verewigt.

In keiner mit Waffengewalt ausgetragenen Auseinandersetzung war
die strategische Waffe der Seeblockade entscheidender, als während
des Ersten Weltkriegs. Deutschland wurde durch die englische Flotte
in der Nordsee eingeschlossen und von den Erzeugnissen seiner gerade erworbenen Kolonien abgeschnitten. Die deutschen Fabriken
konnten ihre Fertigwaren nicht mehr exportieren, um mit dem Gewinn Nahrungsmittel und Rohstoffe in Übersee kaufen zu können.
Die deutsche Industrie war zwar findig und produzierte Nahrungsmittel aus Kunststoffen und Geräte aus nicht üblichem Material, aber
nicht genug. Der Verlust aller natürlichen Rohstoffquellen war zu
plötzlich gekommen. Die Entwicklung weiterer Ersatzstoffe brauchte
Zeit. Quantität war wichtiger als Qualität, und Ersatz konnte Ersatz
sein, aber auch Minderwertiges bedeuten.

Die Schwierigkeiten durch die Hungerblockade der Royal Navy, wie
sie in Deutschland genannt wurde, versuchte man mit dem Bau des
Unterseeboot-Handelsschiffes »Deutschland« zu überbrücken.
»Deutschland« hatte eine Zivilbesatzung und einen Kapitän von der
Handelsmarine, obwohl es kein normales Handelsschiff war. Es
konnte 750 Tonnen laden und machte zwei Reisen nach den Vereinigten Staaten. Ihre Besatzung wurde bei der Rückkehr wie Helden
gefeiert. Ihre Schwester »Bremen« ging bei ihrer Jungfernfahrt mit der
ganzen Besatzung verloren; ein drittes Fracht-Uboot »Oldenburg«
stand 1917 vor der Fertigstellung. Fünf weiter Uboote dieser Art waren im Bau, aber die Menge, die sie laden konnte, stand in keinem
Verhältnis zum Bedarf der Industrie und dem Hunger der Bevölkerung, auch gab es nach der Kriegserklärung der Vereinigten Staaten
keine Häfen mehr, zu denen Schiffe der Mittelmächte — über oder
unter Wasser — noch hätten fahren können. Die »Deutschland« und
ihre Schwestern wurden um — oder zu Ende gebaut, mit Torpedos

25

und Geschützen bestückt und als Fernfahrt-Uboote verwandt.

Die britischen Inseln waren noch weit mehr von Importen abhängig als das Deutsche Kaiserreich. Schon der uneingeschränkte Uboot-Krieg war für die englische Bevölkerung ein Griff an die Gurgel. Schließlich gelang es aber in einem dreidimensionalen Kampf, eine Reihe von Geleitzügen nicht so verlustreich durchzubringen. Die Uboote waren besiegt, die Schlachtschiffe der Grand Fleet beherrschten die Meere, und die Blockade Deutschlands hat genauso zum Sieg über die Mittelmächte beigetragen wie die Armeen der Alliierten.

Achtzehn Jahre später, als wieder ein Krieg mit Deutschland möglich schien, begann die britische Regierung ernstlich an die Waffe der Blockade zu denken. Man hoffte, daß die dann eintretenden Mängel zu einem Zusammenbruch der deutschen Wirtschaft und zu einer Rebellion der deutschen Bevölkerung führen würden, wie es im Ersten Weltkrieg gekommen war. Es hatte sich jedoch damals gezeigt, daß die modernen Waffen eine Nah-Blockade der feindlichen Häfen nicht mehr zuließen. Man sah deshalb 1939 vor, die Nordseeeingänge bei Scapa Flow und den Ärmelkanal dicht zu machen.

Nach der traditionellen Definition kann man genau gesagt, bei einer so weit entfernten Überwachung nicht mehr von Blockade sprechen. Auf Grund dieser Überlegung entschloß sich die britische Regierung, wenigstens dem Anlaß einer Klage zuvorzukommen. Sie gab deshalb am 3. September 1939 bekannt, daß das Ministerium für Wirtschafts-Kriegführung, unter Ronald Cross (später Hugh Dalton und Lord Selborne), für diese Art der Kriegführung formell verantwortlich sei. Die Abteilung in der Admiraltität, die die Kontrolle der Konterbande bearbeitete, wurde Abteilung »Wirtschafts-Kriegführung« genannt; der Direktor dieser Abteilung wurde Rear Admiral A.H. Taylor, später Capitain O.E. Hallifax. Das Wort »Wirtschafts-Kriegführung«, statt »Blockade«, zeigte die größere Aufgabenbreite; das Abfangen von feindlichen Handelsschiffen und Ladungen war nur eine der vielen Aufgaben dieser Abteilung, wenn sie auch am stärksten im Lichte der Öffentlichkeit stand.

Ein Kriegsschiff einer kriegführenden Nation hatte — und hat es noch — das Recht, außerhalb der neutralen Hoheitsgewässer jedes Handelsschiff von jeder Nation anzurufen und zu stoppen. Sollte es den Anruf nicht beachten, kann es zunächst mit einem Schuß vor den Bug, dann über das Schiff, dazu aufgefordert werden. Der Kapitän des Handelsschiffes muß sich dann dem Anbordkommen eines Prisenkommandos fügen, das die Schiffspapiere prüft, die Ladung untersucht, die Passagiere und die Besatzung verhört. Diese Untersuchungen dürfen niemals in neutralen Gewässern durchgeführt werden, in denen alle Handelsschiffe, auch die von kriegführenden Nationen, aber keine Kriegsschiffe, freie Fahrt haben. Das Stoppen und Untersuchen des Schiffes muß ohne Verzögerung oder unberechtigten Aufschub durchgeführt werden. Da dies in der offenen See oft schwierig durchzuführen ist, werden die Schiffe in ein Untersuchungs-Zentrum gebracht.

Die Neutralen haben natürlich Einwände gegen diese Umwege, die Zeit und Geld kosten und ein Handelsschiff auch in gefährliche Gewässer bringen kann. Die Antwort der Kriegführenden ist, daß es viel gefährlicher ist, in einem Gebiet zu stoppen in dem Uboote operieren können und ein Prisenoffizier Stunden, vielleicht Tage, braucht, um die großen Laderäume und das Labyrinth der kleinen Abteilungen zu inspizieren und dann noch genau festzustellen, ob die Ladung den Bestimmungen der »Doktrin der fortgesetzten Reise« entspricht oder nicht. Das Wetter mag außerdem zu schlecht oder zu neblig sein, um ein Boot mit einem Prisenkommando an Bord schicken zu können. In jedem Fall wird der neutrale Kapitän in dem Untersuchungs-Zentrum mit den Unterlagen über einige und, wenn bekannt, auch über die feindlichen Minenfelder und weitere, letzte navigatorischen Informationen versorgt; versäumt der Kapitän, um diese Unterlagen zu bitten, kann es zu einer Verweigerung der Versicherungsleistung kommen. Die neutralen Schiffseigner, die sich ständig gegen ein Zusammenwirken sperren, mögen Schwierigkeiten zu erwarten haben, wenn sie das nächste Mal in einem Hafen der Kriegführenden bunkern wollen. Aber niemand will solche unnötigen Probleme. Abmachungen der verschiedensten Art zwischen den neutralen und kriegführenden Regierungen sollen unangenehmen Situationen vorbeugen.

Sollten bei einer Untersuchung im Untersuchungs-Zentrum oder auf hoher See auf einem neutralen Schiff Konterbande — Waren, die der Kriegführende zu verbotenen Gütern erklärt hatte — auf dem Wege zum Feind sein, dann können Ladung und Passagiere, und vielleicht sogar das Schiff, zurückgehalten werden. Ein feindliches Handelsschiff, das auf hoher See gestoppt wird, gleichgültig was der Bestimmungsort sein mag, kann mit seiner Ladung und den Menschen an Bord vorläufig beschlagnahmt, bzw. verhaftet werden, bis zum Urteilsspruch durch ein Prisengericht. Die persönliche Habe ist sakrosankt und darf den Eigentümern nicht weggenommen werden.

Die offiziell zur dienstlichen Benutzung weggenommen Gegenstände müssen bewertet und der entsprechende Betrag dem Prisenhof überwiesen werden.

Während des Zweiten Weltkriegs hatte der bewaffnete Handelskreuzer (AMC) »California« von einem aufgebrachten Schiff einige Sextanten, von denen nur einer richtig übergeben wurde, eine Schiffsglocke, als Geschenk für ein Museum, verderbliche Nahrungsmittel für die Besatzung, verschiedene Geräte zur Auswertung für den Marine-Nachrichtendienst weggenommen. Für alle diese Dinge mußte bezahlt werden – aus der Tasche des Kapitäns, der Schiffskasse und aus dem Etat der Admiralität.

Die Seeleute des Zweiten Weltkriegs, die hofften, mit Prisengeld ihr Glück machen zu können, wurden bitter enttäuscht. Nach einem Verkauf eines aufgebrachten Schiffes mußte der Gewinn unter allen Angehörigen der Royal Navy aufgeteilt werden, gleichgültig, ob sie dabei waren oder nicht. Es wurde sogar erörtert, ob nicht jeder, der in irgendeiner Form im Kriegseinsatz sei, daran zu beteiligen wäre – wie das Personal der Landeinheiten und die Männer des RAF Küstenkommandos. Die ganze Angelegenheit wurde nach 1945 niedergeschlagen.

Die Besatzung des aufgebrachten Handelschiffes mußte mit dem Prisenkommando zusammenarbeiten, wenn das Schiff in einen Hafen gebracht werden sollte. Diese Seeleute sind keine Kriegsgefangenen, sondern Zivil-Internierte, ein Unterschied, der den Gefangenen oft nicht klar war.

Das Kriegsschiff war für die Sicherheit der Besatzung und für die Bergung der Schiffspapiere verantwortlich, wenn die Prise versenkt werden mußte, jedoch nicht für die Rettungsboote, die auf hoher See schwammen.

Uboot und Flugzeuge können diese Maßnahmen im Krieg auf Handelschiffe praktisch nicht durchführen, obwohl sie rechtlich dazu verpflichtet wären. Beide können den Überlebenden nicht helfen, sie würden sonst ihre Vorteile der Unsichtbarkeit oder der Schnelligkeit aufgeben. Ein Kriegsschiff, das ein Handelsschiff gestellt hat, kann ohne Warnung das Feuer eröffnen, wenn dieses den geringsten Widerstand leistet und so lange schießen, bis der Widerstand gebrochen ist.

Widerstand kann angenommen werden, wenn das Schiff dem Befehl zum Stoppen nicht nachkommt, oder wenn es um Hilfe ruft, oder seinen Standort funkt. Weiter kann als Widerstand gelten: der Gebrauch von defensiven Waffen, die Weiterfahrt in einem Geleitzug oder in einem erklärtem Sperrgebiet, das der ganze Ozean sein kann, die Weigerung, mit dem Prisenkommando zusammenzuwirken, sowie das Wegschaffen der Schiffspapiere.

Jeder Seemann bei der Handelsschiffahrt weiß, daß er im Krieg jederzeit in eine dieser Situationen kommen kann, aber die Männer auf den Blockadebrechern, die in feindlichen Gewässern allein mit ihren wertvollen Ladungen fahren, sind besonders gefährdet.

Eine nicht angeordnete Selbstversenkung kann man, außerdem noch als Widerstand auslegen. Man kann sogar noch weiter gehen und behaupten, ein Seemann der freiwillig sein Schiff verlassen hat, ist praktisch kein Überlebender, der gerettet werden muß. Tatsächlich folgern einige internationle Juristen daraus, daß in einem solchen Falle sogar auf die Männer geschossen werden könne, um sie zur Rückkehr auf ihr Schiff zu zwingen, da sie die einzigen seien, die die Versenkung aufhalten könnten.

Jeder Überlebende aus der Kriegszeit, der so über die Reeling ins Wasser ging, hat darüber nachgedacht, wie er wohl vom Kapitän des Kaperschiffes behandelt werden würde; die Seeleute der Blockadebrecher haben noch viel mehr darüber nachdenken müssen.

Die deutsche Führung, wie auch die britische Regierung, waren sich der Bedeutung der Blockade voll bewußt. Das große Ziel der NSDAP war die Autarkie. Damit sollte die Wirtschaft des Dritten Reiches nicht mehr von außen bedroht werden können und das arische Selbstbewußtsein wäre gestärkt worden. Diesem Ziel kamen die Deutschen in der Produktion der Nahrungsmittel am nächsten, 83% des Bedarfs wurde auf deutschem Boden erzeugt, 14 ½% aus den Nachbarländern importiert; die weitere Versorgung aus diesen Ländern wurde duch die spätere Invasion sichergestellt. Im September 1939 wurden nur 2 ½% der Nachrungsmittel für den Bedarf in Deutschland über See eingeführt, darin sind jedoch gewisse Speiseöle und Fette eingeschlossen, die im eingenen Land nicht hergestellt werden konnten.

Es war sehr viel schwieriger, die Unabhängigkeit in der Industrie zu erreichen, da die Industrienationen nicht immer mit Rohstoffquellen gesegnet sind. Die deutschen Chemiker erinnerten sich der Erfindungen, die sie im Ersten Weltkrieg gemacht hatten und begannen die Herstellung von Ersatzstoffen zu verbessern und neue zu erfinden. Während des früheren Konfilkts war Deutschland von der Lieferung chilenischer Nitrate abgeschnitten, ohne die kein moderner

Sprengstoff oder Kunstdünger hergestellt werden kann. Die IG Farbenindustrie produzierte daraufhin die Nitrate künstlich aus der Luft. In den 30er Jahren war die Gewinnung des künstlichen Kautschuck ein großer Wurf. Er wurde aus Butadien, einem hochentzündlichen Gas, und Natrium-Katalysator hergestellt und dann Buna genannt. Ab August 1939 hatten die deutschen Fabriken einen Ausstoß von jährlich 25,000 Tonnen Buna. Die Vereinigten Saaten, deren Standard Oil Company einen Erfahrungsaustausch mit den I.G. Farben hatte, waren an diesem Produkt besonders interessiert. Die Forschung der Engländer auf diesem Gebiet waren minimal, standen ihnen doch die Gummiplantagen Malayas zur Verfügung.

Erdöl war ein weiteres Naturprodukt, das Deutschland nicht hatte, über das aber die potentiellen Gegener verfügten. Es war nicht nur der lebenswichtige Kraftstoff, sondern es enthält auch wichtige Bestandteile für die verschiedensten Kunststoffe, die deutsche Wissenschaftler zu entwickeln versuchten. Eisenbahnzüge mit Tankwagen rollten von den Ölfeldern und Raffinerien der kooperativen Staaten, wie der Sowjetunion und Rumänien, quer durch Europa nach Deutschland, aber es war nicht genug. Dieser Stoff mußte auch noch künstlich im Lande hergestellt werden, hauptsächlich aus Kohle und Schieferton. Ab 1939 wurden 3 Millionen Tonnen jährlich produziert, eine Brennstoffreserve, die Hitler für sechs Monate Krieg brauchte.

Für einen Blitzkrieg gegen Polen mag das ausreichend gewesen sein, aber es war nicht genug, um einen langen totalen Krieg mit weltweiten Operationen durchzustehen. Man hatte angenommen, daß ein solcher Konflikt Mitte 1940 ausbrechen würde, bis dahin hätte die deutsche Industrie das notwendige Material, das eine große Kriegsmaschinerie braucht, gefertigt und gelagert. Einige Dinge konnten nicht künstlich produziert werden, jedenfalls nicht bei dem damaligen Stand der Technik. Diese Liste umfaßte Zinn, Wolfram, Walöl, Zellulose und Bauxit. Selbst die Stahlindustrie, eine der traditionellen Stärken Deutschlands, führte noch 22000000 Tonnen jährlich ein.

Von diesen Materialien aus Übersee mußten Reserven angesammelt werden, ein Vorgang, der schon 1933 begonnen hatte, als Hitler Reichskanzler und Dr. Hjalmar Horance Greeley Schacht sein Wirtschaftsexperte wurde. Deutsche Handelsschiffe sollten bis zum letzten Augenblick eines Kriegsausbruchs für die Vorratswirtschaft fahren, ein zu früher Abbruch dieser Handelsgeschäfte hätte bei einer sorgsam vorbereitenden Krise nur den Argwohn der potentiellen Gegner, besonders der Engländer, erweckt. Sollten bei einem Kriegsausbruch noch einige Schiffe auf hoher See sein, wäre es schon möglich gewesen, daß eines oder zwei der Royal Navy entwischen würden und ihr Kontingent die deutschen strategischen Reserven erhöhte. Es war ein Risiko, das genommen werden müßte, genauso wie auch der »Führer« einen furchtbaren Krieg riskierte.

Die deutsche Handelsmarine konnte in einem Kriegsfall auf keine große Unterstützung durch die Kriegsmarine rechnen. Es gab keine Planung, um Panzerschiffe, Kreuzer oder Zerstörer in den Südatlantik, nach Ostafrika oder in die asiatischen Gewässer zu schicken, um Geleitzüge nach Haus zu bringen. Das einzige, was man von den Kriegsschiffen erwarten konnte, war, daß sie Schiffe der Royal Navy bei der Rückkehr von deutschen Handelsschiffen im Nordatlantik ablenken oder lahmschießen würden. Der Schutz eines weltweiten Handels war nicht eine der großen Aufgaben der Kriegsmarine, wie sie die Royal Navy hatte. Die Priorität der Beziehungen untereinander war tatsächlich umgekehrt, die deutsche Handelsmarine hatte im Krieg die Operationen der Kriegsmarine zu unterstützen, die sich wiederum aus den militärischen Forderungen der Wehrmacht ergaben. Es war nicht leicht, vorbereitende Maßnahmen für eine Zusammenarbeit der Kriegsmarine und der Handelsmarine in einem Kriegsfall zu treffen. Die im allgemeinen schlechten Beziehungen zueinander waren bei den Männern der Handelsmarine zur Kriegsmarine durch das Verbot des Versailler Vertrages, demzufolge kein Offizier oder Seemann der Handelsmarine irgendeine Ausbildung in der Kriegsmarine erhalten durfte, noch verstärkt worden. Selbst wenn dieses Verbot nicht ausdrücklich von den Alliierten erlassen worden wäre, ist kaum anzunehmen, daß die deutschen Reeder mit ihrem weiten Blick es sich anders gewünscht hätten. Sie wollten durch tüchtige Arbeit im Seetransportwesen eine Handelsflotte von Weltgeltung aufbauen, möglichst unabhängig von staatlichen Bindungen mit ihren folgenden bürokratischen Eingriffen. Natürlich mußte unter dem Nazi-Regime alles organisiert werden, alle deutschen Reedereien, Fischer, Hafenbauer und unternehmer, das Seezeichen und Lotsenamt, die Gesellschaft für Rettung Schiffbrüchiger wurden in der Reichsverkehrsgruppe Seeschiffahrt zusammengefaßt. Der Direktor war der 1. Vorsitzende der Fachgruppe Reeder, John T. Essberger, der versuchte, diese Organisation wie ähnliche Zusammenschlüsse in demokratischen Ländern zu führen, nämlich die Geschäfte zu beleben, die berufliche Tätigkeit zu unterstützen, ohne irgendwelche politische Ansichten zu propagieren. Er setzte sich besonders dafür ein, daß der

Seetransport im internationalen Freihandel blieb und nach privatwirtschaftlichen Grundsätzen geführt und nicht in einem sich selbst genügenden Staat isoliert wurde. Versuche, den Seetransport nur auf Schiffe mit deutscher Flagge zu begrenzen, hätten zu entsprechenden Erlassen der anderen seefahrenden Nationen geführt und das Programm der Vorratswirtschaft des Dritten Reiches wäre gebremst worden; außerdem hätten die deutschen Reeder auf dem Weltmarkt mit ihren Schiffen keine Devisen mehr verdienen können.

Diese Unabhängigkeit der Reeder blieb auch während des Krieges erhalten. Die Kriegsmarine oder die Wehrmacht konnte Handelsschiffe requirieren oder chartern, sie konnte die Ladung anordnen und die Routen bestimmen, aber so vollkommen vereinnahmt und kontrolliert wie die Handelsmarine des britischen Weltreiches, die voll und ganz der Handelsabteilung der Admiralität (Admirality's Trade Division) unterstand, wurde sie nicht. Man erwartete, daß die Reichsverkehrsgruppe »Seeschiffahrt« den Anforderungen der Kriegsmarine entsprechen würde und umgekehrt die Kriegsmarine alles tue, um die Handelsschiffahrt zu beschützen. Kriegsmarinedienststellen, KMD, als Verbindungsstellen zur Handelsmarine gab es in Hamburg, Bremen, Stettin und Königsberg, weitere wurden im Laufe des Krieges in anderen Häfen eingerichtet. Diese Dienststellen waren verantwortlich für den Transport von logistischen Gütern auf Handelsschiffen in ihrem Gebiet, sie waren mehr Verbindungs- als Befehlsstelle, die die Anordnungen persönlich mit den betroffenen Kapitänen besprachen, die sich ihrerseits bei Unstimmigkeiten an ihre Reedereien wenden konnten.

Im Ausland gab es keine KMD, jedoch hatte vor dem Krieg das Amt Ausland/Abwehr des OKW mit der Kriegsmarine und in Zusammenarbeit mit dem Wirtschaftsministerium einen geheimen Marinesonderdienst, MSD. Dieser Dienst mußte verständlicherweise geheim sein, einerseits um die Preisgabe der deutschen Pläne an den Gegner zu verhüten, andererseits aber auch um die freundschaftlichen Neutralen zu beruhigen.

Die neutralen Länder können mit kriegführenden Handel treiben, wenn sie bereit sind, den Verlust von Ladungen, Schiffen und Männern in Kauf zu nehmen. Es ist ihnen aber nicht erlaubt, die Planken ihrer Schiffe in irgendeiner Form und zu irgendeinem Zweck den kriegführenden Kriegsschiffen zur Verfügung zu stellen. Selbst wenn eine derartige Aktivität keine berechtigte militärische Wiedervergeltung auslöst, kann der andere Kriegführende eine Reihe von diplomatischen und wirtschaftlichen Maßnahmen ergreifen.

Die Agenten der deutschen Schiffahrtslinien in Übersee empfingen offizielle und freundschaftliche Besuche von Marineattachés und Offizieren der Kriegsschiffe, die auf Auslandsreisen waren. Anweisungen und Schlüsselunterlagen wurden übergeben und in den Tresoren der Schiffahrtsgesellschaften und Konsulate verwahrt. Die Reedereien kauften im Rahmen ihrer täglichen Geschäfte für die Marine Vorräte und Brennstoff. Diese wurden entweder in den Häfen freundschaftlich verbundener Neutraler gelagert oder an Bord von deutschen Handelsschiffen, die im Kriegsfall als Versorger für Hilfskreuzer oder Uboote dienen sollten. Der nicht gebrauchte Teil des Laderaumes wurde mit strategischen Rohstoffen aufgefüllt für die spätere Reise nach Deutschland. Ein neugieriger Beobachter konnte aus der Ladung schwer schließen, ob es sich um einen Versorger oder einen Blockadebrecher handelte; der Royal Navy wurden damit die Anhaltspunkte für eine Lokalisierung der getarnten Hilfskreuzer genommen. Niemand konnte voraussagen, welches Schiff bei einem Kriegsausbruch noch einen sicheren neutralen Hafen erreichen konnte. Bei den deutschen ortsansässigen Vertretern lagerten die Anordnungen für die Handelsschiffe, die in einem Krisenfall an sie ausgehändigt werden sollten. Weitere Befehle sollten die Kapitäne durch die Schiffahrtsabteilung der Seekriegsleitung, SKL A VI, über Funk erhalten. Diese Funksprüche wurden zu festgelegten Uhrzeiten ausgestrahlt und hatten eine genormte Länge; um das zu erreichen, wurden die Befehle mit verschlüsselten Gedichten oder sinnlosen Buchstaben und Zahlen bis zur angeordneten Länge ergänzt. Die Versorgungschiffe und Blockadebrecher hielten im allgemeinen absolute Funkstille, obwohl mit besonderen Kurzsignalen in wenigen Sekunden viele Mitteilungen grundsätzlicher Art übermittelt werden konnten. Die Hilfskreuzer funkten auf diese Weise meistens ihre Erfolge und Absichten.

Die Schiffe, die in Kriegszeiten einen von den Deutschen kontrollierten Hafen verließen, hatten gewöhnlich einen Offizier und Mannschaften der Kriegsmarine an Bord, manchmal als Passagiere, manchmal zur Bedienung der defensiven Bewaffnung. In der Theorie hatte immer der älteste Offizier der Kriegsmarine die Verantwortung für das Schiff, aber die deutschen Kapitäne bestanden darauf, daß sie, und sie ganz allein, nach der großen Tradition der christlichen Seefahrt, für die Sicherheit des Schiffes, der Passagiere, der Ladung und der Besatzung vor Gott allein verantwortlich seien.

Alle deutschen Seeleute der Handelsmarine gehörten der einzigen vom Staat kontrollierten Gewerkschaft, der Deutschen Arbeitsfront an; einige wenige waren Mitglieder der NSDAP. Es wurde erwartet, daß ein Mann besonderer Eignung der Sprecher seiner Kameraden war, wie man ihn auf allen Schiffen in der Welt und bei vielen politischen und religiösen Gruppierungen findet.

Eine sehr kleine Minderheit waren Gestapo-Agenten, immer bereit, über die politische Zuverlässigkeit ihrer Vorgesetzten zu berichten. Diese Leute konnten ein Schiff sehr unglücklich machen, aber ihre Zahl war wahrscheinlich viel geringer als man annimmt. Britische Vernehmungsoffiziere waren besonders darauf aus, Gestapo-Agenten zu entlarven, sie haben auch einigen ihre Tätigkeit nachweisen können, während sich andere als unschuldige aber unwirsche Einzelgänger entpuppten.

Bei verschiedenen Gelegenheiten während des Krieges forderten Großadmiral Raeder und Großadmiral Dönitz, daß die deutsche Handelsmarine unter die Kontrolle der Kriegsmarine kommen solle, aber sie behielt weiter ihre Unabhängigkeit, obgleich die Kriegsmarine 1944 den Marinesonderdienst von der Abwehr und dem Wirtschaftsministerium ganz übernahm.

Mit dem Versuch, den ganzen europäischen Küstenverkehr in die deutsche Handelsmarine zu integrieren, wurde 1942 ein Reichskommissar Seeschiffahrt bestimmt. Der Reichskommissar war Hitler direkt verantwortlich, dieser versuchte, verwandte Organisationen zu trennen und leicht aufeinander eifersüchtig zu machen. Die ganze Atmosphäre in der Leitung der deutschen Handelsmarine im Zweiten Weltkrieg trug den Keim der Uneinigkeit und des Durcheinander, aber wie so oft in solchen Situationen, die Menschen in der Praxis lösten in der täglichen Arbeit die Probleme viel besser, als man es je erwartet hätte.

Wenn man an das Jahr 1939 zurückdenkt, muß man beachten, daß außer der Bereitschaft der Kriegsmarine und der Handelsmarine, miteinander zu arbeiten, nichts existierte; es gab kein gemeinsames Signalbuch, keine Fahranweisungen für gemischte Verbände von Kriegs- und Handelsschiffen. Die Handelsschiffe meldeten ihre Positionen in Länge und Breite, während die Kriegsmarine mit Quadratkarten arbeitete; die Kriegsmarine hatte nicht einmal genug Quadratkarten, um die Kapitäne der Handelsschiffe damit auszurüsten. Die Handelsschiffe hatten meist nur die Seekarten und Seehandbücher von den von ihnen befahrenen Routen an Bord und kaum nautische

Unterlagen von anderen Teilen der Welt. Besorgte sich der Kapitän die weiteren Unterlagen selbst, war nicht einmal klar, wer das bezahlen sollte. Das galt auch für das Verdunklungsmaterial und die Farbe zur Tarnung des Schiffes. Diese Probleme stellten sich vor Ausbruch des Zweiten Weltkriegs bei allen Handelsmarinen. Die Sorgen waren natürlich bei den Kapitänen und Besatzungen der Schiffe, die auf große Fahrt gingen, größer, als bei denen in der Küsten- oder Binnenschiffahrt.

3. Das Glück im Spiel

In den ersten Stunden des 25. August 1939 strahlte Norddeich Radio an alle 2466 deutschen Handelsschiffe einen QWA7-Funkspruch aus, der große Kriegsgefahr bedeutete. Jeder Kapitän hatte aus seinem Tresor die versiegelte »Sonderanweisung für Handelsschiffe«, der die geheimen Schlüsselunterlagen »H« für Handelsschiffe beigefügt waren, zu entnehmen, sie zu öffnen, zu lesen und danach zu handeln. Danach mußten sofort die normalen Routen verlassen werden, die Fahrt sollte in 30 bis 160 Seemeilen Abstand von den üblichen Schiffahrtslinien fortgesetzt werden. Ein QWA8-Funkspruch, unterzeichnet von Essberger, wies die Kapitäne an, ihre Schiffe zu tarnen und nach Deutschland zurückzukehren, ohne den Ärmelkanal zu benutzen. Am 27. August 1939 kam ein QWA9-Funkspruch von der Marineleitung mit der Anweisung an alle deutschen Handelsschiffe, innerhalb der nächsten vier Tage Heimathäfen oder Häfen von befreundeten oder neutralen Mächten anzulaufen, vorzugsweise Häfen in Spanien, Italien, Japan, Rußland und Holland; Häfen in den Vereinigten Staaten nur im Notfall. Der Funkspruch QWA10 des OKM hob die vier Tage Frist auf und wies alle Kapitäne an, soweit irgend möglich, jetzt oder im kommenden Monat, in die Heimat zurückzukehren. jetzt war es offensichtlich, daß es sich nicht nur um eine Krise im Baltikum oder in Zentraleuropa handelte. Es gab nur einen Feind, der die deutschen Handelsschiffe bedrohen konnte, wo es auch sein mochte, das war die Royal Navy.
Diese zwielichtige Situation klärte sich mit dem Funkspruch QWA11 am 3. September 1939, gefolgt von QWA12, der Kriegserklärung

Großbritanniens und Frankreichs an Deutschland. Die Schiffe wurden angewiesen, nur bei Schlechtwetter oder Nebel das Gebiet zwischen den Shetlands und Norwegen zu passieren. Jetzt, genau jetzt, wird die Royal Navy draußen sein und in den Nebeln des Nordatlantik, unter dem strahlenden Himmel des Südens, in der Sternennacht des Pazifik nach einzelfahrenden deutschen Handelsschiffen Ausguck halten, sie wird aufpassen . . .

Die Befürchtungen der deutschen Kapitäne waren wohl begründet. Britische Kriegsschiffe waren tatsächlich schon seit Tagen in See, auf dem Weg zu den großen Brennpunkten der Schiffahrtslinien der Welt oder sie patrouillierten schon dort. Eines von ihnen war der Tribal-Class Zerstörer »Somali«, Führer der 6. Zerstörer Flottille, der zur Sicherung der Home Fleet etwa 350 Seemeilen südlich von Island stand. Ungefähr zwei Stunden nach der Kriegserklärung sichteten die Ausgucks die drei Aufbauten eines Frachters. Als Captain Gresham Nicholson Kurs auf ihn nahm, sah er bald, daß der Fremde die deutsche Flagge gesetzt hatte und die Besatzung gerade dabei war, den Namen zu übermalen. »Somali« schickte ein Prisenkommando an Bord, das feststellte, daß es sich um die deutsche »Hanna Böge« handelte, deren Eigner der Hamburger Johann M.K. Blumenthal war. Ihr Kapitän war der nahezu sechzig Jahre alte Christiansen aus Schleswig-Holstein. »Hanna Böge« war ein sauberes, komfortables Schiff, das 1938 auf der Neptun Werft in Rostock fertiggestellt worden war. Ihre 1100 PS starke Dampfmaschine gab dem 2377 BRT großen Schiff eine Geschwindigkeit von 10 Knoten. Auf der Brücke waren die modernsten Geräte eingebaut, so daß sich der Prisenoffizier fragte, ob das Schiff nicht für eine Zusammenarbeit mit der Marine gebaut worden sei.

»Hanna Böge« fuhr im allgemeinen zwischen Neuschottland und Deutschland, sie kehrte gerade mit einer Ladung Zellulose, die nicht nur in den Luken sondern auch noch an Oberdeck gestaut war, zurück, deren Wert auf 1000000 Pfund Sterling geschätzt wurde. Ganz abgesehen von dem Geldwert, ist Zellulose ein wichtiger Bestandteil bei der Herstellung von militärischen Handbüchern, Dokumenten und Karten, von Pappkartons für Zünder und zur Zubereitung von Explosivstoffen. Es war also ein feindliches Schiff mit einer Ladung von strategischen Rohstoffen für den Feind, und die Besatzung hatte keinen Widerstand geleistet; deshalb würde Captain Nicholson nicht so ohne weiteres berechtigt sein, es zu versenken. Er beabsichtigte das auch nicht. Die Übernahme dieses hochmodernen Schiffes würde nicht nur ein schmerzlicher Verlust für den Feind sein, sondern für die Alliierten ein Gewinn, eine Hilfe in ihren Kriegsanstrengungen. Kapitän Nicholson und seine zwanzig Offiziere waren natürlich betrübt, daß sie nicht nach Hause fahren konnten; sie waren aber trotzdem gegenüber dem Prisenkommando, das an Bord gekommen war, freundlich und hilfsbereit. Das Kommando bestand aus Lieutenant-Commander Seymour Tuke, dem 1. Offizier der »Somali«, acht Mannschaften und einem Funker. Die Zusammensetzung eines Prisenkommandos wurde in den ersten Kriegstagen dem Kommandanten oder dem 1. Offizier des Schiffes überlassen. Die Offiziere und Mannschaften wurden dafür abgeteilt oder bei Schiffen mit einer stärkeren Besatzung, bei denen man leichter jemanden freistellen konnte, aus Freiwilligen der verschiedenen Laufbahnen zusammengestellt. Die Ausbildung für diese Aufgabe war sehr unterschiedlich. In Friedenszeiten hatte man kaum Anweisungen ausgearbeitet, um auf hoher See bei passivem oder bewaffnetem Widerstand am besten an Bord eines Schiffes zu kommen, Konterbande festzustellen, auf fremden Schiffen nach Sprengladungen zu suchen, eingetretene Schäden zu bekämpfen, oder bei schnell sinkendem Schiff die richtigen Dokumente und tragbaren Geräte zu bergen. Einige Kommandanten waren von dieser Art der Kriegführung begeistert und hatten ihre Prisenkommandos, in denen auch Männer mit Kenntnissen der Handelsschiffahrt waren, gut ausgebildet. Auf anderen Schiffen sah das schlechter aus, besonders bei den neu in Dienst gestellten oder denen, die bisher ganz andere Aufgaben hatten. Diesen kurzfristig aufgestellten Prisenkommandos konnten keine großen Anweisungen mehr gegeben werden, beim Insichtkommen eines verdächtigen Handelsschiffes hing alles von der allgemeinen Erfahrung und Wendigkeit der ausgewählten Offiziere und der Mannschaften ab.

»Hanna Böge« trennte sich um 6.30 Uhr morgens von »Somali« und steuerte mit östlichem Kurs den etwa 600 Seemeilen entfernten Pentland First an. In der Nacht hatte ein Funkspruch die Versenkung des Passagierschiffes »Athenia« gemeldet, ungefähr 100 Seemeilen entfernt auf ihrem Kurs. Die Briten auf »Hanna Böge« vermuteten eine zeitlang, daß Uboote auf sie angesetzt seien, um Revanche an der ersten Prise der Royal Navy auf hoher See im Zweiten Weltkrieg zu nehmen. Es ereignete sich aber nichts, und »Hanna Böge« machte in Kirkwall auf den Orkneys am 5. September 1939 fest, gerade rechtzeitig, damit das Prisenkommando auf die einlaufende »Somali« zurückkehren konnte, die ihren Törn beendet hatte. »Hann Böge« wurde in

»Crown Arun« umbenannt und ein Jahr später vor Irland torpediert und versenkt.

Die deutsche Besatzung des beschlagnahmten Schiffes kam in ein Internierungslager. Einige sorgten sich, ob sie während ihrer Gefangenschaft ihre Heuer weiter bekämen, andere waren sehr beunruhigt, weil sie gehört hatten, daß diese Lager Juden unterstanden, von denen sie Schwierigkeiten und Vergeltung erwarteten. In den ersten Monaten des Krieges konnte bei so einer gemeinsamen Fahrt auf einem unbewaffneten Handelsschiff durch gefährliche Seegebiete eine Art Kameradschaft aufkommen. Adressen zwischen Mitgliedern des Prisenkommandos und deutschen Besatzungsangehörigen wurden getauscht, besonders mit solchen, die früher in den Vereinigten Staaten gewohnt hatten. Später korrespondierten Angehörige der Royal Navy mit deutschen Internierten. Einer dieser Briefe, datiert vom 30. November 1939, der nicht an einen Besatzungsangehörigen der »Hanna Böge« ging und vom Zensor geöffnet wurde lautete:

Liebe Frau,
ich erhielt Ihren freundlichen Brief und freue mich sehr zu hören, daß es Georg gut geht. Er war das erste Zeichen von draußen, das ich seit meiner Internierung erhielt, als das Schicksal uns Freunde statt Feinde schickte. Ich glaube, wenn Ihr und mein Volk mehr voneinander wüßten, würde dieser Krieg unmöglich sein. Jetzt müssen wir aber Geduld haben und um den Frieden beten. Von meinen Angehörigen habe ich keinerlei Nachrichten, sie werden nicht wissen wo ich mich befinde. Meine Internierung ist nicht so schlecht. Ich wohne mit zwei Schiffskameraden in einem Raum. Das Haus hat Zentralheizung und auf jeder Etage sind 4 Badewannen. Das ist sehr komfortabel. Für mich ist das Schönste der Rasen vor dem Haus, umgeben von Hecken und Rosenbüschen und im Hintergrund die Hügel. Da ich nach der Lagervorschrift nicht mehr als 12 Zeilen schreiben darf, muß ich nun meinen Brief beenden. Ist es auch nicht zu viel, wenn ich Sie bitte, mir etwas Zahnpasta, etwas zu rauchen und ein paar Illustrierte oder alte Bücher zu schicken? Viele Grüße an Georg. Kann er mir nicht einmal schreiben? Ich würde mich sehr über einen Brief von ihm freuen.
Wie immer Ihr dankbarer
Wilhelm«

Jetzt war es eine reine Glückssache ob ein deutsches Handelsschiff in einem deutschen, befreundeten, neutralen oder feindlichen Hafen lag, ob nahe der Heimat, eben außerhalb territorialer Gewässer, in den von den Briten überwachten Gebieten, oder an einem guten Liegeplatz, aber ohne Brennstoff. Die Besatzungen der aufgebrachten Schiffe konnten ihr Schicksal nur resignierend hinnehmen, obwohl das nicht heißt, daß sie es passiv erwarten sollten; sie hatten Anweisung, die feindliche Besitznahme zu verhindern. Sobald die britische Kriegsflagge über dem Horizont erschien oder eine Gruppe uniformierter Männer die Pier entlang kam, versuchten viele Kapitäne die letzten Minuten der Freiheit für die Zerstörung der Funkgeräte und Navigationsinstrumente, der Vernichtung wichtiger Dokumente zu nutzen. Die Schiffsmaschinen waren zu massiv, um von Amateur-Saboteuren zerstört werden zu können, aber Manometer und Schalter konnte man kaputtmachen. Schäden im Kühlwassersystem wirkten sich am nachhaltigsten aus. Pumpen, die normal das Seewasser von außerbords durch die Kondensatoren zum Niederschlagen des Dampfes wieder außerbords pumpten, wurden abgestellt, die Leitungen zerstört und dann wieder angestellt. Das Seewasser wurde nun in den Schiffsraum gepumpt.

Unterdessen wurden die Flutventile für die Laderäume, die zur Feuerbekämpfung vorgesehen waren, geöffnet, andere geschlossen, damit das Wasser in die Bilge gepumpt und sich dort unbemerkt mit korrosivem Seewasser mischte. Der Leitende sah noch auf der Leiter das Meerwasser um die Fundamente der Maschinen strömen und über die Flurplatten schwappen, von denen er schnell noch einige weggenommen hatte, damit unvorsichtige Fremde stolpern sollten.

Aber all diese Zerstörungen brauchten Zeit. Es war einfach, ein paar Fensterscheiben einzuwerfen, aber so etwas beeinträchtigt nicht die Seetüchtigkeit eines Schiffes. Deckel und Bekleidungen mußten weggenommen werden, um an die lebenswichtigen Teile heranzukommen. Feuer schien ein gutes Mittel zur Zerstörung, aber ein schnell gelegtes Feuer, vor dem die Brandstifter noch fliehen konnten, würde von einem Prisenkommando genauso schnell gelöscht. Weiter, welche Dokumente sollten vernichtet werden? Die Schlüsselunterlagen »H«, ja, aber wie ist es mit den Seekarten, dem Briefwechsel mit der Reederei? Kapitäne und Offiziere haben ein Leben lang täglich Logbücher geführt, jedes Vorkommnis, jede Handlung, jedes Signal eingetragen, sie haben die Ladungspapiere, die Empfangsbescheinigungen, die Versicherungspapiere, die Pässe und Gehaltsbücher geführt. Sie möchten nicht all diese Papiere vernichten, die morgen vielleicht schon wieder von ihnen verlangt werden. Selbst wenn sie es wollten, würde es ihnen überhaupt gelingen einen Berg von Papier, der einem Gestell voll von Telefonbüchern entsprach, zu vernichten oder unleserlich zu machen? Es war unmöglich alles in Stücke zu zerreißen. Es war auch sinnlos, alles über Bord zu werfen, es würde lange genug schwimmen, um geborgen werden zu können. Beim Verbrennen würden nur die Ecken der Papiere verkohlen. Auf Dampfschiffen könnte man die Dokumente in die Feuer der Kessel werfen, aber das ist tief unten im Schiff. Auf alles war kein Verlaß. Zunächst mußten die wichtigsten Papier aussortiert werden.

Nur der Kapitän konnte das tun. Nur der Kapitän konnte die Vernichtung vorbereiten. Nur der Kapitän konnte entscheiden was bei der Selbstversenkung des Schiffes getan werden sollte. Wie in allen Marinen der Welt, ob Kriegs- oder Handelsmarine, nur der Kapitän entscheidet, was getan werden muß, gleichgültig, um was es sich handelt. Kein Matrose, kein Heizer durfte anfangen, Sachen zu zerstören oder über Bord zu werfen. Gleichgültig ob der Kapitän vielleicht an Land war oder schlief, er entschied, sonst wurde sein Zorn geweckt und der Zorn eines richtigen Kapitäns ist mehr zu fürchten als feindliches Geschützfeuer. Vielleicht war er mitfühlend und wollte das Leben seiner Männer nicht im offenem Boot in stürmischer See gefährden. Vielleicht setzte er seine Karriere für die Sicherheit und das Wohlergehen seiner Passagiere auf's Spiel. Vielleicht waren einige von seiner Besatzung Neutrale. Vielleicht konnte er es nicht glauben, daß ein Krieg ausgebrochen war und nahm an, daß es so etwas ähnliches wie die Sudetenkrise im Vorjahr war. Vielleicht dachte er, er könnte dem Kreuzer in der Ferne davonlaufen, oder den Prisenoffizier täuschen. Vielleicht wußte er nichts vom Kriegsausbruch, weil er keine Nachrichtenverbindung hatte. Vielleicht wußte er, daß die Selbstversenkung seines Schiffes eine Verletzung des Kriegsrechts war und er wollte nicht, daß auf seine Besatzung gefeuert würde. Und warum sollten sie, als loyale Deutsche, ein schönes Schiff versenken, wenn sie glaubten, daß sie in einigen Monaten in ihr siegreiches Land zurückkehren würden?

Selbst wenn sie mit dem Gedanken vertraut waren, daß sie ihr Schiff nicht in britische Hände fallen lassen durften, mußte es ihnen nicht schwerfallen, ihrem schwimmendem Heim, auf das sie stolz waren und dem sie vertrauten, ein Leid anzutun? Sie waren zivile Seeleute der Handelsmarine, die ihrem Beruf nachgehen wollten, keine seefahrenden Krieger, erpicht auf Kampf und Sieg. Es dauerte seine Zeit, bis sie sich an die Gegebenheiten des Krieges angepaßt hatten.

Einige der Kapitäne hatten die Situation sehr schnell erfaßt oder waren schon vorbereitet. »Carl Fritzen« und »Olinda«, beide versenkten sich, als sie am ersten und zweiten Kriegstag von dem Kreuzer »Ajax« zwischen Rio Grande und der La-Plata-Mündung aufgespürt wurden.

»Carl Fritzen«, 6594 BRT groß, war ein alter Dampfer in der Tramp-schiffahrt, der in Ballast fuhr, während »Olinda« mit ihren 4576 BRT ein modernes Schiff war, das wahrscheinlich Eisen und Baumwolle geladen hatte. In beiden Fällen wurden die Seeleute gerettet und die sinkenden Schiffe mit 4 inch (10,2 cm) Geschützfeuer ganz erledigt. Einige der Seeleute, die versprachen, nicht am Krieg teilnehmen zu wollen wurden mit dem Tanker »San Gerardo« nach Montevideo ge-bracht.

Auf der afrikanischen Seite des Atlantiks hatte die Besatzung eines an-deren Schiffes bei Ausbruch der Feindseligkeiten schnell reagiert. Die 5042 BRT große »Togo«, von der Reederei Woermann, eine der Ree-dereien des Deutschen Afrika-Dienstes, lag in Doula in Kamerun, ei-ne der früheren deutschen Kolonien, die durch französisches Mandat verwaltet wurde. Es gelang ihr, aus der Flußmündung herauszukom-men, bevor ein französisches Kriegsschiff ankam. Ihr 6100 PS starker Diesel brachte sie mit 16 Knoten zur Küste. Kapitän Rouffelet passier-te Französisch Äquatorial-Afrika ohne angehalten zu werden und lief in die Mündung des Kongo ein; hier war er auf belgischem – also neu-tralem – Gebiet und konnte sein Schiff in Ruhe für den Durchbruch in die Heimat vorbereiten.

Die Besatzung der »Erlangen« war noch einfallsreicher und hatte rückschauend unglaubliches Glück. Dieser 6101 BRT große Frachter des Norddeutschen Lloyd lag im August 1939 in Timaru auf der Süd-insel Neuseelands. Dicht daneben lag der bewaffnete Fischdampfer »Wakakura« Die Neuseeländer hatten, abgesehen von flüchtigen Beo-bachtungen, kein Interesse an dem deutschen Schiff. »Erlangen« lief zunächst mit dem Ziel Dunedin aus und wollte dann in Neusüdwales australische Kohle für die Heimreise bunkern. Auf der Fahrt zur Bun-kerstation brach der Krieg aus, und sie erhielt einen Funkspruch mit der Anweisung, nach Chile zu gehen. Unglücklicherweise waren nicht einmal soviel Kohlen in den Bunkern, um einen neutralen Ha-fen erreichen zu können. In dieser schlimmen Situation, allein und am anderen Ende der Welt, nahm ihr Kapitän Kurs auf die Auckland-Inseln, 300 Seemeilen südwestlich von Neuseeland. Diese unbe-wohnten Inseln liegen in einem Gebiet der vorherrschenden West-winde; sie haben bereits bei früheren Gelegenheiten deutschen Wal-fängern Schutz geboten. Der neuseeländische Kreuzer »Leander« hat-te schon die Inseln besucht und nach deutschen Schiffen Ausschauf gehalten. »Erlangen« lief in den Carnley Harbour ein, bis zur inner-sten Bucht der am Berge liegenden Wasserstraße, die Auckland von den Adams-Inseln trennt. »Erlangen« ist nach der bayerischen Stadt Erlangen benannt; das Verb »erlangen« meint »etwas in Besitz nehmen« und das wollte die Besatzung. Die Männer gingen an Land, fällten Bäume, zerkleinerten sie in passende Stücke für die Bunker des Schiffes, 20 Tonnen am Tag. Glücklicherweise war »Erlangen« ein Kohle-und kein ölfeuerndes Dampf- oder Dieselmotorschiff. »Leander« kam wieder, da die Behörden Neuseelands annahmen, daß diese Inseln und die in einiger Entfernung liegenden Campell-Inseln als Schlupfwinkel benutzt wurden. Diese abgelegenen Inseln waren tatsächlich ein idealer Platz für deutsche Schiffe, ob Handelsschiff, Panzerschiff, Uboot oder Tanker, fern der Schiffahrsstraßen, am anderen Ende der Welt. In den ersten Kriegswochen gingen viele Gerüchte um über dort liegende deutsche Schiffe.

»Leander« ankerte direkt in Carnley Harbour und suchte mit seinen Booten die vom Hauptsund abzweigenden Buchten ab. Das Bordflugzeug konnte wegen kalten und schlechten Wetters zur Aufklärung nicht eingesetzt werden. Nach einiger Zeit bekam »Leander« den Befehl, nach Neuseeland zurückzukehren. Sie führte den Befehl sofort aus, ohne noch einige weitere bewaldete Buchten zu untersuchen. In einer dieser Buchten lag »Erlangen«.

Diese verpaßte Beute war klein im Verhältnis zu der überhaupt größten Prise, die hätte gemacht werden können. Es war ein anderes Schiff des Norddeutschen Lloyd, das im Nordatlantik gesucht wurde. Seit dem 31. August 1939 hoffte die britische Home Fleet, das Passagierschiff »Bremen«, das das »Blaue Band« hatte, abzufangen. Mit ihren 51.731 BRT war die »Bremen« das größte Schiff der deutschen Handelsflotte und das drittgrößte der Welt. Sie hatte am 22. August 1939 Bremerhaven verlassen, hatte wie gewöhnlich, ihre Zwischenhäfen angelaufen und war beim Empfang der ersten Kriegswarnung in der Mitte des Atlantiks. Kapitän Ahrens entschied sich für die Fortsetzung der Reise und lief am 28. August 1939 abends in New York ein, um alle Passagiere einschließlich der Briten auszuschiffen. Das Schiff wurde schnellstens wieder seeklar gemacht. Die Hafenbehörden bestanden jedoch auf einer gründlichen Untersuchung des Schiffes, die absichtlich durch ausgedehnte Ruhepausen und Mahlzeiten verlängert wurde. Die Rettungsboote entsprachen den Vorschriften und konnten leicht zu Wasser gebracht werden; Waffen wurden keine gefunden. Es mußte eine Liste der Schwimmwesten aufgestellt werden, obwohl außer der 1013 Mann starken Besatzung keiner der möglichen 2232 Passagiere an Bord waren.

Die New Yorker Hafenbehörden waren vollkommen berechtigt, alle Sicherheitsmaßnahmen auf Schiffen wahrscheinlich kriegführender Nationen zu überprüfen, die in einer Krisezeit den Hafen verlassen wollten. Die Offiziere der »Bremen« hatten aber den Eindruck, als ob Präsident Roosevelt absichtlich versuchte, die Abfahrt des Passagierschiffes zu verzögern bis britische Kriegsschiffe auf Positionen waren, um die »Bremen« abfangen zu können. Sie sprachen auch davon, daß die Amerikaner vielleicht hofften, daß Kapitän Ahrens nicht wagen würde, den Hafen zu verlassen und sie die »Bremen« für die US Handelsmarine beschlagnahmen könnten. Das war gar nicht so falsch. Auf die Besatzung der »Bremen« war Verlaß, sie war vielleicht die zuverlässigste Besatzung von allen deutschen Handelsschiffen in jener Zeit; mit Vertrauen sahen sie in ihre unmittelbare Zukunft und erhofften eine Lösung des augenblicklichen Konfliks. Alles aus Deutschland ist das Beste, war eine ihrer Reden an Bord. Sie sahen es als ihre Pflicht an, die »Bremen« zu erhalten, bis der Tag kommen würde, an dem sie wieder die Königin des Nord-Atlantik sein konnte. Das Vertrauen in ihr Schiff war gerechtfertigt. Im Jahre 1929 hatte »Bremen« mit 2783 Knoten das »Blaue Band« erworben. Sie war immer noch schnell — schneller vielleicht, als die Royal Navy annahm.
»Bremen« lief am 30. August 1939 aus New York aus und verließ die amerikanischen Gewässer, bevor irgendein Kreuzer auf Position war. Sie lief mit 28 Knoten durch Nebel und schwerer, aber abnehmender See nordostwärts. Am 3. September war sie südlich Island und fuhr dann durch die Dänemark-Straße, während fünf britische Schlachtschiffe, zwei Schlachtkreuzer, ein Flugzeugträger, 12 Kreuzer und 17 Zerstörer zwischen Schottland und Island patrouillierten. Selbst wenn die »Bremen« ihnen hier entwischen sollte, glaubte man, sie auf dem letzten Teil ihrer Heimreise durch die Nordsee fassen zu können. Die »Bremen« wurde in See aus den Booten, die bis gerade über die rauschenden Wasser weggefiert worden waren, grau gemalt. Abgedunkelt und grau fuhr sie nun nicht nach Deutschland, sie hielt sich nördlich des Polarkreises, passierte das Nordkap und lief am 6—7. September 1939 in die Kola-Bucht ein. Dort blieb sie mit anderen Passagierschiffen als Gast Rußlands, des neuen Verbündeten Deutschlands. Kein Krieg würde je diese unwirtliche Gegend erreichen . . .?
Draußen, in den äquatorialen Inseln des Malaiischen Archipels, ging es der Besatzung der »Franken« nicht viel anders als sie in die niederländischen territorialen Gewässer kam, um dann in den neutralen Hafen Padag auf Sumatra einzulaufen. Ein Fairy Swordfish vom Flug-

zeugträger »Eagle« verfolgte die Fahrt des Schiffes, da sich aber das »Opfer« in der Drei-Meilen-Zone hielt, konnte man ihm nichts tun — für den Augenblick. Früher oder später würden alle diese deutschen Schiffe, die in neutralen oder vergessenen Häfen lagen, oder die Zeit mit Zick-Zack-Kursen in der Mitte der Ozeane verbrachten, etwas tun müssen. Einige würden sich in einen anderen sicheren Hafen schleichen oder kühn durchbrechen, aber früher oder später würden sie alle auf Kurs Heimat gehen, würden sie alle Island nördlich oder südlich passieren, um in die territorialen Gewässer Skandinaviens zu kommen. Dort war es, wo diese Blockadebrecher gefaßt, die neutralen Handelsschiffe überprüft und die britischen Einzelfahrer beobachtet werden mußten; deshalb wurde am 6. September 1939 zur Sicherung und Kontrolle im Norden die Northern Patrol aufgestellt.

4. Die Kontrolle der Konterbande

»Caledon«, »Calypso«, »Diomede«, »Dragon«, »Effingham«, »Emerald«, »Cardiff« und »Dunedin« waren die ersten Schiffe des Sicherungsverbandes im Norden der Northern Patrol unter Vice-Admiral Sir Max Horton. Im Idealfall sollten die Kreuzer in der Enge nördlich der britischen Inseln, in einem Abstand von 50 Seemeilen, bei schlechtem Wetter näher, auf parallelem Ost-West oder Nordost-Südwest Kurs auf- und abstehen. Drei der Kreuzer des Verbandes lagen gewöhnlich zur Brennstoffübernahme und Überholung in Scapa Flow oder Sullum Vöe und fielen deshalb für die Bewachung aus. Das heißt, daß in der 200 Seemeilen-Enge zwischen den Stetlands und Faröer Inseln selten mehr als zwei und in der 250 Seemeilen-Enge zwischen den Faröer und Island drei Kreuzer standen. Bald wurde diesen Streitkräften auch noch die Überwachung der 200 Seemeilen breiten Dänemark-Straße übertragen, deren Breite sich durch dickes Eis selbst im Sommer verringern konnte. Im Laufe der Zeit wurden weiterhin die ersten der sechsundfünfzig bewaffneten Handelskreuzer — AMC — in Dienst gestellt.

Diese Handelskreuzer — AMC — waren schnelle Passagierschiffe, die von der Admiralität als geeignet für den Umbau zum Kriegsschiff in einer Liste aufgeführt waren. Sie wurden mit Kriegsbeginn, gleichgültig in welchem Hafen sie sich befanden, beschlagnahmt. Der größte Teil ihrer luxuriösen Einrichtungen unter Deck wurde herausgerissen, unnötige Ausstattungen, wie Schornsteinattrappen, zusätzliche Masten und Riemen in, den Rettungsbooten, entfernt.

Seit 1918 wurden in Depots rund um die Welt Geschütze für den

Ernstfall bereitgehalten. Jetzt wurden sie verausgabt, an Bord der AMC gehievt, um ihnen die Feuerkraft eines regulären Kreuzers der ·Northern Patrol zu geben. das frühere Passagierschiff »Corfu« der P & O Linie bekam zum Beispiel neun 6 inch (15,2 cm)-Geschütze an Bord und ein Aufkärungs-Seeflugzeug. Die AMC hatten eine Größe von 6267 BRT der »Bulolo« bis zu 22575 BRT der »Queen of Bermuda«.

Diese AMC sind nicht mit den bewaffneten Handelsschiffen zu verwechseln, die im Besitz ihrer Eigner blieben und denen von einer organisation (Defensively Equipped Merchant Ships DEMS) Kanonen zur Selbstverteidigung an Bord gegeben wurden. Die AMC wurden als regelrechte Kriegsschiffe der Royal Navy in Dienst gestellt und führten die britische Kriegsflagge, das White Ensign. Die Kommandanten waren Offiziere, die in der Zeit zwischen den Kriegen auf Grund eines Gesetzes für den Abbau von Beamten (Geddes Ace) und anderen Sparmaßnahmen der Zwischenkriegszeit verabschiedet worden waren. Die Besatzungen setzten sich zunächst zusammen aus einberufenen Reservisten und ehemaligen Seeleuten der Handelsmarine, Besatzungsangehörigen der beschlagnahmten Schiffe, die in der Maschine und an Deck eingefahren waren. Sie unterschrieben die Bedingungen des Artikels T124X, die sie berechtigten, als Uniformierte der Royal Navy dasselbe hohe Gehalt zu bekommen, das die Reedereien ihnen vorher als Heuer gezahlt hatten. Sie durften auch die Wacheinteilung der Handelsmarine beibehalten, die bestimmte, daß jeder im Laufe einer Reise seine Wache alle zwölf Stunden wiederholt, während bei der Royal Navy die Hundewache morgens in 4 bis 6 Uhr und 6 bis 8 Uhr geteilt war, so daß sich ein täglicher Wechsel ergab und jeder auch die unangenehmen Wachen zu gehen hatte. Diese beiden Wacheinteilungen wurden auf ein und demselben AMC gleichzeitig durchgeführt.

Ähnliche Anordnungen bestanden auch für die dreizehn Hilfskriegsschiffe ABV — Armed Boarding Vessels —, die, abgesehen von »Vandyck« 12241 BRT groß von Lamport & Holt, kleiner als die AMC waren; sie hatten eine Größe von 3129 BRT der »Chantala« bis zu 757 BRT der »Fratton«, einem früheren Dampfer der Southern Railway. Die ABV waren mit zwei 4 inch (10,2 cm)-Geschützen bestückt und für engere Seeräume wie Fair Isle und Ärmelkanal vorgesehen. Die Küstengewässer wurden durch bewaffnete Fischdampfer von ungefähr 500 BRT gesichert, während die beschlagnahmten Treibnetzfischer und Yachten für den Überwachungsdienst und der Organisation der Hafenverteidigung zur Verfügung standen, zur Sicherung der Schiffahrtswege zu den Häfen und den Reeden. Im späteren Verlauf des Krieges wurden viele Aufgaben der Küstenverteidigung von eigens dafür gebauten Motorbarkassen und Fischdampfern übernommen, von denen die letzteren auch auf hoher See und für Geleitaufgaben eingesetzt werden konnten. Eine weitere Entwicklung waren die Hochseehilfskriegsschiffe, OBV (Ocean Boarding Ship), Schiffe, die die Lücke zwischen den Handelskreuzern — AMC — und den Hilfskriegsschiffen — ABV — schließen sollten. Die OBV hatten eine Größe von 3133 BRT der »Malvernian« bis zu 8194 BRT der »Lady Somers« von der Canadian National. Die Hauptbewaffnung der OBV bestand aus zwei 6 inch (15,2 cm)-Geschützen. Wenigstens eines von diesen Schiffen, »Hilary«, prahlte damit, einen Drachen gegen Flugzeuge und vier Harvey Werfer für 9-foot-Raketen mit einem furchterregenden Rückstoß an Bord zu haben; dafür waren ein Sergeant und acht Mann der Royal Artillery eingeschifft. Die folgende Routine der »Hilary« ist typisch für die OBV. In Greenock stationiert, begleitete sie einen Geleitzug bis zur Mitte des Atlantik, wo der Geleitzug aufgelöst wurde. Anschließend patrouillierte sie ungefähr drei Wochen in den südwestlichen Seegebieten vor England, den southwestern aproaches, um dann einen nach England bestimmten Geleitzug aufzunehmen und dorthin zu begleiten.

Alle Arten dieser behelfsmäßigen Kriegsschiffe waren überall in der Welt eingesetzt, aber am meisten rund um die britischen Inseln; die AMC waren in der Northern Patrol konzentriert. Eine gewisse Unterstützung der Schiffe der Northern Patrol erfolgte durch achtzehn Doppeldecker Seeflugzeuge, die im Norden Großbritanniens stationiert waren, von denen jedes in der Theorie 300 Meilen oder mehr fliegen konnte. Eine größere Unterstützung für die alten Kreuzer und AMC war die gelegentliche Verstärkung durch die neuen und stärker bewaffneten Kreuzer der Länder — und Städte — Klasse mit ihren modernen 8 inch (20,3 cm)- und 6 inch (15,2 cm)-Geschützen. Die großen Schiffe der Home Fleet in Scapa Flow, die immer bereit waren einzugreifen, bildeten eine Rückendeckung, wenn irgendein deutsches Kriegsschiff versuchen sollte, in den Atlantik auszubrechen oder rückkehrende Blockadebrecher schützen wollte. Es war nicht beabsichtigt, die AMC ein richtiges Gefecht mit Schlachtkreuzern oder Panzerschiffen führen zu lassen, selbst nicht mit den getarnten deutschen Hilfskreuzern, obwohl man annehmen sollte, daß sie gleichwertige Gegner waren. Die AMC hatten gerade so viel Feuerkraft, um ein Handelsschiff, das überhaupt nicht oder nur leicht bewaffnet war, einzuschüchtern. Sie hatten nur die Aufgabe, das strategische Material des Feindes wegzunehmen, gleichgültig ob in feindlichem oder neutralem Gewässer.

Eine Liste der verbotenen Dinge, die für die Kriegsanstrengungen Deutschlands von Wert sein könnten, wurde von dem Ministerium für wirtschaftliche Kriegführung, Ministry of Economic Warfare, am 4. September 1939 veröffentlicht. Nach Stubbes The Navy at War umfaßte sie:

a) Alle Arten von Waffen, Munition, Sprengstoffen, Chemikalien oder Mittel zur Führung eines chemischen Krieges und Maschinen für ihre Herstellung und Reparatur und deren Bestandteile, notwendige oder zweckdienliche Gegenstände für deren Benutzung, Materialien oder Bestandteile, die in ihren Fabriken gebraucht werden, notwendige oder zweckdienliche Gegenstände, die für die Herstellung oder Benutzung dieser Gegenstände oder Bestandteile gebraucht werden.

b) Brennstoff jeder Art, alle Vorrichtungen und Mittel für den Transport an Land, auf dem Wasser oder in der Luft und Maschinen für ihre Herstellung oder Reperatur und deren Bestandteile; Instrumente, Gegenstände oder Tiere, die für die Benutzung notwendig oder zweckdienlich sind; Materialien oder Bestandteile, die bei ihrer Herstellung gebraucht werden, notwendige oder zweckdienliche Gegenstände, die für die Herstellung oder Benutzung dieser Materialien oder deren Bestandteile gebraucht werden.

c) Alle Mittel des Nachrichtenwesen, Werkzeuge, Geräte, Instrumente, Karten, Zeichnungen und andere Artikel, Maschinen oder Dokumente, die notwendig oder zweckdienlich für eine feindliche Handlung sind; Gegenstände, die für die Herstellung oder Benutzung notwendig oder zweckdienlich sind.

d) Geld, Gold- oder Silberbarren, Zahlungsmittel, Schuldseine; auch Metalle, Prägestöcke, Bleche, Maschinen oder notwendige oder zweckdienliche Gegenstände für deren Herstellung.

e) Alle Art von Nahrung, Nahrungsmittel, Futtermittel, Bekleidung und Gegenstände und Material die für ihre Herstellung gebraucht werden.

Zunächst bezog sich die Liste der Konterbande nur auf den deutschen Import, aber im November 1939 wurde sie auch auf den deutschen Export ausgedehnt, als Vergeltung für deutsche Minenoperationen, unter Bruch internationaler Regeln. In dieser Liste war alles erfaßt, was in einem modernen Staat in Friedenszeiten lebensnotwendig war. Es wurde selbst darauf hingewiesen, daß z.B. eine Schiffsladung Bibeln auch Konterbande sein könne, da die heiligen Schriften eingestampft werden könnten, um Packmaterial für Munition herzustellen.

Der Prisenoffizier übernahm mit dieser Liste in der Hand das gestoppte Handelsschiff. Seine Begleitung war gewöhnlich unbewaffnet; nur wenn Feindseligkeit erwartet wurden, hatten die Männer Waffen bei sich, die oft nicht einmal geladen waren. Wenn der Offizier bei einem feindlichen Schiff das Seefallreep, das über der Bordwand hing, hinaufkletterte, konnte sich alles ereignen, was denkbar ist.

In den meisten Fällen waren es neutrale Schiffe und nichts Dramatisches passierte. Zwei Mann vom Prisenkommando blieben als Wache am Fallreep, während ein Unteroffizier und ein Mann auf die Brücke gingen.

In der Kapitänskajüte prüfte der Prisenoffizier, vielleicht einen Begrüßungsdrink schlürfend, die Ladungsmanifeste, Frachtbriefe, Besatzungs- und Passagierlisten, Logbücher und weitere Unterlagen, von denen er glaubte, daß sie wichtig seien. Dabei machte er die ganze Zeit Konversation, stellte Fragen über die Papiere, Herkommen und Ziel des Schiffes und über den Verlauf der Reise. Die Antworten des Kapitäns konnten variieren — von freundlicher Zusammenarbeit, zu spöttischem Nichtbegreifen, bis hin zur mürrischen Gleichgültigkeit. Die Art der Antworten hing ab von der offiziellen Haltung der betreffenden Regierungen zueinander, den Sprachschwierigkeiten und der persönlichen Einstellung des Kapitäns zu dem Marinemann — »der sich da in Sachen einmischt, weil er nichts Besseres zu tun hat« —. Unterdessen wurde das nächste Kontroll-Zentrum angesteuert, bei dem der Kapitän zu dem Fall Stellung nehmen sollte. Mit der Veröffentlichung der Konterband-Liste war auch eine Liste der Kontrollstationen veröffentlicht worden. Die erste Station war Kirkwall für Northern Patrol, dann Falmouth, Weymouth, Deal für die Down, weiter Gibraltar, Malta, Haifa, Port Said und Aden. Die französische Marine hatte ähnliche Zentren in Dünkirchen, Oran und Marseille eingerichtet. Die Situation in Port Said war recht schwierig, da in der Konvention des Suezkanals niedergelegt war, daß der Kanal ein internationaler Wasserweg sei, in dem niemand, weder im Kanal selbst, noch in seinen Häfen und der Dreimeilenzone, ein Durchsuchungsrecht habe. Also besuchten die Offiziere der Royal Navy die Kapitäne der durchfahrenden Schiffe und forderten sie freundlich auf, sich durchsuchen zu lassen; sie würden dann ein entsprechendes Certifikat ausstellen oder sie können freiwillig Haifa ansteuern. Sollten sie mit diesem Verfahren nicht einverstanden sein, würden sie außerhalb der Drei-Meilen-Zone gestoppt und unter militärischer Bewachung nach Haifa gebracht.

Nach dem Ankern beim Kontrollzentrum wurde das Prisenkommando durch ein Untersuchungskommando einer Landdienststelle ersetzt, das gewöhnlich aus mit der Handelsschiffahrt vertrauten Reservisten der Royal Navy bestand. Mehrere Mann des Untersuchungskommandos, unter Führung eines Offiziers, öffneten die Ladeluken und untersuchten die Ladung. Ein anderer überprüfte jedes Besatzungsmitglied und seine Papiere, während ein weiterer Offizier jeden Passagier an Bord interviewte. Unterdessen waren die Schiffspapiere, die schon auf See geprüft worden waren, in das Büro für Schiffspapiere an Land gebracht worden. Wieder wurde der Kapitän über alles und jedes ausgefragt, bis die friedlichsten Menschen gereizt und ungeduldig wurden. All das kostete viel Zeit und Geld, das Laufen der Maschinen, die Heuer der Besatzung. Stimmte irgend etwas nicht: ein Matrose mit ungewöhnlichen Kenntnissen der Marine, ein kleines Päckchen mit Industrie-Diamanten im Gepäck eines Passagiers, eine Kautschuksendung für eine neutrale Gesellschaft, die Töchter in Deutschland hatte — dann wurde das Schiff beschlagnahmt und alle sachdienlichen Erkenntnisse dem Prisenhof — Contraband Committee — in London übergeben. Es bestand eine enge Verbindung zu der entsprechenden Behörde in Frankreich, dem Ministère de Blocus, das zuerst von Georges Pernot und dann von Georges Monnet geleitet wurde. Dieses Ministerium machte eigene Untersuchungen mit telegrafischen Anfragen bei den Vertretern der Marine und dem kommerziellen Agenten der in Frage kommenden Staaten.

Auf Grund der Antworten und der Art der Verbindung, die die Alliierten mit den betreffenden neutralen Ländern hatten, entschied der Prisenhof — Contraband Committee —, unter Lord Justice Finlay, was getan werden sollte, ob: — ein Mann, ein Gegenstand, die ganze Ladung, oder das ganze Schiff verhaftet, bzw. beschlagnahmt werden sollte, — oder, wie in den meisten Fällen, dem Schiff erlaubt wurde, ohne weitere Behinderung die Reise fortzusetzen. Es wurden dann die Schiffspapiere mit den neuesten Nachrichten für die Seefahrt zurückgegeben, dazu wurde eine besondere Flagge ausgehändigt, die beim Verlassen des Hafens gesetzt werden mußte. Wehte das Flaggensignal nicht einwandfrei, wurde das Schiff am Verlassen der Reede durch das Wachschiff gehindert. Das klingt großartig, dabei war das Wachschiff oft nur eine alte Yacht, auf der ein einziges, nicht gerade zuverlässiges, Maschinengewehr montiert war. Bei einem erneuten Festhalten auf hoher See mußte ein weiteres Flaggensignal gesetzt werden, das anzeigte, daß das Schiff bereits untersucht und keine

Bannware an Bord festgestellt worden war; der ganze Spuk brauchte nicht wiederholt zu werden.

In einer Woche lagen Anfang des Krieges in einem der Kontrollzentren 131 Handelsschiffe, davon ungefähr die Hälfte freiwillig; weitere 74 Schiffe erwarteten die Entscheidungen nach den abgeschlossenen Untersuchungen. Am Ende der Woche war eine ganze Fracht beschlagnahmt worden und Teile von weiteren zwanzig Schiffsladungen; letztere konnten mit dem Rest ihrer unversehrten Ladung ihre Reise fortsetzen. Einhundertvierzehn Schiffe wurden ohne irgendwelche Beschlagnahmen entlassen, während die restlichen Schiffe weitere Untersuchungen erwarteten, die weitere zwei Wochen dauern konnten.

Während britische Kreuzer und die AMC im Nordatlantik die deutschen von den neutralen Handelsschiffen aussonderten, überwachten französische Unterseeboote die Schiffahrtslinien von Spanien, der Karibik und den Inseln des mittleren Atlantik. »Poncelet« war auf einer normalen Patrouillenfahrt bei Tauchübungen, als am 28. September 1939 ein Handelsschiff in Sicht kam. Das weit entfernte Schiff machte 13 Knoten. Das Wetter war schön bei kaum bewegter See. »Poncelet« konnte über Wasser nahezu 20 Knoten laufen, und bald war der Fremde in Reichweite des 100 mm (3,9 inch)-Geschützes des Unterseebootes. Die Jagd wurde fortgesetzt ohne daß ein Schuß gefeuert wurde, bis »Poncelet« in einer guten Position für einen Torpedoschuß war. Lieutenant de Vaisseau Bertrand des Saussine wollte das Schiff kapern, fürchtete aber eine Uboot-Falle. Er forderte das Schiff, das er später als den 5522 BRT großen NDL Frachter »Chemnitz« indentifizierte, auf zu stoppen, während er selbst tauchte. Nachdem der Deutsche gestoppt hatte, tauchte das Uboot wieder auf und bedrohte mit seinen Bug-Torpedos das Schiff.

Jeder beobachtete angespannt den anderen. Der Franzose fürchtete, daß in jedem Augenblick die Tarnung fallen und die verborgenen Geschütze das Feuer eröffnen würden. Nichts geschah. Die Deutschen fühlten sich sehr unwohl, die meisten gingen in die Boote. Ein Prisenkommando paddelte in dem winzigen Beiboot der »Poncelet« zur »Chemnitz« und holte von dort den Kapitän, seinen Ersten Offizier und den Leitenden Ingenieur ab. Kapitän Knubel hatte befohlen die Seeventile zu öffnen, aber das Prisenkommando — equipage de prise — mit zwei Offizeren und dreizehn Mann hatten sie wieder geschlossen. Die deutschen Rettungsboote wurden dazu gebracht, wieder längsseit von ihrem Schiff zu gehen; als die Männer wieder an Deck kletterten, wurden sie von den Mündungen französischer Gewehre empfangen. Die Seeleute mußten in ihr eigenes Logis marschieren und wurden dort inhaftiert, während das Maschinenpersonal hinunter mußte, um das Schiff wieder in Fahrt zu bringen. Sie wurden von einigen Franzosen überwacht, während der Rest des Prisenkommandos die Navigation und die Arbeiten an Deck machten. »Poncelet« überwachte die Reise der »Chemnitz« nach Casablanca bei schlechtem, naßem Wetter, das Lieutnant de Vaisseau de Saussine wieder zu seinem Rheumatismus verhalf.

Damals war »Chemnitz« das erste Schiff in der Geschichte, das durch ein Unterseeboot gekapert und eingebracht wurde; ganz gewiß zum erstenmal im Zweiten Weltkrieg. Die Ladung war von Südamerika über Las Palmas nach Hamburg bestimmt, bestand aus Baumwolle, Bleibarren, Kupfer, Weizen und Papageien und kam stattdessen nach Frankreich. »Chemnitz« wurde als »Saint Bertrand« in französische Dienste übernommen, den neuen Namen erhielt sie zur Ehre ihres Kaptors. Die Feier auf »Poncelet« wurde mit Rheinwein aus der Pantry der »Chemnitz« bestritten.

Den Ruhm, die größte Prise im Zweiten Weltkrieg genommen zu haben, gebührt der Royal Navy, manche sagen, es handelte sich überhaupt um das größte Schiff, das je auf hoher See gekapert wurde. Es war »Cape Norte«, 13615 BRT große 1922 für Hamburg-Südamerika Linie gebaut, die vor dem Kriege, in der Nazi-Zeit eine unrühmliche Rolle gespielt hatte. Sie übernahm 1935 auf hoher See von ihrem Schwesterschiff »Antonio Delfino« einen in Argentinien geborenen Deutschen, um ihn zurück nach Deutschland zu bringen, wo er vor Gericht gestellt werden sollte. Die damalige deutsche Regierung war der Ansicht, daß alle Deutschen, gleichgültig wo sie geboren waren, den Gesetzen der NSDAP unterstünden. Am 22. September 1939 verließ »Cap Norte« Pernambuco, einem brasilianischen Hafen, der auch unter dem Namen Recife bekannt ist. Die Besatzung bestand zum Teil aus Reservisten, die zum Dienst in die deutsche Wehrmacht zurückkehren wollten. Da das Passagierschiff nicht voll bunkern konnte, war es gezwungen, auf dem Heimweg am 9. Oktober 1939 zwischen Island und den Faröer Inseln zu stehen.

HMS »Belfast«, der neueste und größte Kreuzer der Royal Navy mit einer maximalen Wasserverdrängung von 14325 Tonnen steuerte diese Enge ebenfalls an. Ein leichter Dunst lag zu Beginn der Morgenwache über dem Wasser, die Sicht war ungefähr sieben Seemeilen, der Himmel war tiefblau wie die bewegte See mit ihren weißen Schaumköpfen bei einem mäßigen Südost-Wind. Um 11.04 Uhr, zwei Minuten nachdem der norwegische Frachter »Tai Yin« mit einem bewaffneten Kommando nach Kirkwall geschickt worden war, sichtete der Ausguck der »Belfast« ein Schiff mit einem Schornstein und größeren weißen Deckaufbauten. Es sah aus wie das schwedische Passagierschiff »Ancona« und hatte auch diesen Namen an der Gilling. Das nächste Prisenkommando wurde an Deck gepfiffen, und in kurzer Zeit war der 32-Fuß-Kutter der »Belfast« bemannt und weggefiert. Das Wetter hatte sich verschlechtert. Graue Wolken jagten unter einem schwärzer werdenden Himmel, dicke Nebelfetzen fegten über die Höher gehende See, in seltenen aufklarenden Augenblicken zeigten sich, manchmal schäumende Wellenkämme. Das Pullen zu dem Schiff war hart und schwer; bis zu drei Meter hob und senkte sich das Boot. Eine Jakobsleiter hing am Vordeck außerbords, aber man mußte schon springen, um sie zu erfassen, dann eine Kletterei von acht bis zehn Meter, das Gewicht der umgehängten Lee-Enfield-Gewehre drohte die Royal Marines und Seeleute von dem schwankendem Fallreep herunterzuziehen. Oben angekommen krampften sich ihre Finger über das Schanzkleid, sie schwangen sich darüber und fielen auf Deck — auf ein großes menschenleeres Deck. Es war kein Mensch zu sehen. Maschinistenmaat — Engine Room Artificier, ERA — Georg Finch, war der Zweite, der über das Schanzkleid kam, er war einer der Taucher der »Belfast«, immer bereit, was Neues, Schwieriges anzupakken. Er hatte seine Leute zusammen, einen Oberheizer und einen Heizer, er führte sie in die Waschräume unter Deck. ERA Finch hatte schon seinen Revolver, ein Weble & Scott 4,5 inch (11,4 mm) geladen und wies seine Leute an, ihre .303 inch (7,7 mm)-Gewehre zu laden. Der Oberheizer und ein Heizer konnten das, den anderen mußte es gezeigt werden. ERA Finch verließ mit seiner kleinen Gruppe den Waschraum und kam durch mehrere Schotts zu einer Ansammlung von Besatzungsangehörigen, Stewardessen und Passagieren. Es waren 164 Männer und sieben Frauen an Bord. Dann drängelten sie sich durch die Menschen zum Maschinenraum. Da unten starrte ein Kreis von weißen Gesichtern nach oben, alle Ingenieure und Schmierer schienen den Fuß der Leiter umringt zu haben. Die Männer von der Royal Navy kletterten beherzt die Leiter hinunter, die Gewehre schlugen dabei an die Sprossen und Maschinen. Zunächst sprachen die Fremden kein Wort englisch und versuchten glaubhaft zu machen, daß sie Schweden seien, ERA Finch deutete nur auf die im Maschinenraum angebrachten Schilder und Bedienungsanweisungen in deutscher Sprache. Das Spiel war aus; einer deutet auf den Revolver von ERA Finch und sagte »That is a big gun«.

Der Kapitän oben auf der Brücke sah unterdessen in größere Rohrmündungen, nämlich in die der zwölf 6 inch (15,2 cm)-Kanonen der »Belfast«. Den einzigen stillen Widerspruch, den er beim Erscheinen des bärtigen Prisenoffizier zum Ausdruck brachte war, daß er ihm einen Rasierapparat offerierte. Um 1.47 Uhr nachmittags nahm die Prise Kurs auf die Orkneys, und der Kutter kehrte zur »Belfast« zurück. In der Aufregung brachte er die Verpflegungsrationen des Prisenkommandos wieder mit zurück. Die zwei Offiziere und zwanzig Mann mußten sich nun an die deutsche Verpflegung halten mit der leisen Frage, ob sie wohl vergiftet oder gedopt sein mag. So hielten sich die britischen Seeleute in den nächsten einundeinhalb Tagen an das, was sie in der Kombüse bei der Zubereitung der Mahlzeiten für die Deutschen abzweigen konnten. Die Köche der Hamburg-Süd versorgten ihre Offiziere nachts mit Mittelwächter in silbernen Kaffeekannen und Sandwiches auf silbernen Platten; nachdem ein paar Deutsche mit wenigen Bissen die Qualität geprüft hatten, wurde alles von der britischen Brückenwache vereinnahmt.

Die Männer von der Royal Navy fragten sich, ob ein Befehl zur Selbstversenkung überhaupt gegeben worden war, oder ob er bei der Übermittlung zum Maschinenraum irgendwo hängen geblieben sei. Sie fanden eine Anzahl von 5 kg (11 pound) Vorschlaghämmer und Kaltschrottmeisel bereit, um die Einlaßleitungen zu den Kondensatoren zu zerstören; sie warfen sie über Bord. Sie wußten nicht, daß der deutsche Kapitän beim Insichtkommen der »Belfast« sich wegen der stürmischen See entschlossen hatte, das Schiff nicht zu versenken und es nicht zu verlassen. Es war deshalb abgesprochen, daß sich alle ruhig und kooperativ bis in die Nähe des englischen Hafens zeigen sollten, dann sollten sich ein paar Schmierer auf die Heizer der Royal Navy stürzen und die Manometer kaputt schlagen. ERA Finch würde dann sicher mit seinen Leuten vom Maschinenraum hinüberlaufen, um nachzusehen; sie sollten dort eingeschlossen werden. Bis die Briten an Deck gemerkt hätten was los ist, wäre genug im Maschinenraum zerstört worden, um ein Einlaufen des Schiffes in den Hafen zu verhindern, aber nahe genug an Land, damit jeder mit einem Boot in Sicherheit hätte kommen können.

Dieses Komplott kam jedoch zu Ohren der Briten, und ohne den Argwohn der Deutschen zu wecken, vereitelten sie diesen Plan. Alle Deutschen wurden bis auf den wachhabenden Ingenieur, einer nach dem anderen, nach oben geschickt. ERA Finch konnte gut die Verantwortung für den Maschinenraum übernehmen und die Heizer überwachen, hatte er doch auf HMS »Cyclops«, diesem alten Begleitschiff, eine ähnliche Maschinenanlage gefahren. Er fühlte sich in dem Maschinenraum der »Cap Norte« wie zu Hause, auch wenn das Passagierschiff zwei Wellen und noch eine Tiefdruck-Abdampf-Turbine hatte. Er machte nahezu alles allein, einschließlich des zeitsparenden, gekonnten Nachprüfens der Temperatur bei den laufenden Maschinen mit der bloßen Hand.

Die Deutschen waren über die Vereitelung ihrer Sabotage nicht besonders beunruhigt. Wie einer von ihnen sagte: »Many Uboot; soon many bangs; no »Belfast« — »Viele Uboote, viele Detonationen, keine »Belfast« —. Nur in den letzten Stunden verloren sie ihre Hoffnung auf Rettung. Einige versuchten ihre Verzweiflung zu ertränken, aber die deutschen Offiziere zerschlugen die Flaschen und hielten die Disziplin, ohne Eingreifen der Briten, aufrecht.

In Kirkwall gab es dann einige Schwierigkeiten. Eine Menge Reservisten von einem Marine-Landkommando stürmten, bis an die Zähne bewaffnet, an Bord und behandelten jeden, gleichgültig ob Brite oder Deutscher, mit schroffem Mißtrauen. Das Prisenkommando der »Belfast« konnte sich nun, nachdem es achtundzwanzig Stunden ununterbrochen auf den Füßen war, in den komfortablen Kabinen unter weichen, warmen Wolldecken ausstrecken. Sie hatten nicht mehr die Verantwortung für »Cap Norte«; zweimal wurden sie jedoch geweckt, einmal weil sich die deutschen Seeleute der Handelsmarine über Andenkenjäger beklagten, ein anderes Mal, weil die Stewardessen auf eine recht schmerzvolle und unbequeme Art in die wartenden Boote gehievt wurden. Da die »Belfast« noch in See war, bekamen ihre Leute den Befehl, sich auf der »Royal Oak« in Scapa Flow zu melden. Aus irgendeinem Grund konnten sie dort nicht sofort untergebracht werden; sie wurden für die nächsten paar Tage auf AMC »Voltaire« eingeschifft. In dieser Zeit wurde die »Royal Oak« torpediert und sank mit vielen Menschen an Bord.

Es wurde übereinstimmend entschieden, daß die ausgeräumte »Cap Norte« vor einer der Einfahrten zur Blockade verankert werden sollte. Man fühlte eine gewisse Genugtuung, ein früheres deutsches Schiff einer derartigen traurigen Bestimmung zu übergeben; sie fand aber bald wieder eine aktive Rolle in der Schlacht im Atlantik. »Cap Norte« wurde im »Empire Trooper« umbenannt und überlebte den Krieg.

5. Bewachung im Norden, Jagd im Süden

Von den Bewachungsstreitkräften im Norden, der Northern Patrol, wurden bis Ende 1939 siebzehn deutsche Schiffe versenkt oder gekapert. Wenn die Schiffe gefaßt wurden, verhielten sie sich recht unterschiedlich. Als am 19. Oktober 1939 der bewaffnete Handelskreuzer »Scotstoun« den Tanker »Biscaya« in der Dänemark-Straße abfing, bat der Leitende Ingenieur der »Biscaya« seinen Kapitän um Erlaubnis, das Schiff zu versenken. Der Kapitän lehnte ab mit der Begründung, daß selbst nach dem Fluten des Maschinenraumes das Schiff auf den leeren Tanks weiter wie eine Boje schwimmen würde; die Besatzung würde nur riskieren, beschoßen zu werden; statt dessen sollte sie jede Kooperation mit dem Prisenkommando verweigern, diese sollten sehen, wie sie mit dem Schiff fertig würden.
Die Offiziere der »Bianca« waren über die Beschlagnahme ihres Schiffes in der Dänemark-Straße recht erfreut. Sie versicherten dem Prisenkommando von AMC »Transylvania« daß bald ein Uboot zu ihrer Befreiung kommen würde. Als das Uboot nicht kam, schlugen sie den Briten vor, das Schiff zu behalten und baten, ein Rettungsboot zu Wasser bringen zu dürfen, um nach Deutschland zurückkehren zu können.
Drei Mann von der Besatzung der »Gloria«, die vom Kreuzer »Sheffield« aufgebracht worden war, versuchten auf diese Weise nach Deutschland zu kommen. In der Nacht bevor das Schiff in Kirkwall einlief, brachten sie allein ein Boot zu Wasser und segelten mit nördlichem Wind eine Woche lang in Richtung Norwegen, bevor sie von einem bewaffneten Fischdampfer gestoppt wurden. Die britische Meldung

(ADM199/390 Northern Patrol) sagt dazu: »Dieser großartige Versuch hätte mehr Glück verdient«.

Die »Poseidon« verhielt sich wieder anders. Nachdem sie dem Kreuzer »Ajax« vor Südamerika entkommen war, wurde sie am 21. Oktober 1939 in der Dänemark-Straße von »Scotstoun« gefaßt. Das Wetter war für eine Selbstversenkung und auch für das Anbordgehen eines Prisenkommandos zu schlecht, deshalb zwang der AMC seine Prise in Lee von Island zu fahren. Von nun an weigerten sich die Deutschen irgend etwas an Bord zu tun. Ein Prisenkommando setzte über, da sie aber den Dampf nicht halten konnten, mußte das Schiff in Schlepp genommen werden. In einem schweren Schneesturm brach die Schlepptroß. Bei Tagesanbruch am 27. Oktober 1939 übernahm »Scotstoun« die Besatzung von »Poseidon« und versenkte das Schiff mit Geschützfeuer.

»Scotstoun« kam am 10. November 1939 in so dichtes Treibeis, daß sich die Spanten bogen und die Platten sich lockerten; zweimal am Tag mußten 24 Tonnen Wasser aus der Bilch gepumpt werden. Es war aber noch nicht ernst genug, um die Bewachung aufzugeben. Am 18. November 1939 wurde ein schwedischer Dampfer gesichtet. Als man am nächsten Tag an Bord ging, stellte man fest, das es die deutsche »Eilbek« war, auf der ein Teil der Ladung Zellulose, die mit Öl getränkt war, brannte. Der Kapitän der »Mecklenburg« wollte mit seinem Schiff untergehen und mußte gewaltsam gerettet werden. »Parana« kam von Montevideo und hatte den russischen Namen »Iama« an ihre Bordwand gemalt. Als sie den Kreuzer »Newcastle« nicht täuschen konnte, wurde sie in Brand gesetzt und die Bodenventile geöffnet. Trotzdem wurde sie von einem Prisenkommando besetzt und in den Hafen gebracht. Bei der Vernehmung hörte man, wie der Kapitän mit seinem Schicksal haderte, da ihm dasselbe zu Beginn des vorigen Krieges schon einmal passiert war.

Der Bericht des Kreuzers »Colombo« (ADM 199/390 Northern Patrol) spricht von »29 enthusiastischen Nazis« in der Besatzung der SS »Henning Oldendorff«. Bei der Beschlagnahme des Schiffes und seiner Ladung von 5000 Tonnen Eisenkies, war es zu Faustschlägen gekommen. Im großen und ganzen waren die meisten Besatzungen zusammengesetzt aus ein paar scharfen Nazis, ein paar glühenden Anti-Nazis, die Mehrzahl war völlig unpolitisch. Einige Untersuchungsoffiziere bemerkten, daß eine ganze Anzahl von Überlebenden deutscher Schiffe so frank und frei Auskunft erteilten, wie man es von den britischen Seeleuten hoffentlich nicht zu erwarten brauche (ADM

1/10658: Report of Proceedings from HMS »Despatch«). Unfreiwillige Schwatzhaftigkeit, ein verständliches Schocksymptom in Friedenszeiten, wird in Kriegszeiten ein unverzeihlicher Sicherheitsfall. »Delhi« war einer der Kreuzer, die Zeit hatten, ihre Prisenkommandos für ihre Aufgabe ordentlich vorzubereiten. Sie gingen an Bord des Frachters »Rheingold«, nachdem er mit einem Warnschuß der 6 inch (15,2 cm)-Kanone gestoppt worden war. Die Männer sahen im Maschinenraum sofort, daß die Bolzen für die Verschlüße der Kondensatoren entfernt worden waren und stützten sie ab. Ein kurzer Ruck an einer Leine und das Wasser wäre in das Schiff geströmt, aber keiner hatte es getan. Aber warum sich darüber aufregen, meinte der Kapitän, innerhalb von 6 Monaten habe er sein Schiff zurück, dann hätte Deutschland den Krieg gewonnen.

»Berta Fisser« lief, nachdem sie verlassen worden war, so schnell voll Wasser, daß AMC »Chitral« sich entschied, sie mit Artilleriefeuer zu versenken, aber ihre 6 inch (15,2 cm)-Granaten setzten sie nur in Brand, der Schiffsrumpf trieb bei Island auf den Strand. Am folgenden Nachmittag, am 22. November 1939, wurde ihr Schwesterschiff »Konsul Hendrik Fisser« von dem Kreuzer »Calypso« aufgebracht. Das Wetter war zu schlecht, um die Boote zu Wasser zu bringen, weder um das Schiff zu besetzen, noch um es zu verlassen. Der deutsche Frachter lief, bedroht von den 6 inch (15,2 cm)-Geschützen der »Calypso«, auf einen befohlenen Punkt in Lee unter Land, wo drei Fischdampfer der Northern Patrol die Beschlagnahme durchführten.

Die oft wiederholte Bemerkung, daß ein Uboot zur Hilfe kommen würde, war keine leere Drohung, nur waren die Folgen dann nicht unbedingt die, die sich die Deutschen erhofften. Am 18. November 1939 um 1 Uhr nachmittags legte Lieutenant-Commander B. Moloney mit dem Kutter von AMC »California« ab, um mit einem bewaffneten Prisenkommando an Bord eines offensichtlich holländischen Schiffes zu gehen. Es war aber die deutsche »Borkum« mit einer Ladung Weizen. Der Kapitän wurde mit dem größten Teil seiner Besatzung auf die »California« gebracht. Es blieben zwei deutsche Seeleute an Deck, neun in der Maschine und ein Koch an Bord der Prise, die Kurs auf Kirkwall nahm. Trotz des guten Wetters verringerte sich die Fahrt langsam von acht auf zwei Knoten. Lieutenant-Commander Moloney fand heraus, daß die Brennstoffleitungen in der Bilge mit Getreide verstopft waren, während die Deutschen im Maschinenraum, die bis dahin gut mitgearbeitet hatten, immer betrunkener wurden. Eine Durchsuchung des Schiffes brachte aus dunklen Ecken,

Winkeln und dem Schapp für schmutzige Wäsche 240 Flaschen Schnaps ans Tageslicht, die über Bord geworfen wurden; die Männer wurden nüchterner, die Leitungen wieder frei; das Schiff machte wieder 7 Knoten Fahrt. »Borkum« war zwischen den Orkney-Inseln und Shetland, als am 23. November 1939 um 3.30 Uhr nachmittags in einer Entfernung von zwei Seemeilen ein Uboot erschien. Es signalisierte »Maschinen Stopp«, überholte den Frachter, und als sie sahen, daß die britischen über die deutschen Farben gemalt worden waren wurde die »Borkum« beschossen und von zwölf Granaten getroffen. Als die Prise hell loderte und die Dampfleitungen platzten, befahl Lieutenant-Commander Moloney das Schiff zu verlassen. Einige Deutsche wurden getötet, andere verletzt, aber die Überlebenden beider Nationalitäten kamen in zwei Booten davon. Ein Boot machte Wasser und sie verloren Fühlung, trotzdem wurden beide von den Fischdampfern »Kingston Beryl« und »Kingston Onyx« gefunden und die Leute aufgenommen.

Andere deutsche Schiffe, die gefaßt wurden und sich versenkten, waren »Gonzenheim«. »Tenerife« und »Antiochia«. Weitere 243 neutrale Handelsschiffe wurden nach Kirkwall geschickt, während in den letzten vier Monaten des Jahres 1939 die Schiffe der Northern Patrol im ganzen 674 Fahrzeuge jeder Art und Nationalität gesichtet hatten. Natürlich gab es auch manche, die nicht gesichtet wurden. Als das Jahr zu Ende ging, war in den Breitengraden von Island weniger als sechs Stunden Tageslicht. Es gab kein Radar; das Sichten der Schiffe gelang nur durch aufmerksamen Ausguck, und das bei stürmischem Wind, Graupelschauern und Gicht, bei Schneestürmen so dick, daß alles, was außerhalb der Schiffsreeling war, sich wie hinter einem dicken Vorhang verbarg. Manche Nächte waren so schwarz, daß man die schwere See nicht sehen, nur ahnen konnte. Tage- und nächtelang gab es keine Möglichkeit, die Position des Schiffes astronomisch durch Sonnen- oder Sternenbeobachtungen zu überprüfen. Sichteten sich zwei Bewacher, mußten sie bei einem Positionsvergleich oft feststellen, daß sich in ihrem Überwachungsgebiet große Lücken befinden mußten, durch die Blockadebrecher oder Neutrale, die nicht untersucht werden wollten, leicht durchschlüpfen konnten. Selbst wenn die AMC-Schiffe richtig standen, war es bei schlechten Sichtverhältnissen leicht möglich, daß der Ausguck den entscheidenden Schatten übersah, nur weil er gerade mit den Füßen aufstampfte, um sich zu erwärmen, seine schmerzenden Augen rieb oder die Linsen des Doppelglases trocknete.

Die kleine »Lahneck« von der Deutschen Dampfschiffahrts-Gesellschaft »Hansa«, gerade 1663 BRT groß, hatte vom 29. August 1939 bis 11. November 1939 in Vigo gelegen. Dann in See, tarnte Kapitän Meyer sein Schiff als sowjetischen Frachter »Dvina«. Obwohl er nicht die notwendigen Seekarten für die nördlichen Gewässer an Bord hatte, steuerte er sie an, passierte die Dänemark-Straße und lief am 12. Dezember 1939 in Hamburg ein. Auf dieser Reise erschien in den schwärzesten Stunden einer Nacht plötzlich in 20 Meter Entfernung ein Schiff und wurde sofort wieder von der Dunkelheit verschluckt; es mußte sich um ein britisches Geleitfahrzeug gehandelt haben. Zweimal sichtete Kapitän Meyer bei Tageslicht einige AMC, die die »Lahneck« entweder nicht gesehen hatten oder sie für die sowjetische »Dvina« hielten, die sie nicht untersuchen wollten.

Es war auch durchaus möglich, daß die britischen Kriegsschiffe gar nicht schnell genug auf Kollisionskurs kommen konnten und das Ziel in der Ferne schon wieder verschwunden war. Wenn auch ihre Besatzung, die Menschen, den besten Willen hatten, waren die ursprünglichen Kreuzer der Northern Patrol alt geworden. »Effingham« der jüngste, war 1921 von Stapel gelaufen. Sie waren alle gut gebaut, aber nun zwanzig Jahre im Dienst. Ihren Schiffskörpern, Maschinen und Geräten merkte man die dauernde schwere Beanspruchung durch den Winter im hohen Norden an. Die Berichte sprachen von Antennen, die unter dem Gewicht des Eises zusammengebrochen waren, von eingedrückten Kuttern, über Bord gespülten Bugschutzgeräten, von unbrauchbaren Torpedorohren und Geschützlafetten, beschädigten Rudereinrichtungen. Die meisten Schiffe, die für diesen Dienst im Norden bestimmt worden waren, mußten öfter bunkern als moderne Schiffe. Das weitaus beste Schiff war die »Emerald«. Dank ihrem wulstigen Bug, einem Kennzeichen, daß sie mit einigen »C« und »D« Schiffen gemeinsam hatte, und viel größeren Brennstoffreserven, konnte sie länger und mit höherer Geschwindigkeit in See stehen. Die alten Kreuzer wurden deshalb allmählich aus der Northern Patrol herausgezogen und in ruhigeren Himmelsstrichen eingesetzt.

Die AMC unterstanden ab 20. Dezember 1939 Vice-Admiral R.H.T. Raikes. Man hatte angenommen, daß die größeren Schiffe für diese schwierige Aufgabe am besten geeignet wären. Das war aber nicht der Fall. Ihr Schiffskörper war zu windempfindlich, die Oberdecks, für friedliche Zwecke konstruiert, konnten trotz Verstärkung das Gewicht der 6 inch (15,2 cm)-Geschütze mit Lafette im winterlichen Sturm kaum tragen. Sie waren nicht als Kriegsschiffe gebaut, was sich besonders zeigte, wenn sie mit feindlichen Kriegsschiffen zusammentrafen. Die improvisierten Munitionsaufzüge für den Transport der Munition aus den unteren Decks an die Geschütze waren zu langsam. Die Geschütze, die in den Schiffen der Flotte nicht mehr verwandt wurden, waren zu alt. Die Feuerleitanlage bestand aus einfachsten Entfernungsmessern und Rechengeräten, die Schußunterlagen wurden oft mündlich an die Geschütze gegeben. Die Schiffssicherung mag für Seeschäden ausreichend gewesen sein, aber nicht für Feuer- und Wasserschäden durch Feindeinwirkung.

Die AMC boten großartige Ziele für nahezu alle Waffen, die es bei der Marine gab. »Rawalpindi« wurde bei einem Gefecht mit »Scharnhorst« und »Gneisenau« am 23. November 1939 südöstlich von Island versenkt. Dieser Verlust hatte zur Folge, daß die AMC zeitweise aus der Northern Patrol zurückgezogen wurden. Im weiteren Verlauf des Krieges wurden in anderen Seegebieten »Jervis Bay« und »Voltaire« versenkt und »Carnarvon Castle« und »Alcantara« bei ähnlichen Kampfhandlungen mit Überwasserschiffen schwer beschädigt. Als dann Flugzeuge und Uboote weit draußen im Atlantik angriffen, fügten sie den allein fahrenden AMC und OBV schwere Verluste zu. Die Northern Patrol, deren Befehlshaber ab 16. Juni 1940 Rear-Admiral Spooner war, wurde am 10. Juni 1941 als selbständiges Kommando aufgelöst.

Die Schwierigkeiten, einen Blockadebrecher zu sichten und zu stellen, waren sehr groß; auch wenn alles befriedigend durchgeführt worden war, mußte es nicht unbedingt erfolgreich enden. Am selben Tag, als ein Prisenkommando an Bord der »Cap Norte« ging, umkreiste eine Fairey Swordfish vom Flugzeugträger »Ark Royal« einen Tanker südwestlich von Cap Verde und morste ihn an. Er antwortete, daß er der Amerikaner »Delmar« sei. An Bord der »Ark Royal« dachten Vice-Admiral L.V. Wells und Captain A.J. Power über die Antwort nach. Der Tanker mochte »Delmar« sein, aber Sicherheit konnte nur das Hinfahren und Ansehen bringen. »Ark Royal« war aber ohne Zerstörerschutz in einem durch Uboote gefährdeten Gebiet. Deshalb setzte der Flugzeugträger seine Fahrt nach Freetown fort, um dort zu einem Verband zu stoßen, der ein Panzerschiff jagen sollte. Admiral und Captain wußten nicht, daß der Tanker auch auf dem Wege war um »Admiral Graf Spee« zu treffen. Er war das Marine-Troßschiff »Altmark«; »Delmar« lag in New Orleans.

Am nächsten Tag sichtete die Swordfish ein anderes Schiff, einen Frachter. Er hatte die griechische Flagge gesetzt, beantwortete aber keinen Anruf. Eine Bombe wurde zur Warnung vor dem Bug gesetzt, aber er verdoppelte seine Anstrengungen zu entkommen, seinem Schornstein entquollen dicke Rauchwolken. Wieder konnte kein Kommando zur Untersuchung an Bord geschickt werden.

Am 18. Oktober 1939 war es die norwegische Flagge, die die Aufmerksamkeit der Doppeldecker der »Ark« auf sich zog. Dieses Mal verließ die Besatzung ohne einen Anruf abzuwarten das Schiff. Daraufhin flog ein Flugzeug tief über die Rettungsboote und warf eine Mitteilung ab mit der Versicherung, daß sie als Neutrale erkannt seien und ohne Gefahr wieder an Bord ihres Schiffes gehen könnten.

Die Identifizierung eines Handelsschiffes in See war während des Krieges — selbst unter idealen Sichtverhältnissen — ein immer wiederkehrendes Problem. In den Prospekten der großen Reedereien waren die Bilder der großen schwimmenden Hotels mit ihren vielen Schornsteinen und die modernen Frachtschiffe der Linienfahrt in großer Zahl veröffentlicht, aber es war sehr schwer, die ungeheuer große Anzahl der normalen Frachtschiffe zu unterscheiden. Gewiß, die deutschen Frachter machten normalerweise einen mehr geraden Eindruck, da war so etwas typisch Deutsches zwischen Brücke und Schornstein, aber was sollte das sagen, — lieferten doch deutsche Werften in die ganze Welt, abgesehen von den vielen deutschen Schiffen, die nach 1919 als Reperationsgut in die Hände der Alliierten gekommen waren. Wie auch immer: einem allein fahrenden Schiff durfte man sich nicht ohne die gebotene Vorsicht nähern, es konnte leicht eine Falle sein. Auf der anderen Seite, ein kleines Ziel aus der Ferne zu beschießen, bedeutete Verschwendung von Munition. Selbst die besten Artilleristen konnten vorbeischießen. Dann, bei aufkommender Nacht, konnte jede Verzögerung ein Entweichen begünstigen. Nach all diesen Überlegungen war es besser, ein feindliches Schiff zu kapern, die Konterbande auf einem Neutralen zu beschlagnahmen, als die Schiffe zu versenken. Außerdem: kein Kommandant der Royal Navy wünschte jener zu sein, der diplomatische Verwicklungen heraufbeschwor, weil er auf einen neutralen Zivilisten geschossen hatte, nur weil der zu langsam war oder die englische Sprache und die Verhaltensweise der Marine nicht verstand. Nur an Bord des Schiffes konnte in den ersten Kriegsjahren seine Identität festgestellt werden — und selbst dann war man nicht unfehlbar.

Kapitäne von Q-Schiffen, das sind als Handelsschiffe getarnte Fahrzeuge der Royal Navy, meldeten, daß die Wachschiffe der Royal Navy sich ihnen unvorsichtig genähert und falsche Signale entgegengenommen hätten, die Prisenoffiziere mit gefälschten Papieren zufrieden waren und mit flüchtigen Blicken in die Decks nicht gemerkt hätten, um was für ein Schiff es sich überhaupt handelte.

Nach Ablauf des Jahres 1939 war es außerordentlich schwierig einen Blockadebrecher zu kapern, auch wenn man festgestellt hatte, daß es sich um ein deutsches Schiff handelte. Die deutschen Kapitäne, Offiziere und Seeleute hatten sich nun mit der Tatsache des Krieges abgefunden; sie hatten Zeit gehabt, ihre Schiffe zur Selbstversenkung vorzubereiten, Werkzeuge für Zerstörungen und beschwerte Säcke zum Überbordwerfen der Geheimpapiere klar zu legen. Sprengladungen waren an den Schotten angebracht, deren Zündungen das Inbrandschießen der mit Öl übergossenen Ladung und Aufbauten mit Leuchtmunition vorausging. Solche Brandstiftungen machten es einer Rettungsmannschaft sehr schwer, die Selbstversenkung eines Schiffes aufzuhalten. Ein Rettungskommando konnte mit Schreckdetonationen so abgelenkt werden, daß das Schiff sinken konnte und nicht mehr zu retten war, obwohl nur die Seeventile geöffnet worden waren.

Dieses Sabotagehandlungen waren in den ersten Monaten des Krieges nicht immer erfolgreich. Wenige der zivilen Seeleute waren Spezialisten in Sprengungen. Sie hatten auch nicht immer den besten Sprengstoff, brachten ihn oder die Zündschnur schlecht an. Es gingen aber genug deutsche Schiffe in Flammen auf, so daß sich die Admiralität überlegte, was sie dagegen tun könnte.

Am 23. November 1939 setzte das britische Kabinett eine entsprechende Vorschrift in Kraft, die bereits veröffentlicht worden war. Danach sollten in Zukunft den deutschen Handelsschiffen befohlen werden zu stoppen und dann ihre Rettungsboote zu Wasser zu bringen — aber leer. Ein weiteres Signal sollte die Besatzung davon unterrichten, daß sie beim Versuch ihr Schiff zu vernichten an Bord gelassen würden und mit dem Schiff untergehen oder verbrennen müßten. Bei einer friedlichen Übergabe des Schiffes, würde man sie dagegen aufnehmen und anständig behandeln. Trotzdem wurden die Kapitäne der Royal Navy angewiesen, Überlebende in jedem Fall zu retten ob in Booten oder noch an Bord; die Deutschen sollten von dieser Weisung jedoch nichts erfahren.

Es blieb noch die Frage, wie man die deutschen Seeleute überreden konnte, zu sagen, wo die Sprengladungen sind und wann sie losgehen sollten. Es war sinnlos, den Rettungsbooten nachzujagen, wenn die Besatzung das Schiff schon verlassen hatte, wenn das Schiff schon

1. HMS »Berwik« kehrt nach einer erfolglosen Patrouille im November 1939 nach Bermuda zurück; die Außenbordfarbe ist vom Meerwasser angefressen. Das Schiff überlebte den Krieg. Nach dem Abwracken entstanden aus dem Holz vom Achterdeck zwei Bänke, die im Kräutergarten des Red House Museum in Christchurch, Dorset, aufgestellt wurden.

2. Ein Prisenkommando wird auf HMS »Hilary« weggefiert — im mittleren Atlantik 1941. Die Besatzung trägt Stahlhelme und Schwimmwesten; die Gewehre sind auf dem Boden des Bootes verstaut, sie wurden nur mitgenommen, wenn mit Widerstand zu rechnen war.

3. Wie man es nicht machen soll — ein Town-Class-Kreuzer auf einer Patrouillenfahrt bei der Northern Patrol. Der Unglücksfall zeigt die Schwierigkeiten der Konterband Kontrolle auf hoher See.

4. »Bremen«, 51731 BRT, Höchstgeschwindigkeit 28 Knoten, das größte deutsche Handelsschiff. Seine Geschwindigkeit ermöglichte es ihm 1939 der Royal Navy zu entkommen.

5. »Columbus«, vom Norddeutschen Lloyd war das größte Handelsschiff der Achsenmächte, das im Zweiten Weltkrieg abgefangen wurde und sich auf hoher See versenkte. 32581 BRT groß sieht man sie hier beim Verlassen von Southampton in glücklicheren Tagen.

6. »Cap Norte« der Hamburg-
Südamerika-Linie, mit dem
schwedischen Namen
»Ancona« am Heck, 13615
BRT groß, wurde am
9. Oktober 1939 südöstlich
von Island gestoppt; — das
größte Schiff, das auf hoher
See gekapert wurde.

7. Kreuzer »Belfast« vor Anker
1939, brachte »Cap Norte«
auf. HMS »Belfast« dient jetzt
als Marinemuseum.

8. Frachter »Chemnitz«, hier beim Passieren des neuen Kreuzers »Admiral Hipper«, wurde im September 1939 von dem französischen Unterseeboot »Poncelet« aufgebracht.

9. Ein Vorkriegsbild der »Biscaya«, die von dem bewaffneten Handelskreuzer »Scotstoun« in der Dänemark-Straße im Oktober 1939 gekapert wurde. Der Tanker fuhr damals in Ballast. Solche Schiffe konnten zum Transport von Heizöl und, nach gründlicher Reinigung, auch zum Transport von Speiseöl verwandt werden.

10. Kormorane salutieren vor dem deutschen Passagierschiff »Adolph Woermann« beim Auslaufen von Kapstadt — vor dem Krieg. »Adolph Woermann« wurde zunächst von einem britischen Handelsschiff beschattet und schließlich gestellt.

11. »Watussi« beim Passieren des Zerstörers »Escort« bei der Spithead-Parade zum Silber-Jubiläum 1935. Das deutsche Passagierschiff versenkte sich am 2. Dezember 1939 vor Südafrika und wurde endgültig durch Geschützfeuer des Schlachtkreuzers »Renown«, der hier auf dem Bild im Hintergrund zu sehen ist, unter Wasser gebracht.

12. »Ussukuma« war das dritte deutsche Handelsschiff, das von dem Kreuzer »Ajax« 1939 aufgebracht wurde.

13. Die »Wangoni«, von der Deutschen Afrika-Linie, entgeht den Patrouillenfahrzeugen der Northern Patrol und entkommt später auch noch dem britischen Unterseeboot »Triton«, das sie am 28. Februar 1940 stellte.

14. Die deutsche »Uruguay« hatte sich als neutraler Amerikaner getarnt, wurde aber trotzdem am 6. März 1940 in der Dänemark-Straße in Brand geschoßen.

15. Die »Hannover« ist hier an dem Wappenschild über dem Anker zu erkennen. Nachdem sie sich in der Karibik selbst versenken wollte, bewahrte sie eine Rettungsmannschaft vom Kreuzer »Dunedin« vor dem Untergang. Sie wurde später der Geleitträger »Audacity«.

16. Der bewaffnete Handelskreuzer »Moloja« war früher ein P&O-Passagierschiff. »Maloja«, hier 1940 auf der Clyde, wurde später ein Truppentransporter und überlebte den Krieg.

17. Der norwegische Frachter »Tropic Sea« unter deuschem Kommando, im Südpazifik Juni 1940.

sank; das war unnötiger Zeitverlust, dann war es besser, längsseit zu gehen und zu versuchen, sofort Herr des Feuers und Wassers zu werden. Manchmal waren Sprengladungen nicht hochgegangen und Leute noch an Bord. Dann war es nach Ansicht der Royal Navy das Beste, die Saboteure in einen ungeschützten Raum einzuschließen bis sie zu einem Gespräch bereit waren. Dieses Verfahren wurde während des Krieges von beiden Seiten ohne großen Erfolg angewandt; die bekanntesten Zwischenfälle dieser Art waren bei dem italienischen Angriff auf das Schlachtschiff »Valiant« und dem britischen auf das Schlachtschiff »Tirpitz«.

Es ist schwierig, die Auswirkungen der Vorschrift des britischen Kabinetts festzustellen. Die Selbstversenkung des Schiffes und das Vonbordgehen der Besatzung hatte gewöhnlich schon lange begonnen, bevor das Kriegsschiff nahe genug heran war, um den Fremden anzurufen. Man weiß auch nicht, wie weit diese Weisung durchgeführt worden ist. Wenn man gezwungen war Überlebende — Freund oder Feind — aus militärischer Notwendigkeit ihrem Schicksal zu überlassen, war das eine bittere Sache, aber den Opfern ihre Mittel zum Überleben zu zerstören, oder selbst dies anzudrohen, ging gegen das alte Gebot der Menschlichkeit in der Royal Navy, gegen die Tradition jedes Seefahrers. Auf der anderen Seite, die Männer im Rettungsboot, die wie wahnsinnig von dem sinkenden Schiff wegpullten, dachten nicht daran, daß der Kreuzer auf ein Schiff schoß, von dem er annehmen konnte, daß es ein getarnter Hilfskreuzer sei, dessen Geschütze sich zeigen, wenn die Panik-Party sich entfernt hätte; sie sahen nur einen rachsüchtigen Briten, der hilfsbedürftige Überlebende beschoß, die ihm seine Gier auf Beute durchkreuzt hatten.

Was die Royal Navy nicht wußte: der deutsche Funk-Beobachtungsdienst hatte schon die ersten Funksprüche der Admiralität in dieser Sache entschlüsselt. Die deutsche Handelsmarine wurde vor den Absichten der Royal Navy am 24. Oktober 1939 gewarnt. Sechs Tage später wurden alle Kapitäne und Offiziere der Handelsmarine davon unterrichtet, daß jeder, der sein Schiff in Feindeshand fallen ließe, nach dem Krieg vor ein Kriegsgericht gestellt würde. Das, was bei jeder Marine eine Selbstverständlichkeit ist, erhielt bei den Nazis eine unnötige Betonung. Jedoch die meisten Kapitäne taten schon alles, um ihr Schiff zu versenken, ohne verschleierte Drohungen und ohne in Aussicht gestellte Auszeichnungen.

In dieser ganzen Zeit erhielt die Admiralität laufend Berichte über die fragwürdigen Handelsschiffe in neutralen Hafen, über ihre Fracht und wann sie in See gingen. Die Glaubwürdigkeit dieser Nachrichten war unterschiedlich, je nachdem sie von einem Marine-Attaché, einem Schwarzhändler, einem schwatzendem Seemann kam, oder von einem getauchten Unterseeboot Seiner Majestät, das außerhalb der Drei-Meilen-Zone auf und ab stand. Nach dem Eingang der Gerüchte und Berichte mußten Kreuzer oft tagelang dampfen, auch bei falschem Alarm.

Die SKL in Berlin machte unterdessen ihre Pläne. Seit Kriegsbeginn operierte das Panzerschiff »Admiral Graf Spee« in den tropischen Gewässern der Südhalbkugel, das, unter anderem auch Kohlendioxyd für die Kältemaschinen und zur Stabilisierung der Temperatur in den Munitionskammern, brauchte. Der Tanker »Emmy Friedrich«, 4372 BRT, lag in Tampico, Mexico, mit einer Teilladung Kohlendioxyd. Am 20. Oktober 1939 bekam der Tanker Order zu einem Treffen auszulaufen.

Die westindischen Inseln sehen auf der Karte wie eine Barriere aus, die sich über die Karibik von Nord- nach Südamerika erstreckt. Es ist aber eine Barriere mit vielen Durchfahrten. Die britische und französische Marine hatte nicht genug Kriegsschiffe, um jeden Kanal überwachen zu können. Nachdem »Emmy Friedrich« einmal in der großen Karibik war, konnte sie nur durch einen Zufall von den Suchstreitkräften gefunden werden, die nicht wissen konnten, welchen Durchschlupf sie wählen würde. Der große Golf von Mexico ist durch den 120 Seemeilen breiten Yucatan Kanal mit der Karibik verbunden. Dort stand der britische Kreuzer »Orion« und der kanadische Zerstörer »Saguenay«, die in der Ferne »Emmy Friedrich« sichteten. Der Tanker fuhr daraufhin wieder in den Golf zurück. Die Sichtmeldungen hatten den Kreuzer »Caradoc« auf Kollisionskurs zur »Emmy Friedrich« gebracht, die sich am 23. Oktober 1939 versenkte.

Der Handelskrieg, den Panzerschiff »Deutschland« und »Admiral Graf Spee« im Atlantik und Indischen Ozean führten, war eine Bedrohung, die erhebliche Anstrengungen der Alliierten in Seegebieten erforderten, in denen sie gewöhnlich keine Streitkräfte hatten. So, wie bei einer Suche nach einem Verbrecher viele kleine Ganoven gefaßt werden, entdeckte man bei der konzentrierten Suche nach den Panzerschiffen in diesen Gewässern eine ganze Anzahl von deutschen Handelsschiffen, die versuchten, jetzt in europäische Gewässer zu kommen, um die Dunkelheit des nordatlantischen Winters zu nutzen.

»Hallé«, ein Frachter von 5889 BRT, war das erste Schiff, das bei dieser

Suche von dem französischem Kreuzer »Duguay-Trouin« westlich von Dakar am 16. Oktober 1939 gefaßt wurde; »Hallé« versenkte sich selbst. Ein anderer französischer Kreuzer, »Dupleix«, mit den französischen Zerstörern »Le Fantasque« und »Le Terrible«, sichtete die 4627 BRT große »Santa Fé«. Die französische Kriegsschiffe waren die Sicherung eines Geleitzuges von Kingston in Jamaica, der »Santa Fé« zu nahe gekommen war. »Santa Fé« versenkte sich am 25. Oktober 1939.

Der nächste Frachter war »Uhenfels«, 7603 BRT groß, der die ersten Wochen des Krieges in Lourenço Marques, Portugiesisch Mosambik, gelegen hatte und am 13. Oktober 1939 ausgebrochen war mit einer Ladung Kopra, Baumwolle und Opium. Die 61 Mann starke Besatzung an Bord waren auf halbe Ration gesetzt worden. Am 5. November 1939 kam querab von Freetown ein einmotoriger Doppeldecker in Sicht. Es war ein Swordfish von der »Ark Royal«. Dann kamen drei Kriegsschiffe über die Kimm. »Uhenfels« lief fast 14 Knoten, konnte den Verfolgern aber nicht entkommen. Kapitän Schuldt schickte den größten Teil der Besatzung in die Boote, während er mit den Zurückgebliebenen die Seeventile öffnete. Der Maschinenraum lief nicht schnell genug voll Wasser. Ein Kommando von einem Zerstörer stürzte an Bord. Die Seeventile wurden geschlossen, die Lenzpumpen angestellt und »Uhenfels« wurde nach Freetown geschleppt. Allein die Opiumladung hatte einen Wert von einer viertel Million Pfund; der Wert für die Medizin war unschätzbar.

Bei Kriegserklärung war ein weiteres Schiff der Hansa-Linie auf dem Heimweg von Indien, die »Trifels«. Aufgrund einer Meuterei von 57 indischen Seeleuten und Schmierern, die nicht nach Deutschland wollten, lief Kapitän Ihlefeld Lourenço Marques an und tauschte sie gegen deutsche Seeleute von anderen Schiffen aus, dazu kamen noch am Ort wohnende Deutsche, die nach Hause wollten. Er kam bis zu den Azoren, glaubte jedoch, erst am 12. November 1939 seine Reise mit der »Trifels« sicher fortsetzen zu können, bis dahin hatte er alles für eine Selbstversenkung vorbereitet. Zwei Tage nach dem Auslaufen wurde sie von dem französischen Hilfskreuzer »Koutoubia« gestellt; 1000 Liter (220 gallons) hochentzündlichen Petroleums, das in Luke Nr. 4 gelagert war, wurde angezündet, und die Besatzung verließ das Schiff. Zu ihrer Enttäuschung entwickelte sich keine große Feuerbrunst, statt dessen erstickte sich das Feuer selbst. »Trifels« wurde als Prise nach Casablanca gebracht.

»Adolph Woermann« fand bis zum 16. November 1939 Geborgen-

heit in Lobito, einem Hafen in portugiesisch Angola. Sie hatte sich als portugiesischer Passagierdampfer »Nyassa« für eine Reise nach Südamerika getarnt, um von dort nach Haus zu kommen. Nach vier Tagen in See stieß sie auf das Shaw Savill Frachtlinienschiff »Waimarama«, dessen Kapitän die wirkliche »Nyassa« gut kannte und wußte, wo sie sich befand. Er mißtraute dem anderen Schiff mit seinem veränderten Aussehen und begann es in angemessener Entfernung zu beschatten. In der folgenden Nacht manövrierten sich die beiden unbewaffneten Handelsschiffe in ihren eigenen privaten Krieg. Die »Adolph Woermann« kam mit ihren 8577 BRT aus der Dunkelheit und versuchte, die 12843 BRT große »Waimarama« zu rammen. Sie scherte dann aus und war in der Nacht verschwunden. Unterdessen war die Kampfgruppe »K«, die aus dem Schlachtkreuzer »Renown« und dem Flugzeugträger »Ark Royal« bestand, unterwegs. Die zwei großen Schiffe waren gewöhnlich von vier Zerstörern der »H« Klasse und einem oder mehreren Kreuzern eines nahegelegenen Stützpunktes begleitet. Einer der Zerstörer lief im Kielwasser des Flugzeugträgers als Flugsicherung, bereit um Flugzeugbesatzungen bei einem Unfall auf dem Flugdeck aufnehmen zu können. Die anderen drei Zerstörer bildeten bei Ubootgefahr einen Sicherungsgürtel um den Verband. Die Kampfgruppe ging nun in Dwarslinie, um in breiter Formation einen großen Seeraum abzusuchen, der durch den Einsatz der Swordfish Flugzeuge der »Ark Royal« nach beiden Seiten und voraus noch größer wurde. Nachdem der Verband die Grenzen seines Überwachungsgebietes erreicht hatte, fuhr er in einem anschließenden Rechteck zurück. Diese Eintönigkeit wurde gelegentlich unterbrochen durch Bunkern in Freetown, durch Sichten und Untersuchen eines alleinfahrenden Handelsschiffes oder durch einen Befehl der Admiralität, einen gemeldeten Feind zu stellen. In diesem Fall war der Anlaß der Funkspruch der »Waimarama« über die verdächtige »Nyassa«. Kreuzer »Neptune« war am nächsten und steuerte in die gemeldete Richtung, während der Verband in dieser Nacht auf einen schwarzen Schatten stieß; es war das neuseeländische Frachtlinienschiff »Opawa«, das fast eine Salve Granaten abbekommen hätte. Die richtige »Adoph Woermann« wurde durch »Neptune« nahe Ascension am 22. November 1939 gestellt. Das Passagierschiff versuchte noch zu fliehen, stoppte dann und versenkte sich. Der Kreuzer übernahm 135 Männer, 25 Frauen und 2 Kinder.
»Watussi« und »Windhuk« waren zwei der schönsten Passagierschiffe der Woermann Linie. Beide hatten Turbinenantrieb, beide hatten

zwei Schornsteine. »Windhuk« war mit 16662 BRT größer, wurde 1937 fertiggestellt und lief mit zwei Schrauben 18 Knoten. Sie lag im November 1939 in Lobito, Angola, von ihrer älteren Schwester, der 9521 BRT großen »Watussi« in Moçambique, durch den afrikanischen Kontinent getrennt. Beide sollten nach Südamerika »Watussi« lief am 22/23. November 1939 aus mit ihrer Höchstfahrt von 13,5 Knoten, durch den Mosambik-Kanal, entlang der Küste von Südafrika.

Eine Woche vor der Abreise der »Watussi« hatte sich »Admiral Graf Spee« im Indischen Ozean bemerkbar gemacht. Die britischen Jagdgruppen hatten sich auf das Kap der Guten Hoffnung konzentriert; ihre Suchkurse von dort aus sollten den Weg des Panzerschiffes zurück in den Südatlantik abschneiden. Das verfolgte Wild hatte das Gebiet in 300 bis 400 Seemeilen Abstand von der Küste aber schon passiert. Aber nicht so die grau gemalte »Watussi«, die gerade 90 Seemeilen südlich von Kap Agulhas stand und mit westlichem Kurs in die Weite des Südatlantik strebte.

Am 2. Dezember 1939, um 10.16 Uhr vormittags, sichtete die Besatzung der »Watussi« ein Junkers Ju86 Linienflugzeug; sie empfanden aber keine Freude beim Erblicken des deutschen Flugzeuges, noch am vertrautem Ton der Junkers-Maschinen. Dieses Flugzeug gehörte der South African Airways; bewaffnet war es jetzt ein Flugzeug des 15. Bombenaufklärungsgeschwaders der südafrikanischen Luftwaffe. Die drei Flugzeuge des Geschwaders, jedes mit einer Reichweite von 980 Meilen, patrouillierten reihum bis zu 140 Meilen vom Kap. Captain Boshoff hatte »Watussi« gefunden.

Die Ju86 umkreiste den Feind und funkte seine Position, Kurs und Fahrt. Dann kam sie im Tiefflug auf das Schiff zu und schoß mit der mittleren Kanone vor den Bug; eine Bombe nahe der Bordwand sollte den deutschen Kapitän dazu bringen auf Nord-Kurs zu gehen, aber sobald das Flugzeug abdrehte, nahm er seinen alten Kurs wieder auf. Eine zweite Ju kam um 1 Uhr nachmittags, und »Watussi« ging wieder auf nördlichen Kurs, nachdem Kapitän Stäner auf den Anruf des Flugzeuges geantwortet hatte »Ships stops old man«. Die zwei anderen Flugzeuge wurden unterdessen aufgetankt und wieder einsatzbereit gemacht. Der Flugzeugträger »Ark Royal« hielt jetzt mit wenigstens zwei Swordfish ständig Fühlung an dem Passagierschiff. »Renown« und der Kreuzer »Sussex« waren auf dem Weg dorthin.

Um 3.25 Uhr nachmittags, als »Watussi« ungefähr 60 Seemeilen von der südafrikanischen Küste entfernt war, sah man, daß sie stoppte; es wurde damit begonnen, die Boote zu Wasser zu bringen. Die Deutschen waren offensichtlich dabei, das Schiff zu versenken, trotz der Warnung durch südamerikanisches Maschinengewehrfeuer und schwimmende Rauchbomben der Marineluftwaffe waren sie nicht davon abzubringen. Sonnenlicht glitzerte über das Wasser, als aus der hinteren Luke Rauchwolken ausbrachen, bald stand das ganze Schiff vom Bug bis zum Heck in Flammen, die durch das Wasser, das durch die geöffneten Seeventile hereinströmte, wieder gelöscht wurden. Die Überlebenden, unter ihnen auch Frauen, bei einer stand eine Geburt unmittelbar bevor, wurden aus ihren Rettungsbooten von der »Sussex« geborgen. Das brennende Wrack hatte so schwere Schlagseite, daß die Steuerbord-Reeling unter Wasser war. Captain Power von der »Ark Royal« war einmal Kommandant von HMS »Excellent« gewesen, dem Schiff der Marineartillerieschule. Da Artilleristen auf einem Flugzeugträger selten Gelegenheit haben, ihre Künste auf ein schwimmendes Ziel zu zeigen, ergriffen sie jetzt die Chance und begannen mit ihren 4.5 inch (11,4 cm)-Geschützen zu schießen. Nach ein paar Schuß mischte sich »Renown« ein und signalisierte: »Jetzt laßt mal einem Artillerieschiff eine Runde« (Poolman, »Ark Royal«). Nur mit zwei 15 inch (38,1 cm)-Geschützen von einem Turm versenkte der Schlachtkreuzer »Watussi«.

Die zeitweise Abwesenheit der britischen Streitkräfte im mittleren Südatlantik beendete zwar die Fahrt der »Watussi«, war aber für die »Windhuk« sehr vorteilhaft. Sie lief am 7. Dezember 1939 in Santos Brasilien, ein.

»Ussukuma« von der Deutschen Afrika Linie (DAL) hatte nicht so viel Glück. Sie war, von Lourenço Marques kommend, am 13. Oktober 1939 in Bahia Blanca, Argentinien, eingelaufen. Vor ihrer Rückkehr nach Deutschland mußte sie bunkern; der nächste Hafen mit genügend Vorräten war auf ihrer Route das 600 Seemeilen entfernte Montevideo. Der 7834 BRT große Passagierdampfer lief am 4. Dezember 1939 aus. Am nächsten Tag sichtete Kreuzer »Ajax«, der vor der La Plata-Mündung stand, die charakteristischen Aufbauten der Passagierdecks. Der Kapitän der »Ussukuma« versuchte noch in der aufkommenden Dunkelheit zu entkommen, entschied sich dann aber, das Schiff zu versenken. Ein Prisenkommando ging sofort an Bord, verließ es aber, als es Nacht wurde. Am nächsten Morgen war das deutsche Passagierschiff verschwunden.

Ein Prisenkommando des Kreuzers »Despatch« kaperte im Pazifik den 4930 BRT großen Frachter »Düsseldorf« querab von Punta Caldera in

Chile, am 5. Dezember 1939. Der Chefingenieur hatte versucht, das Einlaufventil der Hauptkühlwasserleitung mit einem Sprengsatz zu zerstören, aber er hatte nicht gezündet. Da das Schiff nicht in dem Zustand war, um eine längere Reise durchzustehen, brachte es Commodore Allan Poland mit der »Despatch« nach Antofagasta. Dank der guten Beziehungen des britischen Konsuls zu den chilenischen Behörden konnte »Düsseldorf« für Reperaturen und zum bunkern einlaufen. Nach Abschluß der Arbeiten lief der Frachter mit einer bewaffneten Wachmannschaft aus; von der Besatzung fehlte ein Mann, der an Land ausgerissen war. Die Stewardeß wollte auch in Chile bleiben, mußte aber mit ihren Landsleuten auf der Prise mit nach Jamaica fahren. Obwohl man den deutschen Kapitän für das Mißlingen der Selbstversenkung nicht verantwortlich machen konnte, war er sehr beunruhigt über das, was nach dem Krieg mit ihm passieren würde. Die Versicherung der Briten, daß Deutschland dann ein anderes Management haben würde, war für ihn kein Trost.

Der deutsche Tanker »Nordmeer«, der am 9. Dezember 1939 aus Curaçao ausgelaufen war, konnte in den Durchfahrten der Antillen dem französischen Unterseeboot »Quessant« entkommen. Er war mit einer Ladung Rohöl nach Vigo unterwegs.

Am selben Tag sichtete der Kreuzer »Shropshire«, der auf der Route Kapstadt-St. Helena auf der Suche nach Hilfskreuzern war, »Adolph Leonhardt«. Die Deutschen versenkten ihr Schiff, und die Alliierten verloren weitere 2990 BRT wertvollen Schiffsraum. Dieses deutsche Handelsschiff war das letzte, das bei der Suche nach »Admiral Graf Spee« gefaßt wurde. Vier Tage später endeten mit dem Gefecht vor der La Plata-Mündung die Fahrten der »Admiral Graf Spee«. Nur »Erlangen« hatte während dieser ganzen Operation stetig ihren Weg zu einem sicheren Hafen fortgesetzt. Sie hatte Carnley Harbour am 6. Oktober 1939 verlassen und schließlich am 12. November 1939 Puerto Monti im südlichen Chile erreicht, teilweise mit behelfsmäßigen Segeln und einer unter Hunger leidenden Besatzung.

6. Das Verhalten der Neutralen

Das Ziel all dieser Blockadebrecher, auch wenn sie sich zeitweise in einem neutralen Hafen aufgehalten hatten, war in Europa die Küstenroute Norwegens, die vor der offenen See durch zahlreiche Inseln geschützt wird. In das Land hinein ziehen sich weit verästelte Fjorde, von Bergen umgeben, die zusätzlichen Schutz vor den Stürmen des Ozeans und feindlicher Beobachtung bieten. Die Route verlief natürlich innerhalb der Drei-Meilen-Zone, und sie konnte legal von jedem bona fide Handelsschiff, gleich welcher Nation, befahren werden. Die norwegischen Behörden hatten das Recht, die Schiffe auf ihre Redlichkeit zu untersuchen. Es war ihnen aber nicht gestattet, fremde Kriegsschiffe zu untersuchen, die diese Gewässer sowieso nicht ohne weiteres befahren durften. Problematisch war die Behandlung von unbewaffneten Handelsschiffen, die Marinebehörden unterstanden. Dabei zählten Fahrzeuge mit verborgenen Waffen oft als unbewaffnet. Diese Schiffe konnten nicht untersucht werden, weil es Kriegsschiffe waren, noch konnte man ihnen die Passage untersagen, weil es sich um Handelsschiffe handelte, die wirtschaftliche Aufgaben erfüllten, obgleich sie auf Rechnung der Regierung fuhren. In diesen Fällen wurde das Schiff offiziell besucht und nach einer flüchtigen Untersuchung festgestellt, daß es unbewaffnet ist. Es wurde dann von einem Fahrzeug der Königlich Norwegischen Marine begleitet, um das Wohlverhalten während der Passage sicherzustellen. Sollten diese Handelsschiffe ihre Fahrt durch die territorialen Gewässer mit irgendwelchen kriegerischen Zwecken verbinden, wie zum Beispiel Transport von Kriegsgefangenen, konnte die norwegische Regierung den

Kapitänen drei Möglichkeiten zur Wahl stellen: Entweder die kriegerischen Aktivitäten, wie den Transport von Kriegsgefangenen, zu unterlassen oder der Internierung von Schiff und Besatzung zuzustimmen oder das territoriale Gewässer zu verlassen. Sollte der Kapitän keinem der Vorschläge zustimmen, hatte er das Völkerrecht gebrochen und andere Mächte hatten das Recht, auch in die territorialen Gewässer zu kommen, entweder um den Missetäter zu fassen, oder um entsprechende Maßnahmen zu ergreifen.

Der Fall der »City of Flint« im Jahr 1939 war ein solches Beispiel. Panzerschiff »Deutschland« stoppte diesen amerikanischen Frachter am 9. Oktober 1939 südöstlich von Neufundland. Obgleich er neutral war, hatte er eine Ladung von Konterbande für Großbritannien und konnte nach den Bestimmungen der Prisenordnung beschlagnahmt werden. »City of Flint« wurde als dänische »Elf« getarnt und mit einem bewaffneten deutschen Kommando und Kriegsgefangenen der britischen »Stonegate« nach Deutschland geschickt. »City of Flint« lief zunächst Tromsö an und behauptete, ein bona fide Schiff der deutschen Handelsmarine zu sein. Dieses Verhalten entsprach nicht dem Abkommen, demzufolge eine Prise direkt zu einem der Häfen des Kaptors gebracht werden mußte. Sollte ein Zwischenhafen angelaufen werden, mußte das Schiff an seine ursprüngliche Besatzung und Eigner zurückgegeben werden; abgesehen von einem Notfall. Das bewaffnete Kommando warf ein paar von ihren Waffen über Bord, aber die Norweger bestanden darauf, daß die britischen Kriegsgefangenen freigelassen werden müßten, was auch geschah. Da »City of Flint« keine Seekarten für die Südroute hatte, fuhr sie nach Norden, nach Murmansk, dort setzte sie die Flagge der Kriegsmarine. Nach einigen Tagen kam sie wieder in norwegisch territoriale Gewässer. Dieses Mal wurde sie aber ganz anders empfangen. Abgesehen von den rechtlichen Folgerungen aus diesem Fall, waren die Norweger den Deutschen nicht gerade freundlich gesonnen, hatte doch die »Deutschland« eines ihrer Handelsschiffe, die »Lorentz W. Hansen«, versenkt. Nach einigen Verhandlungen in Tromsö kamen an 3. November 1939 zwei norwegische Kriegsschiffe zur »City of Flint«. Die Deutschen ergaben sich und wurden interniert. »City of Flint« wurde seinem Kapitän zurückgegeben, kam später nach Narvik und dann zurück nach Amerika.

Während dieses Zwischenfalls bewachten britische Kriegsschiffe den Landvorsprung von Stadtlandet, wo »City of Flint« gezwungen war, weiter herauszufahren, aber auch hier hielten sich die deutschen

Schiffe bei der Rückkehr von Murmansk innerhalb oder nahe der Drei-Meilen-Zone. Bei der Rückkehr nach Deutschland kamen die Schiffe nur auf der letzten Strecke im Skagerrak und in der Nordsee außerhalb der territorialen Gewässer, und selbst hier waren die Regeln sorgsam zu beachten. In der Deutschen Bucht war es, wo Lieutenant-Commander Bickford den Passagierdampfer, »Bremen« am 12. Dezember 1939 vorschriftsmäßig anrief, worauf eine Dornier Do18 erschien und das Unterseeboot »Salmon« tauchen mußte. »Bremen« entkam allen Gefahren auf See, machte an dem Colombus-Kai in Bremerhaven fest und wurde schließlich das Opfer eines pathologischen Brandstifters.

Obwohl die für den Seekrieg gültigen Gesetze allgemein anerkannt wurden, entschuldigten sich die Kriegführenden bei Übertretungen mit operativen Notwendigkeiten, die Neutralen, hinsichtlich ihrer Abhängigkeit von der einen oder anderen Seite, mit besonderen Umständen. Der mächtigste Neutrale waren die Vereinigten Staaten. Die einschneidende Unterbrechung ihres Überseehandels und die Beeinträchtigung der Geschäfte der Neuen Welt waren die wichtigsten Gründe für den Eintritt der Vereinigten Staaten in den Ersten Weltkrieg. Präsident Rossevelt war fest entschlossen dafür zu sorgen, daß sich derartige Verhältnisse in der westlichen Hemisphäre nicht wiederholten. Am 2. Oktober 1939 hatten verschiedene Republikaner Amerikas auf einer Konferenz in Panama nicht nur die Absicht erklärt, sich aus dem europäischen Konflikt herauszuhalten, sondern auch die Kriegführenden gewarnt, die Neue Welt wieder als einen Kriegsschauplatz zu benutzen. Der Westatlantik von Neuengland bis Feuerland wurde bis zu einer Entfernung von 600 Seemeilen von der Küste zur panamerikanischen Neutralitätszone erklärt. In Teilen dieses Gebietes patrouillierten zu dieser Zeit bereits Einheiten des US Navy's Atlantic Squadron.

Zunächst wurden die Kriegs- und Handelsschiffe beider Seiten nur beobachtet, ohne daß in irgendeiner Weise Partei ergriffen wurde. Es war jedoch vereinbart, daß britische und französische Kriegsschiffe in diesem Gebiet keine Schiffe auf Konterbande untersuchen durften; auf diese Weise konnten die neutralen Handelsschiffe, die hauptsächlich Amerikaner waren, unbehindert fahren. Für die alliierten Handelsschiffe, die ihren Geschäften nachgingen, war diese Regelung auch zufriedenstellend, mit den deutschen Schiffen sah das aber anders aus. Sie konnten getarnte Hilfskreuzer sein oder auch draußen in See Uboote mit Brennstoff versorgen, die ohne Kriegserklärung auf den amerikanischen Schiffahrtsstraßen ihre Beute machen wollten. Deshalb wurden sie von amerikanischen Stellen bis zum letzten Augenblick vor dem Verlassen des Hafens beobachtet, um sofort eingreifen zu können, falls sie eine feindliche Handlung beginnen würden. Unterstützungseinheiten würden so schnell wie möglich an den Ort des Geschehens befohlen und das hieß, daß die Funksprüche in Klartext gegeben werden sollten. Die amerikanische Marine handelte in ihrem Bereich jetzt schon so, wie es in der späteren Politik mit den Worten zusammengefaßt wurde: Alle Hilfe für Großbritannien.

Am 13. und 14. November 1939 verließen zwei deutsche Schiffe Vera Cruz in Mexico; eines war der Frachter »Arauca«, das andere das Passagierschiff »Columbus« des Norddeutschen Lloyd. »Columbus« war mit 32581 BRT das drittgrößte Schiff der deutschen Handelsmarine. Bei Kriegsbeginn befand es sich auf einer Kreuzfahrt in der Karibik. Die amerikanischen Passagiere wurden in Havanna ausgeschifft, bevor das Schiff nach Vera Cruz fuhr und dort am 4. September 1939 einlief. Der dortige deutsche Konsul übergab Kapitän Dähne die Order, den Nordatlantik in der dunkelsten Winterzeit zu überqueren. Es würde zwar ein gefährliches Unternehmen sein, aber sein Erfolg hätte erheblichen Propagandawert. Zwei Wochen lang übten die 557 Besatzungsmitglieder die Selbstversenkung und das Verlassen des Schiffes.

Das Passagierschiff lief nur mit 16 bis 18 Knoten, um Brennstoff zu sparen für die lange Reise, um Island nach Norwegen. Da im Yucatan-Kanal der australische Kreuzer »Perth« im Wechsel mit dem amerikanische Kreuzer »Vincennes« mit zwei Zerstörern stand, vermied »Columbus« den Kanal, wurde aber von zwei amerikanischen Zerstörern beim Verlassen des Golfs von Campeche gesichtet. Die Zerstörer begleiteten »Columbus«, als ob sie Schutz gegen einen britischen Angriff bieten wollten. Durch den großen Golf von Mexico, die Straße von Florida und hinaus in den Atlantik fuhr das Passagierschiff mit seinen beiden Schatten, die von Zerstörern desselben Kommandos abgelöst wurden, bis der Kreuzer »Tuscaloosa« die Begleitung übernahm. Die ganze Zeit über funkten die Amerikaner offen ihre eigene Position. Man konnte es nicht ändern, daß auch die Royal Navy diese Positionsmeldungen zufällig aufnahm und ihre Vorbereitungen traf, um das deutsche Schiff genau beim Verlassen der panamerikanischen Neutralitätszone zu sichten. HMS »Hyperion«, deren Besatzung nach der Wärme Westafrikas und der Westindischen Inseln unter der Kälte Neu-Schottlands sehr litt, bekam Befehl, schnellstens von Halifax nach Bermuda zu steuern. Nach einer Blitzkonferenz wurde der Zerstörer in ein Seegebiet ungefähr 300 Seemeilen querab von Cap Hatteras geschickt.

»Columbus« wurde am 19. Dezember 1939 von der Nachmittagswache der »Hyperion« Backbord voraus gesichtet. Alle Mann gingen auf Gefechtsstation. Ein Warnschuß wurde gefeuert, dann ein Schuß vor den Bug und gleichzeitig das Flaggensignal »Sofort Stoppen« gesetzt. Der Kommandant der »Hyperion«, St. John Nicholson, hatte für eine derartige Gelegenheit zwei Prisenkommandos ausgebildet; eingeschlossen waren besonders Übungen im Pistolenschießen, da die Gewehre sich für diese Aufgabe nicht bewährt hatten. Es wurde von der Backbordseite auf eine Scheibe an der Steuerbord Reeling geschossen. Die Entfernung war zwar nicht größer als 11 Meter, trotzdem war es bei den Schiffsbewegungen schwierig, die Scheibe zu treffen. Die Schützen trösteten sich bei ihren Mißerfolgen mit der Annahme, daß sie bei Anbordgehen auf eine Prise mit ihrem Revolver wahrscheinlich auf geringere Entfernung zu schießen hätten. Die vorgesehene Entermannschaft hat niemals herausgefunden ob . . .

Innerhalb von wenigen Minuten kamen aus dem Deck des Passagierdampfers Rauchwolken, und die Rettungsboote wurde weggefiert; die Besatzung verließ in Ruhe das Schiff. Unterdessen tauchten die Aufbauten eines Kriegsschiffes am Horizont auf. Es war aber kein Panzerschiff zur Rettung, es war »Tuscaloosa«, die Captain Nicholson gerufen hatte. Hunderte von Deutschen waren in ihren Rettungsbooten, die sich in der sanften Dünung wiegten, zu viele kräftige Männer waren unter ihnen, die leicht die 145 Besatzungsmitglieder des Zerstörers hätten überwältigen können, viel zu viele, um sie an Bord unterzubringen. Deshalb war »Tuscaloosa« damit einverstanden die Deutschen, von denen zwei ihr Leben verloren hatten, an Bord zu nehmen und sie nach den USA zu bringen. Der amerikanische Kapitän wurde auch gebeten, dafür zu sorgen, daß die, auf beiden Seiten des Zerstörers aufgemalte Bezeichnung »H97«, nicht in die Presse komme. Nachdem der Kreuzer weg war, umkreiste der britische Zerstörer das brennende Wrack, aus dem dicke Rauchwolken herausquollen und das leicht nach Backbord krängte. Die Gefechtsbereitschaft auf dem Zerstörer wurde aufgehoben, und die Besatzung hatte Seeroutine. In der Nacht stürzte der Schornstein des Passagierschiffes ein und fiel ins Wasser; das brennende Wrack erleuchtete das Meer. Es war ein schmerzlicher Anblick, für jeden der Schiffe liebt, aber die Royal Navy wußte, warum das sein mußte. Britische Zeitungen und Filme neigten dazu das Gefühl zu erwecken, als ob die Versenkung solch schöner Schiffe ehrlos und beschämend sei.

»Columbus« sank zu Beginn der Morgenwache am 20. Dezember 1939. Am Vormittag ging »Hyperion« längsseit der von ihren Besatzungen verlassen deutschen Rettungsboote. Sie waren gut ausgerüstet mit Fleischkonserven, getrockneten Früchten und Wein; alles Dinge die der Schiffsbesatzung von »Hyperion« besser schmeckte als den Seemöven und Fischen. Sechs Rettungsboote wurden an einer einzigen langen Trosse in Schlepp genommen, um den Sea Scouts in Bermuda eine Freude zu machen, aber das Wetter verschlechterte sich in wenigen Stunden bald bis zur Hurrikanstärke. Eins nach dem anderen der sechs Boote ging verloren. Wäre dieser Sturm früher gekommen, hätte der Kapitän vielleicht darauf verzichtet, sein Schiff aufzugeben und zu versenken. Dann hätte »Hyperion« die Ehre gehabt, die größte Prise auf hoher See genommen zu haben. Beim Einlaufen in Bermuda am Weihnachtstag war das kein Trost.

Die Besatzung der »Columbus« war noch nicht von der Kriegsdienstpflicht befreit. Viele von ihnen waren Reservisten und Techniker, also verpflichtet, ihrem Land beizustehen und den Verlust ihres Schiffes zu rächen. Sie und andere Deutsche beabsichtigten, den amerikanischen Kontinent zu überqueren, nach Honolulu zu fahren und von dort mit einem japanischen Schiff nach Yokohama. Nach einer kurzen Seereise nach Korea hatten sie die Möglichkeit, mit dem Transsibirien-Expreß nach Deutschland zu kommen. Dieses Vorhaben wurde von amerikanischen Firmen mit deutschen Interessen und Tochtergesellschaften — wie Standard Oil — finanziert und vom britischen Geheimdienst überwacht, dessen Aufmerksamkeit am 19. Dezember 1939 auf »Arauca« konzentriert war. Der Frachter wurde von drei US Marineflugzeugen nahe Miami gesichtet. Diese Meldung brachte den britischen Kreuzer »Orion« auf den Schauplatz, seine Jagdbeute blieb aber in territorialen Gewässern und lief in Port Everglades ein.

Obwohl die Regierung der Vereinigten Staaten sich in einigen Angelegenheiten sehr kooperativ zeigte, hatte sie sich niemals auf rücksichtslose Handlungen eingelassen. Das amerikanische Neutralitätsgesetz verbot den privaten Bürgern der Vereinigten Staaten, ihre Schiffe und Flugzeuge in eindeutig bestimmte Kriegsgebiete eintreten zu lassen. Die Grenzen dieser Kriegsgebiete wurden entsprechend dem Kriegsverlauf geändert, umfaßten aber hauptsächlich die Atlantik-Küste Frankreichs, die britischen Inseln, die Nord- und Ostsee. Der

Frachter »Mormacsun« wurde auf seiner Reise von Nordamerika nach Bergen außerhalb dieser gefährlichen Zonen von der Northern Patrol am 3. Januar 1940 gestoppt und zu dem Untersuchungszentrum Kirkwall, innerhalb des verbotenen Gebietes, gebracht. Die daraufhin erfolgte Beschwerde veranlaßte Churchill anzuordnen, daß kein amerikanisches Schiff mehr auf See angehalten und in die verbotenen Gebiete gebracht werden durfte.

Keine Frage, Seefahrt war in dieser Zeit gefährlich. Die norwegische »Belpamela« und die schwedische »Lagaholm« wurden beide von einem Uboot auf der Fahrt nach Kirkwall in der Nacht 1./2. März 1940 angegriffen, wobei »Lagaholm« versenkt wurde. Es gab auch noch andere Risiken. Das Ansteuern von Land birgt immer Gefahren in sich, und kein Kapitän läuft gern unnötigerweise in einen Hafen ein und aus. Die norwegischen Frachter »Mim« und »Hansi« liefen auf Grund und zerschellten, weil sie dem britischen Befehl nach Kirkwall zu laufen, nachgekommen waren. Der norwegische Kriegsversicherungs-Klub unterrichtete die Kapitäne, daß ihre Versicherungsdeckung verfalle oder die Prämie erhöht werden müßte, wenn sie südlich der Shetlands fahren würden. Ein Protest-Dokument, verbunden mit einem Dokument für Schadensersatzforderungen, wurde an die Kapitäne — zur Aushändigung an die Prisenoffiziere — geleitet. Diese waren von ihren Dienststellen angewiesen worden, das Papier ohne irgendwelche Bemerkung entgegenzunehmen. Das bewaffnete Prisenkommando muße auch darauf vorbereitet sein, das Schiff ohne Mitwirkung der neutralen Besatzung zu fahren.

Im Fernen Osten gab es andere diplomatische Schwierigkeiten. Der Kreuzer »Liverpool« hatte am 21. Januar 1940 das japanische Passagierschiff »Asam Maru« angehalten und 21 frühere deutsche Seeleute, darunter einige von der »Columbus«, mit von Bord genommen. Es war eine völlig legale Untersuchung eines neutralen Schiffes, aber die ängstlichen Japaner behaupteten, der Kaiser sei damit persönlich beleidigt worden, da der heilige, schneebedeckte Fudschijama auf 100 Seemeilen zu sehen sei. Dabei waren die Japaner wegen des Nazi-Sowjetischen Nichtangriffspaktes auf die Deutschen sehr ärgerlich und versprachen, niemals wieder deutsche Reservisten, Techniker oder kriegsverwendungsfähige Zivilisten anzuheuern, wobei aber andere Zivilisten als Passagiere auf ihren Schiffen reisen könnten.

Der australische AMC »Kanimbla« nahm dagegen am 29. Februar 1940 neun bona fide zivile deutsche Seeleute nach Yokohama mit, damit sie von dort ihre unterbrochene Reise fortsetzen konnten. Die

Australier waren an ihren deutschen Seeleute außerordentlich interessiert. Sie bemerkten, daß sie am liebsten kaltes Fleisch mit Salat, warmes Cornedbeef, Spiegeleier und Schwenkkartoffeln essen würden, große Kaffeetrinker wären — mit Milch —, aber von Essigfrüchten und Saucen nichts halten würden. Der Admiralität wurde berichtet, daß die »deutschen Offiziere und Männer große Mengen von Weizenkuchen mit Marmelade vertilgten. Eine Gabel aus der Offiziermesse wäre wahrscheinlich zur Erinnerung mitgenommen worden«. (ADM 199/969: Reports of Proceedings of HM Ships on South Atlantic Station).

Die britische Regierung hielt sich als kriegführende Nation für berechtigt, Konterbande auch auf der Route von Deutschland nach Wladiwostok und zurück zu beschlagnahmen, mit der Einschränkung, japanische Schiffe nicht anzuhalten. Die Überwachung der japanischen See durch die Royal Navy hatte mehr hypothetischen als praktischen Wert, aber es konnte schon etwas getan werden, »Kanimbla« wurde dieses Seegebiet zugewiesen. Man war unterrichtet worden, daß ein neutrales russisches Handelsschiff mit einer Ladung Kupfer von den Vereinigten Saaten kommen sollte. Das Prisenkommando des AMC in Stärke von drei Offizieren und vierzehn Mann, die mit Handelsschiffen vertraut waren, wurde exerziert und machte Schießübungen.

»Vladimir Mayakovsky« wurde am 15. März 1940 angehalten, aber es war so hoher Seegang, daß das Prisenkommando erst am nächsten Tag an Bord gehen konnte. Es war ausgerüstet mit zwanzig Pistolen, für jeden Mann fünfundzwanzig Schuß Munition, Verpflegung für vierzehn Tage, Morselampe und Winkflaggen, Verbandskasten und eine Flitspritze gegen Ungeziefer. Das russische Schiff mußte auf der weiteren Reise mit Brennstoff und Wasser versorgt werden, und laufende Reperaturen fielen auch noch an. Erst am 26. März 1940 konnte »Kanimbla« ihren Schützling dem französischem Kreuzer »Lamotte-Piquet« übergeben.

Es brauchten jetzt immer weniger Schiffe auf hoher See angehalten zu werden. Mit dem Fortgang des Krieges wurde die Überwachung der Konterbande an der Quelle immer besser. Britische Repräsentanten im Ausland stellten, nachdem sie Garantien über den Bestimmungsort erhalten und geprüft hatten, vor dem Verlassen des neutralen Schiffes Warenpässe aus. Dieses Dokument wurden den Schiffspapieren beigefügt und seine Nummer telegrafisch an das Contraband Committee in London übermittelt, bereit für eine Überprüfung des

Schiffes in einem Kontrollzentrum oder an der Überwachungslinie. Es bestand dann immer noch die Möglichkeit, daß neutrale Länder Material, das das Contraband Committee nur für Verwendung in ihren Ländern freigegeben hatte, weiter verschickten. Deshalb begann das Ministerium für wirtschaftliche Kriegführung, Ministry of Economic Warfare, die Mittel und Reserven aller neutralen Staaten und die zukünftigen Erfordernisse zu schätzen. Die britische Regierung erlaubte dann nur noch einer entsprechenden Anzahl neutraler Schiffe das Passieren des Blockadegebietes. Darüber hinausgehende Ladungen wurden zurückgeschickt oder gegen angemessene Bezahlung dem britischen Verbrauch zugeführt; alles aus Furcht, daß die Waren an Deutschland weiterverkauft werden könnten und dort den Deutschen in ihrem Kampf gegen die Alliierten helfen würden.

Britische Repräsentanten kauften auch manchmal vorsorglich Lager von bestimmten Waren auf, die für die deutsche Wirtschaft von größerer Bedeutung waren als für die der Alliierten. Es wurde sogar einmal vorgeschlagen, diese Lieferung im Meer zu versenken, aber es wurde schließlich doch eine Verwendung dafür gefunden. Die Bevölkerung hatte keine Ahnung von diesen Aktivitäten und wunderte sich oft über die Mengen ungewohnter Nahrungsmittel in den Geschäften.

Keines dieser Verfahren konnte über Nacht organisiert werden, manche brauchten Jahre. Es wurden auch für befreundete Neutrale oder Neutrale deren Freundschaft man gewinnen wollte, Ausnahmen gemacht. Einem Schwarzhändler ließ man vielleicht seine dunklen Geschäfte, weil er eine verläßliche Quelle für irgendwelche andere Informationen war. Geheimagenten fanden heraus, welche Firmen sich wahrscheinlich mit an der Ausrüstung von Tankern für Uboote beteiligten und — abhängig von der Art des Agenten — das zu vereiteln oder zu unterstützen suchten. Dabei gab es heimliche Verabredungen, Treffen in einer Bar, Autounfälle, Übergabe von Geldtaschen auf der Straße, Geheimsender mit denen verschlüsselte Nachrichten gefunkt wurden. Natürlich war die andere Seite genau so aktiv, bestechlich, drohend, Belohnungen oder Bestrafungen versprechend, die nach dem Krieg ausgezahlt würden. Angesichts der völlig verworrenen Lage, der vielen Möglichkeiten jemanden vor den Kopf zu stoßen, fühlten sich nur wenige Neutrale stark genug, offen ihre Unterstützung für die eine oder andere Seite zu zeigen, selbst wenn sie davon Vorteile erwarten konnten. Sicherlich waren sie ängstlich bemüht, innerhalb einer starken Einflußsphäre eines Kriegführenden keinerlei militärische oder wirtschaftliche Angriffspunkte zu bieten. Warum sollten sie Geschäfte, die vor wenigen Monaten durchaus einwandfrei und gewinnbringend waren, nicht weitermachen, nur weil sich ein Dritter mit dem Käufer stritt?

So lief die Verschiffung von Eisenerz von Nordschweden nach Deutschland weiter. Als im Winter 1939/1940 der Bottnische Meerbusen zugefroren war, rollten die Eisenbahnzüge mit Erz durch das Gebirge nach dem eisfreien Narvik, von wo das Erz auf der Küstenroute nach dem Süden verschifft wurde. Der Strom dieser Schiffe wurde durch erfolgreiche Blockadebrecher, die Handels- oder Hilfsschiffe der Marine sein konnten, verstärkt.

7. Unruhige Gewässer

Der Frachter »Konsul Horn« machte in Aruba, einer niederländischen- westindischen Insel, am 7. Januar 1940 die Leinen los. Die französischen und britische Kriegsschiffe, die vor der Insel patrouillierten, bemerkten ihr Auslaufen nicht, ebenso konnte das französische Unterseeboot »Agosta« ihn beim Passieren der Durchfahrten der Kleinen Antillen nicht fassen. Die Tarnung als sowjetisches Schiff täuschte US-Marineflugzeuge und den britischen Kreuzer »Enterprise«; die schweren Stürme des Nordatlantiks verbargen ihn, vor den Bewachern der Northern Control.

Auch bei kriegsbedingten Wagnissen, darf die seemännische Vorsicht nicht vergessen werden. Vor »Konsul Horn« war die »Bahia Blanca« aus St. Vincent kommend, in der Annahme, daß die britischen Kriegsschiffe einen respektvollen Abstand zu dem Grönlandeis halten würden, zu nahe herangegangen und stieß auf einen Eisberg. Sie saß eine ganze Zeit fest, freigekommen, strömte soviel Wasser herein, daß sie am 10. Januar 1940 sank. Auf einen SOS Ruf wurde ihre Besatzung von einem isländischen Fischkutter gerettet.

»Konsul Horn« war glücklicher, das Schiff erreichte am 6. Februar 1940 die norwegischen Gewässer. Es löschte den Rest seiner Zuckerladung, der andere Teil mußte, um nach Haus zu kommen, auf der Fahrt als Kohleersatz unter dem Kessel verbrannt werden.

Nach »Konsul Horn« kamen noch eine Reihe von Einzelfahrern aus Südamerika und ein halbes Dutzend Schiffe aus Vigo. Einige Schiffe fuhren zur selben oder fast zur selben Zeit, in der Hoffnung, daß das Aufbringen des einen Schiffes die Aufmerksamkeit von den anderen ablenken würde. Während ihrer Liegezeit in Vigo hatte der deutsche Konsul am Ort einen Teil der Heuer an die Besatzung ausgezahlt, während der andere Teil an die Angehörigen zu Haus ging oder bis zur Rückkehr zurückbehalten wurde. Der Konsul gab auch den Auslaufbefehl, obwohl er keinerlei navigatorische oder sonstige Ratschläge geben konnte. Die Kriegsmarine half in keiner Weise, zum großen Verdruß der Handelsschiffskapitäne. Die britische Admiralität hörte vom unmittelbar bevorstehenden Auslaufen der Schiffe aus Vigo und bildete unter dem Befehl des Command Western Approaches eine Einsatzgruppe, die sich mit diesen Schiffen befassen sollte, sobald sie ausliefen und das geschah in der Nacht vom 10./11. Februar 1940. Die »Rostock« hatte gerade die Drei-Meilen-Zone verlassen, als sie von der französischen Korvette »Elan« gestoppt und besetzt wurde. Da die Korvette mit der »Rostock« vollauf beschäftigt war, konnte sie zwei andere Schiffe, die sie mit dem Scheinwerfer kurz erfaßt hatte, nicht verfolgen; es waren »Wahehe« und »Morea«. »Wahehe« wurde später von einem britischen Zerstörer und einem französischen Flugzeug übersehen. »Morea« gab sich als Däne aus, als er 500 Seemeilen vor der Küste am 12. Februar um 9.48 Uhr vormittags von einem Zerstörer gesichtet wurde. »Hasty« umkreiste ihn in großem Abstand bis er sicher war, daß es keine Falle sei und brachte erst dann seinen Kutter zu Wasser. Trotz eines recht unangenehmen Seegangs befahl der Kapitän, das Schiff zu versenken und zu verlassen. Als Lieutenant-Commander Tyrwhitt sah, was da vor sich ging, befahl er mit dem .5 inch (12,7 mm)-Maschinengewehr des Zerstörers über die Rettungsboote , über die Back und dann in die Brücke zu feuern. Den Deutschen im Boot wurde bedeutet, daß sie nicht aufgenommen würden; mit einem Wasserstrahl aus den Feuerlöschschläuchen der »Hasty« und Geschützfeuer wurden die Deutschen zu ihrem Schiff zurückgetrieben. Unterdessen hatte der Prisenoffizier Hart durch Drohungen mit seinem entsicherten Revolver das Wegfieren des anderen Rettungsbootes verhindert.

Die Blaujacken von der Navy kletterten an Deck. Ein Funker stürzte in den Funkraum, stoppte den Funker, der mitten in der Abgabe eines Funkspruches war und schaltete den Sender ab. Unten im Maschinenraum strömte das Wasser aus der Hilfskühlwasserleitung und den Seeventilen der Feuerlösch- und Bilgepumpen. Ein Deckel mit einem 8 inch-Ventil war entfernt worden, aber Lieutenant Williams dichtete das Leck mit Matratzen, legte eine Eisenplatte darauf und stützte diese mit Balken und Keilen ab. Das einströmende Wasser war unter

Kontrolle und wurde dann gestoppt. Nach eineinhalb Stunden war das Wasser herausgepumpt und die »Morea« wieder in Fahrt. Das Prisenkommando erreichte die bereitwillige Mitarbeit der Deutschen. »Morea« wurde in einen Geleitzug nach dem Kanal aufgenommen und ankerte fünf Tage später auf Falmouth Reede.

Die anderen vier Vigo-Schiffe waren vorläufig davongekommen. »Wakama«, die am 11./12. Februar 1940 aus Rio de Janeiro ausgelaufen war, hatte nicht so viel Glück. Vier Stunden später versenkte sie sich querab von Cabo Frio, nachdem »Dorsetshire« in Sicht gekommen war, die durch ihr Bordflugzeug auf »Wakama« aufmerksam gemacht worden war.

Die Aufmerksamkeit der Welt war im Februar 1940 für einige Zeit auf den Tanker »Altmark« gerichtet, der sich auf der Heimreise in den norwegischen Küstengewässern befand. Die Royal Navy behauptete, daß »Altmark« Kriegsgefangene an Bord habe und damit die territorialen Gewässer verletzen würde. In ihrer rechtlichen Stellung als Hilfsschiff der Marine brauchte sie jedoch von norwegischen Offizieren nur besucht und nicht untersucht zu werden. Die Admiralität entschied trotzdem, daß die Annahme des Bruchs der Neutralität gegeben sei. Das Resultat war die Befreiung von 299 Gefangnen und die Überzeugung der Admiralitäten auf beiden Seiten, daß für den Schutz der norwegischen Küstenroute und zur Verhinderung von kriegerischen Maßnahmen etwas getan werden müsse.

Unterdessen hatten sich die Vigo-Schiffe der Northern Patrol genähert. »Wahehe«, ein DAL Schiff von 4709 BRT, war vor dem Krieg in Hamburg abgefahren mit einer Exportladung von Zement, Mundharmonikas, getrocknetem Fisch, Mehl, Autos, Schweinefüßen, Chemikalien, Schirmen, Reis, Likören, Hosen, Benzin, Eisen- und Bleirohre, Jute, Manilahanf, Paraffin, Lampen, Schwefel- und Kohlensäure, Textilien, Bier und Rizinus; sie hatte in Vigo Schutz gefunden. Am 21. Februar 1940 befand sich »Wahehe« nun bei Sturm und rauher See südöstlich von Island. Die Sicht war nicht weiter als eine Seemeile, als sie auf den Kreuzer »Manchester« und den Zerstörer »Kimberley« traf.

Mit dem Handscheinwerfer wurde ein Morsespruch an den deutschen Frachter gegeben, daß die Besatzung ihrem Schicksal überlassen werden würde, wann sie versuchten das Schiff zu versenken. Während »Kimberley« näher heranging, unterstrich »Manchester« die Warnung mit Maschinengewehrfeuer in die Nähe der zu Wasser gelassenen Boote. Sie wurden gezwungen an Bord zurückzukehren. Ein

Boot war abgetrieben, das andere mußte wieder gehievt werden, weil die Stewardeß der »Wahehe« nicht die Bordwand hochkam.

Kapitän Albers hatte keine andere Wahl, als Kurs auf Kirkwall zu nehmen, wie ihn Lieutenant-Commander Knowling von der »Kimberley« befahl. Der deutsche Kapitän versuchte einen Funkspruch abzusetzen, der aber von dem Zerstörer gestört wurde mit gleichzeitigem Maschinengewehrfeuer über »Wahehe«. Erst am nächsten Nachmittag konnte »Kimberley« ein Prisenkommando an Bord schicken.

»Gut, was wollen Sie jetzt mit uns machen — uns alle erschießen?« fragte Kapitän Albers (ADM 1/10439: German SS »Wahehe«). Er hatte anscheinend geglaubt, daß »Manchester« die Rettungsboote der »Wahehe« treffen wollte. Man ließ ihn bei seinem Glauben, versicherte ihm aber, daß keiner erschossen würde, vorausgesetzt, daß es keine Schwierigkeiten gäbe. Es gab keine Schwierigkeiten und »Wahehe« ankerte in Kirkwall am 24. Februar 1940.

»Orizaba« war eins der Vigo-Schiffe, das die Northern Patrol unangefochten passierte, aber die norwegischen Gewässer sind trügerisch; »Orizaba« lief auf einen Felsen bei Skjervöy und war ein Totalverlust.

»Wangoni« war mit 7768 BRT das größte der Vigo-Schiffe. Es erreichte die norwegischen Gewässer und kam glücklich bis Kristiansand, wo es mit dem britischen Unterseeboot »Triton« zusammentraf. Aber das Glück blieb dem Passagierschiff weiter treu, es gelang ihm in den Nachtstunden des 28. Februar 1940 zu entkommen.

Die Nächte im Nordatlantik konnten noch für einen weiteren Monat dunkel und stürmich sein, obwohl das Wetter nicht immer mit den Blockadebrechern war. Es gab Nächte im Norden, die selbst im Winter klar und mondhell waren, wie auch in den tropichen Gebieten der stickige Regen und Nebel plötzlich verschwinden konnte. Bevor jedoch Blockadebrecher sich irgendwelche klimatischen Verhältnisse zunutze machen konnten, mußten sie erst einmal aus dem Hafen herausgekommen sein. Das geschah im Schaltjahr 1940, am 29. Februar in Aruba.

Drei deutsche Schiffe lagen in Aruba, nämlich »Antilla«, »Troja« und »Heidelberg«. Captain J.V. Farquhar hatte ihre schwarzen Silhouetten in der vorigen Nacht gegen die hellen Lichter von Oranjestad gesehen. Vierundzwanzig Stunden später erfaßte der Scheinwerfer der »Despatch« ein abgedunkeltes Schiff, auf dessen Bordwand eine niederländische Flagge gemalt war, gerade außerhalb der niederländischen Gewässer. Unmittelbar darauf brach Feuer aus, und bald war ein Prisenkommando längseit. Das Schiff bekam Backbord Schlagseite und die Brücke war ein Inferno. Kapitän Boendel und seine Besatzung wurde an Bord des Kreuzers genommen. Auf der »Despatch« sahen sie wieder nach Aruba hinüber und nahmen an, daß »Antilla« die Aufopferung der »Troja« ausgenutzt habe, um zu entkommen. Es war aber »Heidelberg« die durchgeschlüpft war und Kurs auf die Windward Passage zwischen Kuba und Hispaniola genommen hatte. Dort stand am 2. März 1940 »Dunedin«, die von der Northern Patrol hierher versetzt worden war. Die Neuigkeit von der Versenkung der »Heidelberg« wurde an Bord der »Despatch« zur großen Freude der Besatzung ausgepfiffen. (ADM 1/10658: Report of Proceedings from HMS »Despatch«).

Der Hansa Frachter »Wolfsburg«, der aus Pernambuco kam, hatte sich als norwegische »Aust« getarnt. Er wurde am 2. März 1940 ganz oben in der Dänemarkt-Straße, dicht am Grönland-Eis von dem Kreuzer »Berwick« abgefangen. Trotz Maschinengewehrfeuers befahl Kapitän Bohland das Schiff zu versenken und zu verlassen. Das Prisenkommando kam sehr schnell an Bord und versuchte, das Feuer in den Laderäumen durch Abdecken der Ventilatoren zu ersticken. Die Flammen breiteten sich trotzdem in der Ladung, die aus Gütern aller Art bestand, weiter aus, während das Wasser im Maschinenraum unterdessen bis zu den Zylindern stand. Als »Wolfsburg« Steuerbord Schlagseite bekam, wurde alles was greifbar war an Logbüchern, benutzten Karten, Haufen angebrannter Papiere aus dem Funkraum zusammengerafft und das Schiff verlassen. Britische und deutsche Boote wurden an Bord der »Berwick« gehievt. »Wolfsburg« trieb in das Eis und wurde durch Geschützfeuer des Kreuzers versenkt.

Der Fischdampfer »St. Wistan« aus Hull griff am späten Nachmittag des 5. März 1940 in das Geschehen ein. Er war beim Fischen am Polarkreis nordwestlich von Island, als der Kapitän ein Schiff mit den amerikanischen Farben an der Bordwand sah, die aber so hoch über der Wasserlinie waren, daß sie in See aufgemalt worden sein mußten. Der Kapitän meldete das dem Fischereiabteilungsoffizier, dem in Kriegszeiten die Fischdampfer, bis auf ihre Tätigkeit des Fischfangs, unterstanden. Die beiden Männer waren der Ansicht, daß es sich um einen neutralen amerikanischen Blockadebrecher handeln mußte. und gaben einen entsprechenden Funkspruch durch. Der Kapitän der »St. Wistan« wurde später mit 23 Pfund für guten Ausguck belohnt, der Funker bekam 10 Pfund und jeder der siebzehn Mann 1 Pfund. Der RNR Lieutenant ging leer aus, weil er nur seinen Dienst gemacht hatte, auch gab es keine öffentliche Anerkennung aus Sorge vor Repressalien der Deutschen an britischen Fischern.

»Berwick« hatte zwei Stunden später, um 7 Uhr, den Funkspruch aufgenommen, und der Navigationsoffizier überlegte sich, was der wahrscheinlichste Kurs des Fremden sein könnte. Am nächsten Morgen wurde er vom Bordflugzeug des Kreuzers gesichtet, die Fühlung ging aber bei beginnendem Schneefall und zunehmenden Wind und See wieder verloren. Nachmittags wurde in drei Seemeilen Entfernung ein Schiff gesichtet. Obwohl es den Namen »Argosy« der Moore McCormack Linie von Philadelphia trug, funkte es ein SOS als »Uruguay« der Hamburg-Südamerika-Linie. Trotz der teilweisen Störung des Funksignals durch den Kreuzer wurde es von Reykjavik wiederholt. Daraufhin funkte »Berwick« mit dem Rufzeichen der »Uruguay«, daß kein weiterer Beistand erforderlich sei. Es wurde aus einer Lewis Kanone geschossen, die Granaten explodierten über den Köpfen der Besatzung, die trotzdem das Schiff verließen. Wieder versuchte ein Prisenkommando mit dem Feuer und dem einströmenden Wasser fertig zu werden, aber ohne Erfolg. Man glaubte, daß die Ladung aus Manganerz bestand, und das Schiff schien jeden Augenblick zu kentern. Nachdem das Prisenkommando mit Dokumenten und Sextanten auf »Berwick« zurückgekehrt war, wurde »Uruguay« mit 4 inch (10,2 cm)-Geschützfeuer versenkt. Die Deutschen kamen zu ihren Landsleuten in das Lager der Seeleute. Alle wurden verhört, heraus kamen die üblichen Gerüchte von den ausgezeichneten Geheimwaffen und, daß alle noch in südamerikanischen Häfen befindlichen Schiffe wegen Maschinenschäden aufgelegt worden seien — vielleicht ein gezielter Versuch, die Briten falsch zu informieren.

Der letzte Abschnitt des Berichtes von Captain I.M. Palmer an die Lords der Admiralität lautete (ADM 1/10593: Interception of German Merchants Vessels):

»Ein unglücklicher Zufall ereignete sich als die Bulldogge des Schiffes (männlich) ein ausgesprochenes Interesse an dem gekaperten Dachshund vom anderen Geschlecht zeigte. Als der Dachshund sich umwendete, trat er unter vollkommener Mißachtung der Tradition der Flotte, zu der er kürzlich gekommen war, einen würdelosen und eiligen Rückzug an«.

Ein Auszug aus dem Bericht des Kreuzers »York« vom März 1940 zeigt, daß er ebenfalls einen ereignisreichen Einsatz gehabt hat (ADM1/10624).

Freitag 1. März:	Auslaufen Scapa Flow.
Sonnabend 2. März:	Auf Northern Patrol Linie NP53.
Sonntag 3. März:	Wind West-Südwest, steife Winde bis zu Sturmstärke.
09.15:	Handelsschiff in Sicht in ungefähr acht Seemeilen Entfernung in Position 63⁰ 08' N/14⁰42' W
10.15:	Schieße mit Maschinengewehr .5 inch (12,7 mm) vor den Bug und in die Nähe der weggefierten Rettungsboote, um es zur Rückkehr zu zwingen, konnten aber nicht mehr zurück. Einige Mann noch an Bord. Boot gekentert. »York« geht längsseit des Bootes und versucht die Menschen, die sich an ihm festhalten, zu retten, was nicht bei allen gelang. Ein anderes Boot kommt längsseit »York«, beim Anprall an die Bordwand des Kreuzers, Spanten des Bootes eingedrückt. Stelle fest, daß Schiff heißt (das letzte der Vigo-Schiffe) »Arucas« begann zu funken, wurde von »York« gestört. »York« teilt Männern an Bord der »Arucas« mit, daß sie nicht gerettet würden wenn Schiff sänke und geben Weisung, das Leck mit Matratzen zu dichten. Die Deutschen versuchen dem nachzukommen und lassen einen Mann an der Bordwand hinunter, um den Kühlwassereintritt abzudecken, aber ohne Erfolg. Jetzt schwerer Sturm. »York« weist die Deutschen an, das Schiff zu verlassen. Die letzten fünf sprangen aneinander gelascht – über Bord; sie hatten aber zu wenig Zwischenraum gelassen. »York« konnte sie nicht einzeln aufnehmen. Die Leine brach unter dem Gewicht. Der Kapitän des Schiffes, Kapitän Mohring, verlor dabei sein Leben.
19.15:	»Arucas« ist in einer hoffnungslosen Lage. Eröffne Feuer um sie vor Eintritt der Dunkelheit zu versenken.
19.50	»Arucas« gesunken. Zehn Mann vermißt, wahrscheinlich ertrunken; dreiundvierzig gerettet, drei von ihnen später verstorben. Verhöre ergaben, daß Kapitän wegen des schlechten Wetters nicht die Absicht hatte, das Schiff zu versenken, aber der Chefingenieur hatte bei dem Bereitschaftsbefehl bereits die Seeventile geöffnet und zerstört. Die Ladung der »Aracus« soll aus Häuten, Erz und Sardinen bestanden haben. Sie hatte bei Grönland auf günstige Eisverhältnisse gewartet und dann versucht, zwischen Island und Faröer Inseln durchzukommen.
Montag 4. März:	Außerordentlich gute Sicht, Berge Islands in 70 Seemeilen Entfernung zu sehen.
11.30:	Trauergottesdienst für die Deutschen; beim Überbordgeben der Toten erhebt die deutsche Besatzung die Hand zum Nazigruß.

	AMC »Wolfe« auf dem Weg zu ihrem Überwachungsgebiet gesichtet. An der Grenze der sehr guten Sicht nicht identifizierten Fischdampfer mit Kurs Reykjavik ausgemacht.
Dienstag 5. März:	Wetter sehr gut. Ging nahe an ausfahrenden leeren norwegischen Tanker »Albert L. Ellsworth«, nach Untersuchung entlassen. Kreuzer »Manchester« getroffen, nach Standortvergleich wieder getrennt. AMC »Derbyshire« gesichtet. Gekentertes Rettungsboot gesichtet.
Mittwoch 6. März:	»Derbyshire« gesichtet.
Donnerstag 7. März:	Westliche Winde, steif bis stürmisch.
Freitag 8. März:	Wind Nordwest, steif; grobe See. »Manchester« gesichtet.
20.00:	Norwegische »Haalweg« von Newports News nach Aalesund gestellt.
20.42:	Meldung an Vice-Admiral Northern Patrol, daß »York« bei »Haalweg« bleibt ohne sie umzuleiten, hat Kohle geladen mit Navicert A.1531. Frage kann Schiff entlassen werden.
Sonnabend 9. März:	
04.30:	An »York« von VANP. Ihr 2042/8. »Ja«. »Haalweg« entlassen. Danach das Einsatzgebiet verlassen. AMC »Cilicia« und »Circassia« und Fischdampfer »Northern Sun« gesichtet.
Sonntag 10. März:	Einlaufen Kirkwall.

Nun wieder Szenenwechsel zur Karibik. Das Bananen-Passagier- und Frachtschiff »Hannover« vom Norddeutschen Lloyd hatte bis zum 5. März 1940 auf der niederländischen Insel Curaçao im Hafen gelegen. An diesem Tage schlippte sie ihre Leinen und ging in See; sie hatte Dieselantrieb, zwei Schrauben und eine Geschwindigkeit von 15 Knoten. Die alliierten Befehlshaber gaben ihre Anordnungen. In der Nacht vom 7. und 8. März 1940 fand sie »Dunedin« an der Westseite der Mona-Passage zwischen den Inseln Hispanolia und Puerto Rico. Kapitän Wahnschaff versuchte in die neutralen Gewässer von Dominica zu entkommen, aber der kanadische Zerstörer »Assiniboine« holte sie ein.

Ihre Besatzungen wollten sich auf keinen Fall diese Prise entgehen lassen, auch als sie sahen, daß sie brannte. In wilder Verfolgung ging »Dunedin« längsseit, ein Feuerlöschkommando sprang hinüber, machte Leinen fest und »Hannover« konnte gut frei von territorialen Gewässern gehalten werden. Die Seeventile wurden geschlossen, die Brände gelöscht und das Schiff in viertägiger Fahrt nach Jamaica geschleppt. Die Deutschen sollten später wieder von ihr hören, unter dem Namen »Audacity« war sie der erste Geleitflugzeugträger der Welt.

Zwei weitere Schiffe nutzten die Aufregungen um die »Hannover« und liefen nur wenige Stunden nach ihr aus Curaçao aus. Es waren »Mimi Horn« und »Seattle«. Beide Frachter kamen gut durch die Karibik. »Seattle« erreichte Tromsö am 31. März 1940, aber die 4007 BRT große »Mimi Horn« konnte der Northern Control nicht entkommen. Sie wurde von »Transylvania« am 28. März 1940 auf eine Entfernung von 15 Seemeilen gesichtet. Ihre Besatzung setzte sie in Brand, und als der AMC sie erreichte, war »Mimi Horn« offensichtlich schon ein Totalverlust.

Dieses Geschick hatte »La Coruna« von der Hamburg-Südamerika-Linie schon am 13. März 1940 ereilt. Sie kam von Rio de Janeiro und stand zwischen Island und Faröer, als sie von AMC »Maloja« während der Vormittagwache angerufen wurde. Sie gab an, die japanische »Taki Maru« zu sein und nahm die Gelegenheit eines heftigen Schneesturms wahr um 90 Grad nach Backbord zu drehen und mit großer Fahrt nach Norden zu steuern. Es war nur ein kurzer Aufschub. Das Schneegestöber hörte so schnell auf, wie es gekommen war. Der AMC hatte »La Coruna« bald überholt und forderte sie auf zu stoppen. Ein Schuß vor den Bug war eindrucksvoller, sie drehte bei. Das Prisenkommando der »Majola« wurde ausgesetzt, aber ehe es »La Coruna« erreichte, sah man an einem Dampfstrahl, daß der Dampf aus den Kesseln gelassen wurde, ein Zeichen, daß der Kapitän nicht mehr mit den Maschinen manövrieren will. Feuer brach im Vor- und Achterschiff aus und die Besatzung fierten die Boote weg. Der AMC nahm alle achtzehn Offiziere und fünfzig Mann aus den zwei Booten auf und versenkte das Schiff mit Geschützfeuer. »La Coruna« hatte großes Pech gehabt. Sie hatte bereits die Dänemark-Straße passiert, war aber dann auf so viel Eis gestoßen, daß sie zurückkehren mußte. Der Kapitän entschied sich für die südlichere Route nach Norwegen und wurde gefaßt.

In den Messen und Mannschaftsdecks der »Majola« waren die Deutschen ein nicht enden wollender Gesprächsstoff. Waren nicht achtundsechzig Mann Besatzung für ein 7221 BRT großes Handelsschiff viel zu viel? Waren die Leute nicht viel ordentlicher angezogen als normale Seemänner? Gerüchte gingen um, daß einer ein Gestapo-Agent sein sollte, man flüsterte von Überlebenden der »Admiral Graf Spee«, die aus den argentinischen Internierungslagern entlassen sein sollten, um in ihr Vaterland zurückzukehren. Man erinnerte sich noch lange, nachdem sie in Gourock als Gefangene abgeliefert waren, an ihr arrogantes Benehmen und besonders an ihre Behauptung, daß Deutschland den Krieg bis Weihnachten 1940 beenden würde. Die Männer der Northern Patrol wußten nicht, daß viele Seeleute von den deutschen Blockadebrechern, die gerade in dieser Zeit in das Lager gekommen waren, auf der »Arandora Star« eingeschifft wurden, um nach Kanada gebracht zu werden. »Arandora Star« wurde auf dieser Fahrt torpediert und versenkt.

Um das Ausbrechen von siebzehn deutschen Handelsschiffen aus Niederländisch-Ostindien zu verhindern, wurde eine besondere Malaya-Kampfgruppe gebildet, die aus drei Kreuzern, zwei Zerstörern, zwei Unterseebooten und einer Korvette bestand. Insgesamt hielten sich im April 1940 246 deutsche Handelsschiffe in neutralen oder in Häfen freundschaftlich gesinnter Nationen verborgen. Achtundfünfzig Schiffe waren beschlagnahmt worden oder gesunken, einschließlich der, die zu Beginn des Krieges in alliierten Häfen zurückgehalten worden waren. Abgesehen von den Ladungen all dieser Schiffe wurden weitere 558.857 Tonnen Güter auf neutralen Schiffen beschlagnahmt, einschließlich zwanzig Sack Kaffee für die persönliche Umgebung des Führers. Weitere 3.600.000 Tonnen kamen durch das Navcert System nicht zur Verschickung. Die Wirtschaftsblockade konnte trotz dieser öffentlich bekannten Erfolge Deutschland nicht in die Knie zwingen. Obwohl die Royal Navy überall war, konnte sie nicht verhindern, daß die Mehrzahl der Schiffe, die versuchten nach Hause zu kommen, ihr Ziel erreichten. Zweiundachtzig Schiffe liefen wohlbehalten in deutsche Häfen ein; die meisten waren mit ihren Ladungen eine Hilfe für die Kriegsanstrengungen der Nazis.

Hier das Beispiel eines der erfolgreichen Schiffe. »Bahia«, 4117 BRT groß, von der Hamburg-Südamerika-Linie, verließ den Hafen gleichen Namens am 5. Januar 1940. Sie erreichte Narvik am 6. Februar 1940 und fuhr dann weiter nach Deutschland, um dort ihre Ladung abzuliefern; diese bestand aus: 1705 Tonnen Baumwollkuchen, 1518 Tonnen Baumwolle, 675 Tonnen Zellulose, 518 Tonnen Chrom, 394 Tonnen Eisenerz, 258 Tonnen Kaffee, 105 Tonnen pulverisierte Hornsubstanz, 10 Tonnen Gasöl, 3 Tonnen Putzwolle und 45 Tonnen verschiedene Güter.

Eines dieser Schiffe, das seine Ladung nicht löschen konnte, lief am 9. April 1940 um 6 Uhr 23 morgens in den Fjord von Kristiansand ein. Es war »Seattle« von der HAPAG. Als der Nebel sich hob, sah ihr Kapitän die Schatten von Kreuzern, Torpedobooten und Schnellbooten vor sich. Die norwegischen Batterien eröffneten das Feuer, die deutschen Kriegsschiffe schoßen zurück. Deutsche Flugzeuge bombardierten alles im Fjord, was nicht zu den deutschen Invasions-Streitkräften gehörte — auch »Seatlle«, die brennend noch von dem norwegischen Zerstörer »Gyller« beschossen wurde. »Seattle« ging unter. Die Invasion Norwegens hatte begonnen.

8. Frankreich und Italien

Die großen Offensiven im Frühjahr und Sommer 1940 veränderten die Situation der Blockade und der Blockadebrecher völlig. Jetzt standen alle Hilfsquellen Europas den Achsenmächten zur Verfügung. Zu dem Reichtum an deutschen Mineralien und italienischen Nahrungsmittel kam das polnische Leder und Futterstoffe, die tschechischen Antimonerze und ein jährlicher Import von 500.000 Tonnen Fisch aus Norwegen — für Nahrungs- und Düngemittel — und chemische Fabrikate. Dazu dänische und holländische Molkereiprodukte, luxemburger Stahl und französische Kohle. Alles war mit den Kanonen im Hintergrund zu den günstigsten Bedingungen zu haben, gleichgültig, wie groß die persönlichen Beziehungen zwischen den besiegten und siegreichen Geschäftsleuten waren. Vom neutralen und besetzten Skandinavien kamen jährlich 11000000 Tonnen Eisenerze. Von Spanien kam Wolfram und aus Portugal Sardinen. Bald wurde die Versorgung mit Bauxit und Kupfer aus Jugoslawien, Petroleum aus Rumänien, Sonnenblumenöl aus Bulgarien und Chrom aus Griechenland durch Besetzen oder erzwungene Zusammenarbeit mit diesen Ländern sicher gestellt. Nun wäre es Zeit, sich des Öls und Weizens Rußlands zu bemächtigen ... Inzwischen arbeiteten die Sowjets, ohne ihr Schicksal zu ahnen, großzügig mit den Nazis im Rahmen der Neuen Wirtschaftsordnung zusammen. Sie lieferten von 1939 bis 1941 4541205 Tonnen Materialien; zusätzlich noch 28820 Tonnen Kautschuk und weitere 459738 Tonnen Produkte aus dem Fernen Osten, die mit der Transsibirischen Eisenbahn befördert worden waren.

Zu diesem wirtschaftlichen Reichtum kam eine wesentliche Verbesserung der Seeverbindungen der Achsenmächte. Die gesamte Küste Europas — vom Nordkap bis Spanien — war unter deutscher Kontrolle oder innerhalb der deutschen Einflußsphäre. Die Briten erklärten das gesamte Gebiet zur Blockadezone, mußten aber den Blockadebrechern viele freie Passagen überlassen. Diese konnten jetzt die Häfen Westfrankreichs anlaufen, was ihnen den 2000 Seemeilen längeren Weg um Island ersparte. Island war inzwischen ein britischer Stützpunkt geworden. In dem von den Deutschen besetzten Europa konnten neue Flugplätze und Ubootstützpunkte eingerichtet werden, von denen aus die Kampfmittel viel weiter in den Atlantik hinaus wirken konnten; die britischen Streitkräfte, die auf Blockadebrecher angesetzt waren, konnten auf Abstand gehalten und sogar die britische Schiffahrt angegriffen werden.

Das war die schwierigste Zeit der Royal Navy, in der sie auch noch die Unterstützung der französischen Flotte verloren hatte und durch den Kriegseintritt Italiens weitere Aufgaben im Mittelmeer und Roten Meer übernehmen mußte. Die italienische Handelsmarine hatte 1939 1235 Schiffe. Als Mussolini bekanntgab, daß am 10. Juni 1940 um Mitternacht die Feindseligkeiten beginnen würden, befand sich ungefähr ein Drittel der Gesamttonnage außerhalb des Mittelmeeres. Die italienischen Handelsschiffe bekamen von diesem Zeitpunkt an ihre Weisungen von Supermarina, dem Oberkommando der italienischen Marine, und nicht mehr vom Ministero delle Communicazioni, dem Verkehrsministerium.

Die ersten Erfahrungen, die die italienischen Seeleute machten, ähnelten denen, die ihre deutschen Kollegen neun Monate vorher gemacht hatten, obwohl die Kapitäne in der kriegerischen Atmosphäre, in der sich Europa befand, sicher nicht völlig überrascht worden sein konnten. »Romolo« machte am 5. Juni 1940 in Brisbane die Leinen los und wurde sofort von dem australischem AMC »Manoora« beschattet. Nach vier Tagen — der Italiener war seit einigen Stunden außer Sicht gekommen — wurde der AMC nach Singapur beordert, dann jedoch in die Torres-Straße geschickt, und als »Manoora« »Romolo« das zweite Mal sichtete, versenkte sie sich.

Der Kapitän der »Umbria« handelte genau so prompt, im Roten Meer wurde er bis Port Sudan begleitet und ließ am 9. Juni 1940, als er von der Kriegserklärung seines Landes hörte, die Seeventile öffnen. Im Hafengebiet war große Bestürzung, da die Ladung der »Umbria« aus Bomben, Granaten und Knallquecksilber für Zünder bestand.

Erst nachdem Verhöre ergeben hatten, daß die Sprengsätze nicht zündbereit waren, konnten Bergungstrupps ohne Furcht vor Schrekkladungen arbeiten. »Umbria« sank im übrigen schnell, und bald sah man nur noch ihre Masten und Schornstein über der Wasseroberfläche.

»Timavo« und »Gerusalemme« verließen beide Durban in der Nacht vom 9. zum 10. Juni 1940, aber sie konnten bis zur Kriegserklärung Südafrikas in den ersten Stunden des 11. Juni 1940 nur beschattet werden. An diesem Morgen deckte eine Blenheim »Timavo« mit Geschützfeuer so ein, daß die Besatzung ihr Schiff fünf Seemeilen nördlich von St. Mary's Hill auf Grund setzte. Ein ähnliches Schicksal ereilte »Gerusalemme«, die von AMC »Ranchi« abgefangen wurde. Sie setzte sich bei Oro Point in portugiesischem Gewässer auf Grund und konnte dort nicht besetzt werden. Später bekam die Besatzung der »Gerusalemme« ihr Schiff wieder frei, sie dampfte nach Lourenço Marques; dort diente ihre Funkanlage als Relaisstation für die Nachrichten der Agenten der Achse, die in Südafrika arbeiteten.

Die italienischen Häfen in Ostafrika boten zahlreichen Schiffen Schutz. Die Ladungen dieser Schiffe fanden, soweit es militärische Güter waren, eine nützliche Verwendung und Ergänzung des militärischen Potentials am Ort, während die strategischen Rohstoffe den italienischen Fabriken vorenthalten wurden, so, als ob sie versenkt worden wären. Die einzigen italienischen Schiffe, die im Juni 1940 noch eine Chance hatten, nach Hause zu kommen, waren die, die schon im Mittelmeer waren. Aber auch hier waren die italienischen Kapitäne im wesentlichen sich selbst überlassen. Die im Frieden ausgearbeiteten Pläne der Supermarina, des Oberkommandos der italienischen Marine, sah zwar eine Verteidigung der Enge zwischen Italien und Libyen und der Inseln des Dodekanes durch Minenfelder und der Flotte vor, jedoch keine geschützte Geleitzugoperationen. Es zeigte sich bald, daß diese Maßnahmen unzureichend waren; der erste Geleitzug von Neapel nach Tripolis fuhr am 25. Juni 1940.

Die Royal Navy errichtete Untersuchungszentren in Gibraltar und Port Said; sie schloß Italien vollkommen vom neutralen Schiffsverkehr über den Atlantik aus. Einige Monate lang unternahmen britische Kreuzer und Zerstörer gelegentlich Kontrollfahrten in der Ägäis um Konterbande, die durch die Dardanellen gekommen war, abzufangen. Mit der Invasion in Griechenland, und der Luftherrschaft der Achsenmächte über der Ägäis und einem großen Teil des östlichen Mittelmeeres wurden diese Operationen nicht mehr durchgeführt.

Die Transporte von Chrom, Kupfer- und anderen Produkten aus Anatolien konnten verhältnismäßig ungestört von der neutralen Türkei durch die griechischen Gewässer und den Kanal von Korinth, die Adria nach Norden hinauf geleitet werden, wo sie mit den Rohstofftransporten aus Jugoslawien zusammentrafen.

Die Alliierten versuchten mit allen Mitteln, diesen Handel an der Quelle zu kontrollieren, was jedoch erst ab 2. August 1944 vollkommen gelang, nachdem die Türkei die diplomatischen Beziehungen zu Deutschland abgebrochen hatte und die Rote Armee in den Balkan vorgestoßen war, wo sie die Transportwege der Eisenbahnen und Flüße unterbrach. Die Transporte über See, durch die Dardanellen und die Ägäis, wurden allerdings schon seit Mitte 1943 schwer gestört. Die Küstenschiffahrt war für den Transport von Rohstoffen für die Industrie der Achsenmächte zweifelsohne wichtig, sie stand jedoch auf beiden Seiten des Mittelmeeres in Abhängigkeit von den militärischen Operationen.

Durch die Vichy-Regierung war Frankreich ein weiterer neutraler Staat im Einflußbereich Deutschlands geworden, der aber von den Lieferungen aus seinen Kolonien abhängig war. Aus Afrika kamen Früchte, Gemüse, Weizen, Erdnüsse für Speiseöle und Viehfutter, Phosphate für Kunstdünger, dazu noch Kautschuk aus dem Fernen Osten. Die Briten fürchteten, daß bei unverminderten Lieferungen viel Konterbande den Weg zu den Achsenmächten finden würde, auf der anderen Seite mußte sie an die wichtige amerikanische öffentliche Meinung denken, die nicht wollte, daß die Kinder Frankreichs oder der anderen Länder Hunger leiden mußten. Die widersprüchlichen diplomatischen Argumente spiegeln sich wider in den Anweisungen an die Kriegsschiffe der Royal Navy über die Behandlung der französischen Vichy-Schiffe.

Diese Schiffe wurden im allgemeinen nur gestoppt, wenn sie ohne Geleit und außerhalb territorialer Gewässer fuhren. Auf der Strecke Marseille — Dakar konnten die französischen Schiffe auf der europäischen Seite zum größten Teil, auf der afrikanischen teilweise, in spanischen Gewässern fahren, obwohl es Stellen gab, wo sie sich aus navigatorischen Gründen fern von der Küste halten mußten. Die französische Marine versuchte ab 7. September 1940 für diese Gegenden, wo ein Abfangen wahrscheinlich war, Geleit zu stellen. In den nächsten zwei Jahren fuhren im ganzen 1750 französische Handelsschiffe in Geleitzügen zwischen Casablanca und Oran.

Dem Kernland Frankreich brachten diese Schiffe zusammen mit de-

18. HMS »Truant« stellt »Tropic Sea« im September 1940 in der Biscaya. Vierzig britische Kriegsgefangene wurden gerettet, die Deutschen wurden gezwungen, ihre Prise zu versenken.

19. Der norwegische Frachter »Tirranna«, der vom deutschen Hilfskreuzer »Atlantis« 1940 gekapert wurde. Ein Prisenkommando brachte das Schiff sicher bis zur Gironde. Die Vorbereitungen für die Weiterfahrt nach Bordeaux dauerten aber zu lange, so daß das britische Unterseeboot »Tuna« das Schiff am 22. September 1940 versenken konnte, dabei kam es zu großen Menschenverlusten.

20. »Pelagos«, eine von drei Walkochereien, die mit elf Fangbooten von dem deutschen Hilfskreuzer »Pinguin« in der Antarktis aufgebracht wurde. Ein Fangboot wurde als Hilfsfahrzeug zurückbehalten, zwei wurden im Atlantik abgefangen. Der Rest lief im März 1941 in französische Häfen ein.

21. »Ermland« von der Hamburg-Amerika-Linie; der erste Blockadebrecher von Japan nach Bordeaux in der Zeit von Dezember 1940 bis April 1941. In »Weserland« umbenannt, fuhr das Schiff wieder nach Japan und ging auf der Rückreise im Januar 1944 verloren.

22. Eine typische Szene an Bord HMS »Sheffield« nach der Versenkung des Tankers »Friedrich Breme«, der ein Versorger und kein Blockadebrecjer war. Im Hintergrund sitzt der deutsche Kapitän, der dem Verhör seiner Besatzung beiwohnt.

23. Rio Grande von der Hamburg-Südamerika Linie hier in ihrem »Friedenskleid«. Während des Krieges fuhr sie von Brasilien nach Frankreich, machte eine Reise nach Japan und zurück, fuhr wieder nach Japan, kehrte auf der nächsten Reise nach Europa im Indischen Ozean um und fuhr wieder nach Japan zurück. Sie wurde später, im Januar 1944 abgefangen und versenkte sich.

24. Der US Kreuzer »Omaha« stoppt den deutschen Blockadebrecher »Odenwald« im Südatlantik am 6. November 1941.

25. Der Zerstörer »Somers« mit zur Brennstoffersparnis gesetzten Segeln, beim Geleit der »Odenwald« nach Trinidad.

26. »Elsa Essberger« in Ballast vor dem Krieg; lief auf der Heimreise im Januar 1942 in den neutralen spanischen Hafen El Ferrol ein.

27. Der britische Kreuzer »Dunedin« in Freetown 1940. »Dunedin« kaperte vier Schiffe und brachte ein weiteres zur Selbstversenkung. Im Hintergrund »Pegasus«, ein Träger für Wasserflugzeuge.

28. »Cortellazzo«, ein Foto aus der Zeit, als Italien noch neutral war.

29. Der US Kreuzer »Savannah«, von dem aus Rear-Admiral Read beim Stoppen der »Karin« am 10. März 1943 an den Zerstörer »Eberle« signalisierte: »GLEICHGÜLTIG OB EINE HOLLÄNDISCHE FLAGGE WEHT, GEH RAN, DAS IST EIN BLOCKADEBRECHER«!

30. »Pietro Orseolo«, nach einem Dogen von Venedig benannt, machte eine Reise
von Japan nach Bordeaux und zurück. Auf ihrer nächsten Reise nach Europa
wurde sie in der Biscaya von dem US Unterseeboot »Shad« torpediert, lief aber
mit dem größten Teil der Ladung am 2. April 1943 in Bordeaux ein.

31. »Osorno«, von der HAPAG, war der einzige Blockadebrecher, der im Winter
1943/1944 bis nach Frankreich kam.

32. Eine US Navy Consolidated PB4Y Liberator beim Überfliegen der Küste von Cornwall zu einem Patrouillenflug über der Biscaya.

33. Der letzte Blockadebrecher, »U532«, in Liverpool, im Mai 1945. Ein zylindrischer Behälter mit Kautschuk wird aus dem freiflutenden Oberdeck gehievt. Barren von Zinn sind auf dem Vordeck gestapelt.

nen, die direkt aus Nordafrika kamen, 4400000 Tonnen Fracht. Im
Oktober 1940 gab die britische Regierung bekannt, daß sie den französischen Vichy-Kriegsschiffen nicht erlauben würde, über Dakar
hinaus zu fahren, um Störungen in den gaullistischen Territorien
nicht aufkommen zu lassen. Einige Korvetten waren jedoch schon im
Indischen Ozean und im Fernen Osten eingesetzt, als Geleitfahrzeuge für kleinere Geleite, mit Ladungen von Kautschuk und anderen
Rohstoffen von Indochina über Madagaskar nach Frankreich. Diese
Korvetten sollten nicht zuerst schießen; ihre Aufgabe bestand darin,
die britischen Anfragen zu beantworten und sich mit auftretenden
Schwierigkeiten zu befassen. – Die Offiziere der Royal Navy bekamen die Anweisung, Vichy-Handelsschiffe mit und ohne Geleit anzuhalten, jedoch, wenn irgend möglich, ohne Gewaltanwendung; ein
sehr energisches und strenges Auftreten wäre besser als Schießen. Die
festgehaltenen Schiffe wurden gewöhnlich mit Beschlag belegt, was
man als weniger aggressiv ansah als die Beschlagnahme als Prise, selbst
wenn das bei regelrechtem Widerstand, wie Versuch der Selbstversenkung, oder Sabotage, gerechtfertigt gewesen wäre. Die Offiziere,
Mannschaften und Passagiere wurden vorübergehend als ungesetzliche Einwanderer interniert, also nicht wie Kriegsgefangene eingeker-
kert.

Auf der anderen Seite stellten die Deutschen natürlich auch ihre Bedingungen, bevor sie die Wiederaufnahme des französischen Handels
erlaubten. Sie beharrten besonders auf der Forderung, daß die französischen Kapitäne ihre Schiffe versenken sollten, wenn sie von der
Royal Navy angehalten würden. Contre-Amiral Paul Auphan, verantwortlich für die Handelsmarine im französischen Marine-Ministe-
rium, gab schriftliche Anweisungen, daß Schiffe nur versenkt werden
dürften, wenn eine Gefährdung der Besatzung auszuschließen sei.
Der Beweis für geleisteten Widerstand brauchte danach nur die
Form angedeuteter Sabotage anzunehmen. Die Royal Navy stoppte
insgesamt 104 französische Handelsschiffe. Davon versenkten sich
vier; dreiundvierzig durften weiterfahren, der Rest wurde von den Briten beschlagnahmt. Einige von diesen beschlagnahmten Schiffen kamen durch Vichy-Kriegsschiffe oder durch das geschickte Verhalten
der eigenen Besatzung wieder in französischen Besitz. Man erzählt
sich die Geschichte, daß das Prisenkommando auf dem französischem Fischdampfer »Joseph Elise« so reichlich mit Wein versorgt
wurde, daß es eingeschloßen werden konnte und die Franzosen ihr
Schiff nach Casablanca brachten.

Die ersten französischen Vichy-Schiffe wurden im September 1940 auf hoher See gestoppt — im Zusammenhang mit dem englisch-französischen Überfall auf die Vichy-Flotte in Dakar. Der Tanker »Tarn« wurde nach Casablanca zurückgeschickt, der Frachter »Touareg« von dem Kreuzer »Dragon« beschlagnahmt, während die »Poitiers« mit einer Ladung von 1700 Tonnen durch Geschützfeuer des Kreuzers »Cumberland« versenkt wurde, nachdem ihre Besatzung sie in Brand gesetzt hatte. Später, im November 1940, liefen einige französische Handelsschiffe aus den Kolonien unmittelbar in die Biscaya-Häfen des besetzten Frankreich. Dieser Güterverkehr konnte beim besten Willen nicht als Wohltat für die Zivilisten im unbesetzten Frankreich angesehen werden. Die Kampfgruppe »H« in Gibraltar bekam die Aufgabe, diesen Schiffsverkehr zu unterbinden und überzeugte die Vichy-Regierung bald, daß es unpraktisch sei, Waren auf diesem Weg zu verschiffen.

Die in Gibraltar stationierten Kriegsschiffe hatten auch die Aufgabe, Geleitzüge von Casablanca nach Oran und Marseille abzufangen. Am Neujahrstag 1941 stoppten fünf britische Zerstörer einen solchen Geleitzug an der nordafrikanischen Küste, der von einem einzigen bewaffneten Fischdampfer begleitet wurde. zwei der vier Handelsschiffe waren leere Tanker, die die Tankerflotte der britischen Handelsmarine gut gebrauchen konnten. Das Passagierschiff »Chantilly« versuchte in territoriale Gewässer zu kommen, wurde aber von »Jaguar« gezwungen beizudrehen und zu stoppen. Die beiden Schiffe lagen nahe beieinander, »Jaguar« Steuerbord achteraus vom Passagierschiff. Um sicher zu sein, daß man nicht in territoriale Gewässer abdriftete, wurde der Schiffsort laufend bestimmt. Das Motorboot des Zerstörers umkreiste »Chantilly« eine dreiviertel Stunde, um zu sehen, wie sie an Bord kommen könnten. Es hing nur ein Eimer außerbords, um britische Anweisungen entgegenzunehmen. Schließlich wurde eine Fallreeptreppe weggefiert, und der französische Kapitän Corinwinder, stieg das Fallreep hinunter, um dem Prisenoffizier den Weg zu verstellen, der ihn beiseite schob.

Lieutenant-Commander Hine hatte das von der Brücke des »Jaguar« beobachtet. Das Oberdeck der »Chantilly« war voll von Passagieren, darunter auch französisches Militär. Sie waren offensichtlich unfreundlich und verärgert; viele von ihnen trugen Schwimmwesten, was den Eindruck erweckte, daß man dabei war, das Schiff zu versenken. Sie konnten auch verborgene Waffen tragen und die Absicht haben das Prisenkommando zu überwältigen. Da genügten Flaggensignale und Sirenengeheul nicht mehr. Lieutenant-Commander Hine ging auf der Brücke nach achtern und befahl die .5 inch (12,7 mm)-Vierfachlafette an Backbordseite, gerade unter ihm, zu besetzen. Er zeigte auf ungefähr Rot 135 Grad, gut frei vom Heck der »Chantilly« und befahl einen Feuerstoß in diese Richtung ins Wasser; dann wendete er sich wieder der Beobachtung des Passagierschiffes zu. (ADM 1/18914: Madame Tart.)

Obwohl auf »Jaguar« die Besatzung auf Gefechtsstationen und einige Geschütze schon geladen waren, hatten die Geschützbedienungen noch keinen Befehl zur Feuerbereitschaft bekommen. Die angesprochenen Rohre der Vierfachlafette waren aber ohne Befehl entsichert worden und in Rot 45 Grad eben vor die Fallreeptreppe der »Chantilly« gerichtet. Der Geschützführer starrte durch das Glas auf das französische Schiff, was er nicht hätte tun dürfen, da er nicht als Ausguck abgeteilt war. Sobald der Richtschütze, ein Matrosenobergefreiter, den Befehl zum Feuern von Lieutenant-Commander Hine hörte, feuerte er, ohne darauf zu warten, bis dieser Befehl für ihn korrekt von dem Geschützführer gegeben wurde. Acht Salven spritzten ins Wasser, einige Kugeln prallten nach oben ab. Monsieur Tart, der Chef des Kabinetts des Gouverneurs von Madagaskar und seine zwölfjährige Tochter starben beide an mehreren Verwundungen durch die Kugeln. Eine Frau erblindete am linken Auge und drei Männer wurden an Armen oder Beinen verwundet. Eine aufkommende Panik wurde von dem französischen Kapitän und dem Prisenkommando im Keime erstickt. Die Männer des Prisenkommandos besetzten auch den Funkraum und suchten nach Sprengsätzen zur Selbstversenkung. Weitere Hilfskräfte von »Duncan« und der Schiffsarzt der »Jaguar« wurden übergesetzt.

Zunächst waren die französischen Offiziere sehr verbittert. »Das ist ein weiterer Schandfleck auf dem Namen der Royal Navy« (ADM 1/18914: Madame Tart). Aber langsam gaben sie zu, daß es sich um einen Unglücksfall gehandelt habe und alles ein Mißgeschick des Krieges sei. Besonders die Verwundeten zeigten Verständnis, und die Witwe, Madame Tart, weigerte sich, an jedweder antibritischen Propaganda mitzuwirken. In dem sich daraus ergebenden diplomatischen Schriftwechsel betonte die britische Regierung, daß »dieser bedauerliche Unglücksfall keineswegs auf ein aggressives Verhalten Seiner Majestät Schiffe zurückzuführen sei, sondern auf den Widerstand des Kapitäns und des 1. Offiziers des SS »Chantilly« bei einer durchaus legitimen Operation « (Zitat von Madame Tart).

Eine Schadensersatzzahlung wurde abgelehnt, da sie ein Präzedenzfall für alle Arten von Vorkommnissen hätte sein können, die durch Fehler oder Unfälle in Kriegszeiten bei kriegerischen Handlungen oder in einer Krisensituation entstehen können. Obwohl diese Entscheidung im Jahre 1945 erneut bestätigt wurde, erhielt Madame Tart später über Marinewege 500 Pfund. Es war eine von 55 Millionen Tragödien des Zweiten Weltkrieges.

Die größte Beschlagnahme französischer Vichy-Handelsschiffe fand im November 1941 unter dem Namen Operation Bellringer statt. Drei Monate vorher hatten südafrikanische bewaffnete Fischdampfer versucht, einen französischen Geleitzug, der das Kap der Guten Hoffnung passierte, abzufangen, aber sie hatten während der Nacht die Fühlung verloren. Dieses Mal hatten sie zwei Kreuzer, zwei AMC, sechs zum Minensucher umgebaute Fischdampfer und vier Martin Maryland Bomber eingesetzt. Der Geleitzug wurde gesichtet und beschattet. Bei Tagesanbruch des 3. November 1940 war er umstellt. Bei einem Austausch von Signalen zwischen dem Kreuzer »Devonshire« und der Korvette »d'Iberville« hatten beide Schiffe ihre Geschütze aufeinander gerichtet. »d'Iberville« — ängstlich bemüht, Blutvergießen zu vermeiden — signalisierte den fünf Handelsschiffen, sie sollten so tun, als ob sie von den Briten aufgefordert worden wären, zurück nach Madagaskar zu fahren; die französischen Besatzungen sollten versuchen, ihre Schiffe zu zerstören, bevor sie in die Hände der Engländer fielen. »Cap Padaran« war fahrunfähig gemacht worden und mußte in Schlepp von AMC »Carthage« genommen werden. »Bangkok«, die sechs Monate vorher 3000 Tonnen Kautschuk in Casablanca gelöscht hatte, war in Brand gesetzt und von der Besatzung verlassen worden. Der Kreuzer »Colombo« eröffnete das Feuer auf die Rettungsboote so, daß die Kugeln gerade vor deren Bug ins Wasser peitschten, bis die Männer zurückfuhren, wieder an Bord kletterten und keine andere Wahl hatten, als das Feuer selbst zu löschen. Die anderen Schiffe, die beschlagnahmt wurden, waren »Compiègne«, »Florida«, und »Commandant Dorise«. Sie wurden alle in südafrikanische Häfen gebracht. Ihre Ladungen enthielten unter anderem 900 Tonnen Graphit und 30000 Tonnen Reis.

Das war die letzte Reise französischer Kauffahrteischiffe. Von nun an wurden nur noch kleine Ladungen auf Geleitfahrzeugen und Unterseebooten befördert. Eine Reise, wie die der »François L.D.» gehörte der Vergangenheit an. Sie fuhr mit 6600 Tonnen Kautschuk von Hinterindien angeblich nach Japan, bunkerte aber in den Philippinen, setzte die Reise über den Pazifik fort, rundete Kap Horn und löschte ihre Ladung in Casablanca. Die Briten dachten daran, solche Reisen schon in Ostindien zu unterbinden, aber der Krieg im Pazifik verhinderte von sich aus weitere Aktivitäten von beiden Seiten auf diesem Nebenschauplatz des Wirtschaftskrieges.

9. Die wiedergewonnenen Prisen

Im späten Sommer 1940 waren die Schiffe der Royal Navy in der ganzen Welt zerstreut und die deutschen Hilfskreuzer konnten ungestraft in den entlegenen Gebieten der Ozeane operieren. Sie versenkten die meisten Schiffe und behielten nur die modernen schnellen Schiffe mit wertvoller Ladung als Prise zurück. Diese Schiffe wurden eine Zeitlang in der Arktis versteckt oder fuhren als Versorger oder Hilfskriegsschiffe, bis sie auf die Reise nach Frankreich geschickt wurden. Das erste Schiff war »Krossfonn«, ein norwegischer Tanker, der von dem Hilfskreuzer »Widder« im Mittelatlantik am 26. Juni 1940 als Prise genommen worden war.

Das erste Schiff, das die weite Reise als Prise aus der südlichen Hemisphäre nach Frankreich versuchte, war ein norwegisches Motorschiff, ein Frachter, der mit 8101 Tonnen Weizen von Australien nach Großbritannien unterwegs war und von »Orion« gekapert worden war. Deshalb wurde dieses Schiff »Tropic Sea« auch manchmal »Kurmark« genannt, nach dem ursprünglichen Namen der »Orion«. »Tropic Sea« wurde vom 19. bis 30. Juni 1940 für diese gefährliche Reise vom Südåpazifik vorbereitet. Vierzig Gefangene von der britischen »Haxby« wurden eingeschifft., falsche Papiere ausgestellt und Vorbereitungen zur Versenkung des Schiffes getroffen. Zusätzlicher Proviant, Maschinenersatzteile und 300 Tonnen Dieseltreibstoff wurden an Bord gegeben. Als der Kommandant der Prise gefragt wurde, was er bei Brennstoffmangel tun würde, war seine kurze und bündige Antwort, Segel setzen. Das war typisch für Kapitän Steinkrauss, der als Matrose in der Kaiserlichen Hochseeflotte gedient hatte und dann zur Handelsmarine gegangen war. Bei Beginn des Zweiten Weltkrieges war er Kapitän des alten, in Las Palmas liegenden Tankers »Winnetou«. Er bekam von der Seekriegsleitung den Befehl, als Versorgungstanker für »Orion« zu fahren. Durch die monatelange Liegezeit auf den Kanarischen Inseln hatte die »Winnetou« einen starken Bewuchs des Schiffsbodens und konnte nur noch 5 Knoten fahren. Ihr verspätetes Eintreffen auf dem geheimen Treffpunkt zeigte sie von weitem mit einem stark qualmenden Schornstein an.

Kapitän Steinkrauss wurde mit jedem Problem fertig. Auf Fragen von Offizieren der Kriegsmarine antwortete er mit einem trockenem »All right« in Englisch, um seine zivile Stellung zu unterstreichen. Es war unvermeidlich, daß man ihn nur noch als Kapitän »All right« kannte. Jeder Hilfskreuzer hatte zusätzliches Personal an Bord, um Prisen bemannen zu können. Es waren im allgemeinen Offiziere und Mannschaften mit Erfahrungen in der Handelsschiffahrt oder einberufene Reservisten. »Tropic Sea« brauchte für diese Reise jemanden mit großer Erfahrung, deshalb bekam Kapitän Steinkrauss das Schiff mit dem Rang eines Sonderführers, der Vorgesetzter eines Prisenkommandos von elf Mann der Kriegsmarine und siebzehn der Handelsmarine war. »Winnetou« blieb bei »Orion« und beide wünschten »Tropic Sea« eine gute Reise. Ihre voraussichtliche Route wurde im Juli 1940 zweimal von »Orion« über eine japanische Funkstation und dem deutschen Marineattaché in Tokio an die Seekriegsleitung gemeldet. »Tropic Sea« kam gut voran, rundete Kap Horn, ging auf nördlichen Kurs und näherte sich Europa, als ihr Fahrwasser das des britischen Unterseebootes »Truant« kreuzte.

Lieutenant-Commander Haggard (ein Neffe des Romanschriftstellers Rider Haggard) befand sich in der Biscaya auf dem Weg in das Mittelmeer, als ein alleinfahrendes, norwegisch aussehendes Schiff sein Mißtrauen erweckte; er befahl ihm, zu stoppen. Keine Flucht, kein Opfern von Menschenleben; Kapitän Steinkrauss forderte alle auf von Bord zu gehen und zündete die Sprengladungen zur Versenkung. Lieutenant-Commander Haggard schaffte es noch, den Kapitän des britischen Schiffes »Haxby« und den norwegischen Kapitän und seine Frau an Bord seines 265 Fuß-Unterseebootes mit 60 Mann Besatzung unterzubringen. Kapitän Steinkrauss war zunächst auch an Bord des Unterseebootes, wurde aber dann zu den Rettungsbooten zurückgebracht, um sich dort um seine eigenen Leute und den Rest der Norweger zu kümmern. »Tropic Sea« war unterdessen nicht sehr weit gesunken. Die Sprengsätze hatten ein drei Meter langes Loch in die Bordwand gerissen, das die Norweger hätten dichten können, aber der Kapitän hielt nicht viel davon, da das Schiff nur noch Brennstoff für weitere 400 Seemeilen in ihren Bunkern hatte und weitere vier Sprengsätze an Bord nicht detoniert waren. Während dieser Diskussion war weiter Wasser in das Schiff eingedrungen. Das Getreide im Laderaum quoll auf, Nähte platzten, Nieten knallten weg, Platten hoben sich und noch mehr Wasser strömte ein. Plötzlich sah man deutlich, wie sie tiefer und tiefer sank, und zwei Minuten später war »Tropic Sea« verschwunden. »Truant« fuhr davon und ließ die Rettungsboote in verhältnismäßig ruhiger See und in nicht zu großer Entfernung von der Küste zurück.

Am nächsten Tag kam ein Sunderland-Flugboot und nahm die Norweger auf, während die Deutschen in ihren Booten weiter Kurs auf Frankreich hielten. Nachdem »Truant« in Gibraltar seine Passagiere ausgeschifft hatte, sorgte der Kommandant dafür, daß die deutschen Behörden von der mißlichen Lage ihrer Landsleute unterrichtet wurden. Ein Sturm fegte dann die Segel und Masten der Rettungsboote weg, die deutschen Seeleute mußten sich in die Riemen legen. Sie brauchten einige Tage, bis sie an der spanischen Küste landeten, von dort fuhren sie nach dem besetzten Frankreich. Kapitän Steinkrauss flog nach Berlin. Es war sein erster Urlaub nach vier Jahren. Bald mußte er jedoch wieder mit Zügen durch Polen und Rußland in den Fernen Osten reisen, wo er den Tanker »Benno« übernahm, eine Prise der »Atlantis«, den früheren norwegischen Tanker »Ole Jacob«.

Zurück zum 10. Juni 1940. »Atlantis« hatte noch ein weiteres norwegisches Schiff aufgebracht, »Tirranna«. Die Ladung dieses Schiffes war für die australischen Truppen in Ägypten bestimmt, sie bestand aus 3000 Tonnen Weizen, 6000 Ballen Wolle, 178 Lastwagen, 5500 Kästen Bier, 300 Kisten Tabak, 3000 Kisten Pfirsiche 17000 Kisten Marmelade und 5000 Paar Socken. »Tirranna« hatte das Aussehen eines richtigen norwegischen Schiffes, so daß man kaum annehmen mußte, daß sie von britischen Kriegsschiffen belästigt würde oder daß ihr Gefahr von den deutschen Ubooten drohe. Nachdem sich »Tirranna« am 5. August 1940 im Indischen Ozean auf ihre Reise begeben hatte, setzte sich »Atlantis« eintausend Seemeilen ab, um der SKL die Identität und Kurse der Prise zu funken.

»Tirranna« sichtete, nachdem sie zwei Tage lang ganz allein gefahren war, einen britischen Kreuzer, dem sie entkommen konnte. Das Prisenkommando hatte bereits entschieden, daß sie sich bei Anruf sofort ergeben würden. Auf der »Tirranna« waren außer der Besatzung fünfundneunzig europäische Kriegsgefangene und internierte Zivilisten, Frauen und Kinder der verschiedensten Nationalitäten und 179 indische Seeleute. Es ereignete sich jedoch nichts weiter, auch nicht in dem erklärten Blockadegebiet um Europa. Die Schwimmwesten wurden immer getragen, bis sie nach dem Passieren der spanischen Küste ungefähr drei Seemeilen vor der Gironde-Mündung am 21. September 1940 Anker geworfen hatte. Ein französisches Fischerboot brachte einen deutschen Offizier an Land, der das Marinekommando West anrief. Man muß bedenken, daß die ganze Organisation noch nicht eingespielt war. Der Stützpunkt in Bordeaux bereitete das Einlaufen einer italienischen Unterseeboots-Flottille (Betasom) aus dem Mittelmeer vor, und zur selben Zeit hatten die Vorbereitungen für die Operation Seelöwe im Norden Vorrang. Vielleicht lebten auch noch einige in der Euphorie des Sieges über Frankreich. Was bedeutet da schon ein gekapertes Handelsschiff. Die traditionelle Meinung der Seefahrer über den Wert der Behörden an Land fand hier wieder einmal ihre Bestätigung. Als der Offizier von der »Tirranna« endlich den richtigen Mann bekommen hatte, sagte ihm dieser, daß das Schiff noch nicht in die Gironde einlaufen und die 62 Seemeilen hinauf nach Bordeaux fahren könne, da die RAF vielleicht Minen in das Fahrwasser geworfen habe. Minensucher bekämen den Befehl am nächsten Morgen dort einzutreffen. Was machen da schon zwölf Stunden aus, nachdem »Tirranna« um die halbe Welt gekommen war. Jawohl, die Briten hatten die Biscaya zu einer Zone erklärt, in der ein Schiff bei Sichten sofort versenkt werden konnte — sink at sight zone —, aber was nützte das, wenn keine Unterseeboote in diesem Gebiet waren.

In der Morgendämmerung waren keine Minensucher zu sehen, auch nicht am Vormittag. Die Stewards waren geschäftig, die Zivilisten dösten und sonnten sich unter einem strahlend blauen Himmel. Minensucher waren nicht zu sehen. Doch nach dem Mittagessen trafen vier Torpedos den dunkelgrauen Schiffskörper der »Tirranna«. Drei detonierten. »Tirranna« kenterte und sank innerhalb von sieben Minuten. Schreie ertönten in vielen Sprachen. Schwimmfähige Wrackteile schoßen an die Oberfläche und vernichteten manche, die das Sinken überlebt hatten. Alle halfen einander. Ein britischer Arzt verwandelte ein Rettungsfloß in eine Erste-Hilfe-Station. Ein Flugzeug der Luftwaffe flog darüber hinweg und ein Kriegsschiff kam, um zu retten. Sogar die Minensuchboote erschienen. Draußen, auf offener See, ging das britische Unterseeboot »Tuna« auf größere Tiefe; die Torpedorohre wurden wieder beladen. Einundsechzig Menschen hatten ihr Leben verloren.

Risiken mußte man auf sich nehmen. Kommandanten von Hilfskreuzern hatten den Auftrag, gute Prisen möglichst durch die Blockade in einen Hafen der Achsenmächte zu bringen und nicht zu versenken. Manchmal lohnte sich das, aber der Gewinn war im allgemeinen nicht groß. »Durmitor«, ein 27jähriger jugoslawischer Trampdampfer, wurde von »Atlantis« im Indischen Ozean am 22. Oktober 1940 gekapert, obwohl das Schiff und die Ladung Salz einwandfrei neutral und kaum von Nutzen für den Hilfskreuzer waren. Mit dreihundert Gefangenen, die in einem Drahtkäfig auf der Salzladung untergebracht wurden, und Horden von Ratten, die an Bord waren, wurde »Durmitor« nach Ostafrika geschickt. Das Schiff schlingerte mit gerade 3 Knoten über den Grund. Der Wassermangel wurde durch gelegentliche Regengüße gemildert, die aber aus dem Salz eine Schlammasse machten. Die Gefangenen waren bald am Meutern. Die Heizer verfeuerten alles was brennbar war: Möbel, Farbe, Holz. Primitive Segel wurden gesetzt. Bei Uarsciek lief »Durmitor« auf Grund. Während die Gefangenen wie eine Zirkustruppe im Triumphzug durch Mogadischu marschierten, machte das Prisenkommando — zusammen mit den Jugoslawen — den Dampfer wieder flott — und das zweimal, um sich dann die 50 Seemeilen entlang der Küste bis nach Mogadischu zu quälen. Da dieser Dampfer ein so wertvolles und heiles Ziel darstellte, fürchtete man, daß er der Anstoß zu einem britischen Bombardement sein könnte und verlegte ihn nach Kismayu, nahe der Grenze zu Kenia, an einen Platz, der bald darauf von den Briten besetzt wurde.

Manchmal bringt das Spiel ganz unerwartete Treffer. So kaperte »Pinguin« in der Antarktis im Januar 1941 in weniger als achtundvierzig Stunden die norwegischen Walfangmutterschiffe »Ole Wegger«, »Solglimt« und »Pelagos«, zusammen mit ihren Walfangbooten »Star XIV«, »Star XIX«, »Star XX«, »Star XXI«, »Star XXII«, »Star XXIII«, »Star XXIV«, »Pol VIII«, »Pol IX«, »Pol X« und »Torlyn«, mit einer Gesamtladung von 10300 Tonnen Heizöl und 20500 Tonnen Walöl — einem wichtigen Bestandteil für die Fabrikation von Margarine. Die Walfangboote waren gut als Patrouillenfahrzeuge zu verwenden. Kapitän zur See Krüder meldete seinen Fang der SKL, die entschied, alle Fahrzeuge nach Bordeaux zu schicken, bis auf »Pol IX«, das als Hilfsminenleger zurückbleiben sollte. »Pelagos« und »Solglimt« verließen die Antarktis am 25. Januar 1941, »Ole Wegger« und fünf Paar Fangboote folgten aus dem Südatlantik am 18. Februar 1941.

Für die kurzatmigen Fahrzeuge hatte man auf der Route Vorkehrungen zur Brennstoffergänzung getroffen. »Spichern«, früher »Krossfonn«, wurden ihnen von Frankreich aus entgegen geschickt, um sie und den Hilfskreuzer »Thor« südwestlich der Azoren zu treffen. »Star XIX« und »Star XXIV« wurden von der Korvette »Scarborough« abgefangen; sie versenkten sich. Der Rest, acht Walfangboote mit den drei vorausgefahrenen drei Walfangmutterschiffen, erreichte ungefährdet Bordeaux. Das war ein bemerkenswerter Erfolg — im Gegensatz zu den Erfahrungen, die man mit den Prisen der »Gneisenau«, die eine viel geringere Entfernung zurückzulegen hatten, in derselben Jahreszeit gemacht hatte. Nach dem Durchbruch mit »Scharnhorst« in den Atlantik, hatte »Gneisenau« am 15. März 1941 drei ohne Geleit fahrende Tanker aufgebracht und nach Brest geschickt. Fünf Tage später wurden zwei von ihnen von einer Swordfish der »Ark Royal« gesichtet, die unterwegs war, den feindlichen Schlachtkreuzer zu suchen. Überwasserschiffe der Kampfgruppe »H« wurden zum Ort der Meldung geschickt, sobald diese aber in Sicht kamen, versenkten die Deutschen »San Casimiro« und »Bianca«. Der norwegische Tanker »Polykarp« wurde nicht entdeckt und erreichte die Gironde. Er wurde später in »Taifun« umbenannt und diente der Kriegsmarine als Begleittanker.

Man sieht daraus, daß es für das Überleben der Prisen besser war, wenn sie erst einmal in den abgelegenen Seegebieten blieben, bis sich Gezeter und Geschrei über ihr Verschwinden gelegt hatten. Die lebenswichtigen Geleitzugsrouten und die damit verbundenen Tätigkeiten der Seestreitkräfte überdeckten einen so großen Raum im Nordatlantik, daß nur noch wenige ruhige Plätze verblieben, wo sich Kreuzer, Hilfskreuzer und Uboote mit ihren Versorgern treffen konnten. Dort konnten sie natürlich auch nicht wochenlang auf- und abstehen, wie es auf der südlichen Hemisphäre der Brauch war. Weitere Prisen, die eine erfolgreiche Reise nach Europa machten, waren »Nordvard«, »Kertosono«, »Storstad« und »Sandefjord«.

Die Kommandanten der Hilfskreuzer waren im Verwerten der Ladung der gekaperten Schiffe sehr findig, wenn es auch kein Ersatz für die normale Versorgung mit Proviant und Brennstoff war. Dafür hatte man vor dem Krieg einen geheimen Marine-Versorgungsdienst für den Ernstfall eingerichtet. Die im Fernen Osten liegenden Schiffe waren dafür am besten geeignet. Das Dreimächteabkommen vom 27. September 1940 zeigte die freundschaftliche Einstellung der Japaner gegenüber den Nazis, obwohl sie noch neutral waren. Sie beachteten die deutschen Schiffe kaum, die sich in den Mandatsgebieten der Marshall- und Karolinen-Inseln eine rote Sonne an den Schornstein malten. Beschlagnahmte Ladungen wurden gegen Brennstoff eingetauscht, den die Hilfskreuzer brauchten. »Regensburg« und »Kulmerland«, beide dürftig als »Tokyo Maru« getarnt, fuhren von Kobe nach abgelegenen Ankerplätzen im Pazifik und überbrachten Ladungen an Öl, Vorräte, Proviant, Trinkwasser und gekühltes Bier. Beide Schiffe dienten auch als Aufklärer, bargen Überlebende und kehrten mit Geheimberichten nach Tokio zurück, die von Admiral Wennecker an die SKL weitergeleitet wurden.

Es wurden auch noch andere Handelsschiffe in diesen Pendelverkehr eingesetzt. Einige waren seit Kriegsbeginn in Japan, andere waren von anderen Häfen des Pazifik, Südamerika eingeschloßen, dorthin gekommen. Die 9179 BRT große »Weser« schaffte es aber nicht. Sie sollte »Orion« treffen, wurde jedoch von dem kanadischen AMC »Prince Robert« nahe Manzanillo am 26. September 1940 aufgebracht. Die Schiffe an den Küsten des Atlantiks bekamen von der SKL die Weisung, die Vorteile des Winters im Norden zu nützen und die Erfolge der Blockadebrecher vom letzten Winter zu wiederholen. Der Frachter »Helgoland« verließ Puerto Colombia am Ende des Golf von Darien am 24. Oktober 1940. Ein allgegenwärtiger amerikanischer Zerstörer setzte zur Verfolgung an, aber »Helgoland« entkam, fuhr an der Insel St. Thomas vorbei und verschwand im Atlantik. Am 30. November 1940 lief der Frachter in St. Nazaire ein.

Die Überwachung von Tampico durch die US Marine war besser. Nicht weniger als vier deutsche Frachter, »Orinoco«, »Phrygia«, »Idarwald«, und »Rhein«, versuchten von hier auszubrechen. Sie wurden sofort von den amerikanischen Zerstörern wahrgenommen. Der Kapitän der »Phrygia« sah sie aber als Schiffe der Royal Navy an und gab Befehl, sein Schiff zu versenken. Die anderen konnten ihre Begleiter nicht abschütteln und kehrten im Morgengrauen des 15. November 1940 auf ihre Ankerplätze zurück. Zwei der Schiffe versuchten am 29. November 1940 wieder zu entkommen. Sie hielten sich bis zum Yucatan-Kanal eng an die mexikanische Küste und wurden dabei von zwei amerikanischen Zerstörern verfolgt, die laufend ihre Positionen funkten. Auf diese Weise konnte der britische Kreuzer »Diomede« die 5033 BRT große »Iderwald« südlich von Kuba am 8. Dezember 1940 abfangen.

Die Deutschen öffneten und zerstörten die Seeventile und setzten ihr Schiff in Brand. Die Rettungsboote wiegten sich sanft in der ruhigen

Karibik als »Diomede« längsseit von ihrer Beute ging. Eine Entermannschaft setzte über mit Feuerlöschschläuchen und löschte das Feuer auf der Brücke und den achteren Aufbauten.

Aus den schwelenden Kohlenbunkern quoll der Rauch, aber auch das konnte mit dem Seewasser aus den Schläuchen der »Diomede« gelöscht werden. Als es zu dunkel wurde, legte der Kreuzer ab. Am nächsten Morgen, als er zur »Idarwald« zurückkam, war sie tiefer gesunken. Es wurde versucht, mit Trossen das Schiff zu halten, aber es war zu weit weggesackt, die Trossen mußten wieder geschlippt werden. Das vordere Schott der »Idarwald« brach, und ein Nebel eines explosiven Gemischs strömte aus der Back; bald darauf war »Idarwald« versunken.

Unterdessen steuerte »Rhein«, 6031 BRT groß, nördlich von Kuba auf die Florida-Straße zu. Hier stand eine Korvette mit energischen Seeleuten einer ganz anderen Nationalität: mit Holländern. Die »Van Kinsbergen« war mit 25,5 Knoten die schnellste Korvette ihres Typs in der Welt. Man konnte ihr nicht davon laufen; ihr Kommandant beabsichtigte, die »Rhein« zu entern. Als der Kapitän der »Rhein« sah, daß kein Entkommen war, setzte er sein Schiff in Brand. Die Schäden waren nicht wieder gutzumachen, und als der Kreuzer »Caradoc« ankam, war alles, was die Briten noch tun konnten, das Wrack mit 6 inch (15,2 cm)-Geschützfeuer am 11. Dezember 1940 zu versenken.

Die meisten Blockadebrecher, die mit Erfolg aus den Häfen herausgekommen waren und später Hilfskreuzer im mittleren Atlantik trafen, übernahmen von den Kriegsschiffen Kriegsgefangene zum Transport in die Lager in Deutschland. Die Verhältnisse an Bord, waren gewöhnlich schlecht und Essen und Trinkwasser waren streng rationiert. Menschen der verschiedensten Nationen, von denen nicht alle etwas gegen einen deutschen Sieg einzuwenden hatten, waren in den Laderäumen zusammengepfercht, die in den letzten beiden Wochen der Reise auch noch verschalt wurden. »Portland«, die von Valparaiso kam und »Nordmark« im Südatlantik getroffen hatte, machte die unterschiedlichsten Erfahrungen mit ihren 327 Gefangenen.

Da die Seeleute der Handelsmarine Zivilisten waren, erwartete man nicht, daß sie sich so verhielten wie die der Marine, die unter Kriegsrecht standen und bei Gefangennahme die Pflicht hatten zu fliehen und die Kriegsanstrengungen des Feindes zu behindern; man erwartete von ihnen auch keine besondere Loyalität nach dem Untergang ihres Schiffes. Das änderte sich jedoch 1941, als den britischen Seeleuten die Weiterzahlung ihrer Heuer auch nach dem Verlust oder der

Beschlagnahme ihres Schiffes garantiert wurde. Einige Reedereien hatten schon vor dem Inkrafttreten dieses Gesetztes unter derartigen Umständen ihre Leute weiter bezahlt.

An Bord der »Portland« war der Able Seaman Arthur Fry, von der früheren »Afric Star« — ein Mann von großer Findigkeit und Entschlußkraft. Er versicherte sich der Hilfe der Able Seamen Lynch und Merrett; sie arbeiteten zusammen einen Plan aus, um den deutschen Offizier bei seiner letzten nächtlichen Runde zu überwältigen. Sie wollten dann das Schiff übernehmen und damit nach England fahren. Gegen diesen Anschlag erhob der mit der Führung der Gefangenen beauftragte britische Offizier Einspruch, nachdem Denunzianten den Deutschen eine Warnung hatten zukommen lassen. Sie entschieden sich nun, das Schiff auf der Fahrt durch die Biscaya in Brand zu setzen, um die Aufmerksamkeit der Royal Navy auf sich zu ziehen. Sie taten das auch, aber ihre Bewacher konnten es gleich wieder löschen, bevor jemand etwas von dem Brand gemerkt hatte. Deshalb warteten die Männer der Royal Navy, die in ihrem Laderaum getrennt von ihren Offizieren in Bereitschaft lagen, vergebens auf ihren Einsatz.

Am nächsten Morgen ging plötzlich und unbeabsichtigt das Licht aus, ein Wachtposten der Kriegsmarine im Laderaum schoß darauf mit seiner automatischen Pistole in die Gefangenen, die vor ihm saßen. Er verwundete zwei Mann, einen davon schwer.

Nach dem Festmachen der Portland in Bordeaux (am 14. März 1941) kamen SS Männer an Bord, verhörten und schlugen die Gefangenen, besonders die Mannschaften von der Royal Navy. Die Verhöre dauerten sechzig Stunden. Able Seamen Fry, Lynch und Merrett wurden später nach Hamburg gebracht und wegen Meuterei und Brandstiftung vor Gericht gestellt. Der Rädelsführer wurde zum Tode verurteilt, die anderen zu Gefängnis. Able Seaman Fry, der die volle Verantwortung für alle übernommen hatte, wurde nicht hingerichtet; alle überlebten den Krieg und erhielten die British Empire Medal.

10. Der Indische Ozean

Bab el Mandeb, die Verbindung zwischen dem Roten Meer und dem Indischen Ozean, war für die Italiener 1940 wahrhaftig ein Tor des Leidens. Die gerade zehn Seemeilen breite Enge wurde von britischen Kriegsschiffen so scharf bewacht, daß der Verkehr zwischen Eritrea, Äthiopien und der italienischen Somaliküste völlig unterbunden war. Die einzige Möglichkeit, dort noch Güter zu befördern war – wegen der Gebirge und Wüsten – praktisch nur noch die Küstenschiffahrt. In der Enge wurden nicht nur die größeren Schiffe angehalten, auch die kleinen Dhaus wurden von den großen Kreuzern mit ihrer schweren Bewaffnung gestoppt. Die kleinen hölzernen Schiffe mußten in Lee der Schiffskolosse beidrehen und ihre Lateinsegel bergen. Hatten sie Konterbande an Bord, und die meisten hatten welche (bis zu 500 Tonnen), kam eine bewaffnete Wache an Bord, um am Leben der arabischen Besatzung teilzunehmen und dafür zu sorgen, daß sie nach Aden fuhren. So viele Schiffe wurden beschlagnahmt, daß schließlich die italienischen Kolonisten und ihre unterworfenen Völker in Massaua am Verhungern waren. Eine ähnliche Notsituation war auch in Vichy-Djibouti ausgebrochen, das wegen seiner Schmalspur-Eisenbahn nach Addis Abeba von See aus blockiert wurde. Djibouti wurde nach beiden Seiten argwöhnisch betrachtet. Als die italienische Armee Berbera in Britisch-Somaliland im August 1940 besetzte, versuchte sie auch, die Franzosen zu bedrohen, was aber keinen Gewinn gebracht hätte, da die Briten die See kontrollierten. Kein Mann oder irgendwelches Material der Italiener konnte von außen ersetzt werden, trotzdem waren ihre Ausfallhäfen eine gewisse

Bedrohung für die britischen Verbindungswege. Ein Angriff auf sie konnte deshalb nur eine Frage der Zeit sein. Die italienischen oder deutschen Handelsschiffe, die dann noch dort lagen, hatten nur die Wahl, sich zu versenken oder ihr Heil auf See zu suchen.

Kapitän Steuer, der Kapitän der 7840 BRT großen »Tannenfels«, wartete nicht, bis dieser Fall eintrat. Sein Schiff, das der DDG Hansa gehörte und in Kismayu lag, war nur drei Jahr alt. Es konnte mit seinen zwei Sechs-Zylinder-Diesel, die auf eine Welle gekuppelt waren, 16 Knoten laufen. Das Prisenkommando der unglücklichen »Durmitor« stieg auf der »Tannenfels« ein, und sie lief am 31. Januar 1941 aus. Zehn Tage später blockierten britische Kriegsschiffe Kismayu und Mogadischu, während die 12. Afrika Division ihre Offensive von Kenia aus in das italienische Somaliland vortrug. Kismayu war der erste Ort, der in dieser Nacht angegriffen wurde, zehn Handelsschiffe der Achse versuchten zu entkommen. Je nach dem Brennstoffvorrat hofften sie, das neutrale Diego Suarez in Madagaskar zu erreichen, oder, wenn das nicht möglich war, das 250 Meilen von dem britischen Vorstoß entfernte Mogadischu.

Der Flugzeugträger »Hermes« war vor der Küste eingetroffen. Ein wachsames Flugzeug ortete acht der Flüchtlinge. Zwei von ihnen, die kleine »Askari« von 590 BRT und die italienische »Pensilvania«, wurden in der Ansteuerung von Mogadischu gebombt und beschoßen. Sechs Schiffe wurden immer wieder im Tiefflug angeflogen und aufgefordert, zu dem Kreuzer »Hawkins« zu fahren; fünf von ihnen wurden als Prise genommen; die deutsche »Uckermark« versenkte sich. Ein ähnliches Schicksal ereilte die drei italienischen Schiffe, die Kismayu nicht verlassen konnten. Zwei weitere Schiffe wurden zusammen mit der alterschwachen »Durmitor« beschlagnahmt, als die Stadt am 14. Februar 1941 genommen wurde. In Mogadischu marschierten die Truppen der Africa Division am 25. Februar 1941 ein. Von all den Handelsschiffen, die während dieses Feldzuges aus Italienisch-Somaliland geflohen waren, erreichten nur »Duca deli Abruzzi« und »Somalia« den sicheren Hafen von Diego Suarez.

»Tannenfels« war unterdessen auf der Saya de Malha Bank, zwischen den Seychellen und Mauritius, wo sie den Hilfskreuzer »Atlantis« traf und ihm sein Prisenkommando der »Durmitor« zurückbrachte, dazu noch das Panzerschiff »Admiral Scheer«, der gekaperte norwegische Tanker »Ketty Brovig«, aus dessen Ladung an Diesel- und Heizöl sich alle anwesenden Schiffe versorgten, und die »Speybank«. Letztere war ein Motorfrachter von 5154 BRT der Reederei. A. Weir & Co. Glasgow, der von »Atlantis« am 31. Januar 1941 auf dem Wege aus dem Fernen Osten nach New York südwestlich von Indien gekapert wurde — mit einer Ladung von 1500 Tonnen Manganerz, 300 Tonnen Kauschuk, Jute, Teakholz, Tee, und Ilmenit und Monazit Mineralstoffe. »Speybank« war 1926 bei Harland & Wolff gebaut worden, hatte eine Geschwindigkeit von 11 Knoten und genug Brennstoff, um eine Reise ohne Ergänzung zu machen. Alle Schiffe der »Bank« — Reederei waren typische Frachtschiffe, deren Erscheinen nirgendwo in der Welt Aufsehen erregte. »Speybank« war genau die Art Prise, die man gern nach Europa schicken wollte. Deshalb bekam der 1. Offizier der »Tannenfels«, Schneidewind, an Bord der »Atlantis« einen Schnellkurs in den spezifischen Aufgaben der Kriegsmarine und wurde dann Kapitän der »Speybank«. Nachdem sie eine Zeitlang als Aufklärungsschiff des Hilfskreuzers gefahren war, wurde sie im März 1941 nach Bordeaux in Marsch gesetzt, wo sie wohlbehalten am 11. Mai 1941 einlief, um dort ihre Ladung zu löschen. »Tannenfels« war vor »Speybank« bereits am 19. April 1941 in Bordeaux eingelaufen.

Den italienischen Behörden wurde es immer klarer, daß sie, trotz der hartnäckigen Verteidigung von Kerne, mit einem Durchbruch der Briten nach Massaua, unterstützt von gelegentlichen Angriffen von Doppeldeckern eines Flugzeugträgers, rechnen mußten. Das flache Wasser und die vielen Riffe der Hafenzufahrt hatten eine enge Blockade durch Minenfelder verhindert, wie bei dem kleinen eritreaischem Hafen Assab, nahe Bab el Mandeb.

In Kismayu hatte es sich gezeigt, daß man nicht bis zur letzten Minute warten durfte, um zu fliehen. Jetzt war dafür eine besonders günstige Zeit, da die Royal Navy voll damit beschäftigt war, entweder »Admiral Scheer« und »Atlantis« aufzuspüren und zu verfolgen, oder Geleitzüge zu schützen. Auch wenn die aus den italienischen Häfen geflüchteten Schiffe gesichtet wurden, war der Erfolg nicht immer auf der Seite der Briten. Es gab keine Mittel, ein allein fahrendes Schiff sicher zu identifizieren. Bei einer zu großen Annäherung der Kriegsschiffe bestand die Gefahr eines Überraschungsangriffs, bei Schießen aus größerer Entfernung die Mißbilligung der Admiralität wegen Munitionsverschwendung. Die Kommandanten der Kreuzer waren auch nicht glücklich, wenn sie die Funkstille brechen mußten, um Auskünfte über ein Schiff zu bekommen, daß vertrauenswürdig erschien, aber bei der Beantwortung des Anrufs Fehler gemacht hatte. Zu allem muß man noch bedenken, daß viele britische Kapitäne der Handelsmarine jedes Kriegsschiff mit Argwohn betrachteten und, statt zu stoppen, um sich identifizieren zu lassen, lieber versuchten, sich davon zu machen. Das kostete der Royal Navy Zeit.

Unter diesen Umständen war es den Handelsschiffen der Achse möglich, sogar bei den Bewachern in der Enge von Bab el Mandeb durchzukommen. Eine ganze Anzahl von Schiffen waren im Februar und März 1941 aus Massaua ausgelaufen. »Wartenfels« schaffte gerade noch fünf Knoten, aber Kapitän Ahlers fuhr mit ihr durch die deklarierten Minenfelder, da er dort am wenigsten zu fürchten brauchte, abgefangen zu werden. Dann führte sein Kurs einmal zwischen zwei britischen Bewachern, aber keiner von beiden sah den deutschen Frachter, der schließlich Madagaskar erreichte. Das dort liegende Unterseeboot und andere Kriegsschiffe, wie die Korvette »Eritrea« und die getarnten AMC »Ramb I« und »Ramb II«, sollten nach Bordeaux oder Kobe fahren und unterwegs, wenn möglich, geeignete Ziele angreifen. Sie hatten keine Erfolge. »Ramb I«, der Name bedeutet »Roma Azienda Monopolio Banane« — Rome Banana Monopoly Company — wurde von »Leander« versenkt. Dieser neuseeländische Kreuzer operierte mit dem australischen Kreuzer »Canberra« zusammen bei der Versenkung der »Ketty Brovig« und »Coburg«, am 4. März 1941. »Coburg« war ein deutsches Handelsschiff, das am 20./21. Februar 1941 aus Massaua ausgebrochen war. Die Erfolge setzte »Leander« drei Wochen später fort mit dem Abfangen des Vichy-Schiffes »Charles L.D.«, 200 Seemeilen vor Mauritius.

Die 6240 BRT große »Himalaya«, von der Reederei Triestino Lloyd, verließ Massaua am 1. März 1941; sie war das letzte Schiff, das Bab el Mandeb passierte. »Oder« und »India«, ein deutsches Schiff mit 8516 BRT und ein italienisches mit 6366 BRT, versuchten in der Neumondzeit am 23. März die Enge zu passieren. »Oder« versenkte sich, als sie von der Korvette »Shoreham« gestoppt wurde. »India« lief »Assab an, ein Zufluchtshafen, den auch »Piave« aufsuchte. »Bertrand Rickmers« lief am 29. März 1941 aus Massaua aus, überlebte aber nur bis zum 1. April 1941. Die Ursache ihrer Selbstversenkung war der Zerstörer »Kandahar«. »Lichtenfels« war gar nicht soweit gekommen, sie kehrte nach Massaua zurück.

Das alles ereignete sich im Kielwasser des Frucht- und Passagierschiffes »Himalaya« dessen Diesel es mit 13 Knoten südwärts um das Kap der Guten Hoffnung nach Rio de Janeiro brachte, wo es am 4. April 1941 einlief. Vier Tage später war Massaua eingenommen, die Schiffe der Achse, die sich noch dort befanden, hatten sich versenkt oder wurden beschlagnahmt. im Hafen lagen zerstreut die Wracks von mehr als vierzig Schiffen, ihre Schiffsböden aufgerissen, die Seeventile zerstört, die Aufbauten ausgebrannt; sie blockierten die Hafenausfahrt und versperrten die Quais. Die 11760 BRT große »Colombo« war gekentert und lag wie ein großer weißer Wal da. Auf den Dahlak-Inseln, etwa vierzig Seemeilen entfernt, sah man ähnliche Zerstörungen. Fünf Schiffe hatten gehofft, sich dort verbergen zu können als der Krieg näher kam, es war vergebens; die Royal Navy übersah sie nicht. Assab wurde am 10. Juni 1941 eingenommen, und das war das Ende der dortigen deutschen und italienischen Schiffe. In der Nacht vom 24. auf 25. August drangen britische und indische Truppen, vom Irak und dem Golf kommend, in Persien ein, während die Sowjets von Norden kamen. Man wollte damit die Kontrolle der Alliierten über die Regierung des Landes sichern und Infiltrationen der Achsenmächte verhindern, die Ölversorgung sichern und eine Landverbindung zwischen Indien und der Sowjetunion herstellen. Die deutschen und italienischen Seeleute, die mit ihren Schiffen in den neutralen iranischen Häfen lagen, mußten das mehr als einen Akt der Piraterie ansehen.

Als sich ein Verband der verschiedensten Kriegsfahrzeuge dem Hafen Bandar-e-Shapur näherte, waren Rauchwolken zu sehen, die in den Himmel des anbrechenden Tages aufstiegen. Von der indischen Korvette »Lawrence«, von Dhaus und Schleppern schwärmten Kommandos von Blaujacken und Soldaten über die Schiffe der Achsenmächte. Der australische AMC »Kanimbla« hatte Soldaten des Baluchi-Regimentes an Bord, die sich auch daran beteiligten, soweit sie nicht an Land gebraucht wurden. Die Brände wurden gelöscht und einige Schiffe vorm Sinken bewahrt. Nur die »Weißenfels« war ein Totalverlust. »Hohenfels« lag auf Grund; bei einer späteren Bergung wurde sie ausgepumpt bis sie aufschwamm und weggeschleppt. Drei andere Hansa-Frachter, »Marienfels«, »Sturmfels« und »Wildenfels«, wurden von den Briten beschlagnahmt, wie auch die italienischen Frachter »Barbara«, »Caboto« und der italienische Tanker »Bronte«. Ein weiteres italienisches Frachtschiff, »Hilda« wurde zwei Tage später nach Bandar'Abbas verlegt.

Der französische Vichy-Hafen Djibouti war vorläufig noch von den freien französischen Korvetten »Savorgnan de Brazza« und »Commandant Duboc« blockiert. Britische Unterstützung war vorgesehen, da man fürchtete, daß der Hafen für die Verproviantierung der deutschen Hilfskreuzer und der italienischen Truppen im Inland dienen könnte. Der Mangel an Nahrungsmitteln in Djibouti war sehr groß;

die französischen Behörden mußten sie aus Diego Suarez über eine Entfernung von 2500 Seemeilen heranschaffen. Da das mit normalen Handelsschiffen in dieser Lage nicht durchzuführen war, plante man, diese Reisen mit heimischen Segelfahrzeugen zu machen. Drei Franzosen, die ihre Gesichter mit Walnußfarbe geschminkt hatten und Turbane trugen, segelten mit einer Mannschaft von Einheimischen von Madagaskar los. Als die 130 BRT große »Hind« sich Djibouti näherte, schoß das französische Vichy-Unterseeboot »Vengeur« einen Torpedo in die ungefähre Richtung der freien »Savorgnan de Brazza«. Die Korvette funkte Ubootalarm und suchte sichere Gewässer auf. »Hind« konnte sich in den Hafen stehlen und 70 Tonnen Lebensmittel löschen. Später folgte ihr »Naram Passa«, fünf weitere Segelfahrzeuge schafften es jedoch nicht, ihre Nahrungsmittel abzuliefern. Am Weihnachtsabend 1941 lief die Vichy-Korvette »d'Iberville« durch eine schwache britische Bewachungslinie und signalisierte »Bleibt weg, oder wir eröffnen Feuer«; 300 Tonnen Lebensmittel konnten in den Hafen gebracht werden.

Ähnliche Aufgaben wurden im Februar 1942 von zwei Unterseebooten durchgeführt. Die größte Lieferung von Nahrungsmitteln brachte das Bananenschiff »Bougainville« herein, es waren 1300 Tonnen. Drei Monate später besetzten die Briten Madagaskar und beendeten weitere Versorgungsfahrten. Unter den dabei beschlagnahmten Schiffen befand sich »Wartenfels«, die wegen Sabotage und Trugminen im Trockendock lag.

11. Die Nachlese der Rheinübung

Die Jahresmitte 1941 hätte eine erfolgversprechende Zeit für die Blokkadebrecher der Achsenmächte sein können, da die Royal Navy im Indischen Ozean, im Mittelmeer und durch den Schutz der Geleitzugrouten im Nordatlantik stark gebunden war. Das deutsche Oberkommando der Marine hatte sich sicherlich auch einiges erhofft. Es war seit dem 21. Juli 1940 von der festen Absicht Hitlers, die Sowjetunion zu überfallen, unterrichtet. Es war klar, daß mit dem Augenblick, in dem die Truppen die Grenzen überschreiten würden, die Landverbindung nach dem Fernen Osten nicht mehr zur Verfügung stand und gleichzeitig für 139 Divisionen, die daran teilnehmen sollten, große Mengen von Rohmaterial gebraucht wurden. Im August 1940 wußten nur wenige, warum eine verstärkte Vorratswirtschaft betrieben wurde. Man beeinflußte indirekt die SKL, die die Kommandanten der Hilfskreuzer anwies, die gekaperten Handelsschiffe möglichst nach Haus zu schicken und nicht zu versenken. Das bedeutete auch, daß man Vorbereitungen für den Seetransport von Produkten aus dem Orient — besonders Kautschuk — treffen mußte. Es reichte nicht, sich auf die gelegentliche Ankunft einer Prise, eines Versorgers, eines unbewaffneten Aufklärers oder sonstigen Handelsschiffes, das durch die Ozeane fuhr und in die Blockadefahrt eingesetzt werden konnte, zu verlassen.

Die Schiffe, die man für diese Aufgabe brauchte, mußten schnell, zuverlässig und wirtschaftlich sein, auf einer besonderen Route und nach einem festen Fahrplan fahren. Im Fernen Osten waren Warenlager anzulegen, einer zufälligen Ubootgefahr mußte vorgebeugt werden, und für die gefährlichsten Seegebiete, wie die Biscaya, mußten Geleitfahrzeuge bereitgestellt werden. Ein derartig tragisches Durcheinander wie bei der »Tirranna« durfte sich nicht wiederholen.

Die Reisen mußten notwendigerweise in beide Richtungen geplant werden. Die Japaner waren zwar noch neutral, brauchten aber alle ihre Handelsschiffe für ihre eigenen geheimen Vorhaben. Die Italiener, die wirtschaftlich mit ihren Achsenpartner verbunden waren, konnten zwar helfen, hatten aber im Orient keinen brauchbaren Schiffsraum. Die Rohstoffe mußten auf jeden Fall irgendwie bezahlt werden, deshalb sollten die Schiffe nach dem Osten europäische Güter, die die japanische Wirtschaft brauchte, exportieren. Das Oberkommando der Kriegsmarine begann mit der Vorbereitung für einen derartigen regelmäßigen Warenaustausch am 14. November 1940. Bordeaux sollte der europäische Zielhafen werden, Tokio der Hauptsitz im Fernen Osten, mit mehreren Abfahrtshäfen im Orient. Die Anweisungen für die Ladungen sollten von dem Marine-Sonderversorgungs-Dienst, MSD, kommen, der auch die finanzielle Seite zu bearbeiten hatte. Der MSD hatte auch, zusammen mit dem Wirtschaftsministerium, die Privatfirmen in Übersee zu beaufsichtigen, die sich dort um die Geschäfte bemühten und die Frachtverträge abschloßen. Die Operationsabteilung der SKL bearbeitete die Routen, stellte die Geleite auf und gab die dazu notwendigen Befehle an die zuständigen Kommandos, wie auch die Anweisungen an die fahrenden Handelsschiffe.

Die erste durchgehende Reise vom Fernen Osten nach Europa wurde von »Ermland« gemacht, einem Hapag-Frachter von 6528 BRT mit Dieselantrieb. Unter dem Kommando von Kapitän Krage verließ das Schiff Kobe am 28. Dezember 1940 und traf zunächst den Hilfskreuzer »Orion«, am Lamotrek-Atoll im Pazifik, am 5. Januar 1941. Einige Güter wurden an Bord des Kriegsschiffes gegeben, der frei gewordene Raum gesäubert und als Unterkunft für Gefangene der »Orion« hergerichtet. Diese Arbeiten waren in wenigen Stunden beendet, und »Ermland« fuhr noch am selben Tag weiter. »Orion« und ihr Versorgungstanker »Ole Jacob« holten »Ermland« später wieder ein; die Schiffe blieben bis zum 9. Januar 1941 zusammen. Von nun an fuhr der Frachter allein weiter, rundete Kap Horn und erreichte Bordeaux am 4. April 1941. Kapitän Krage hatte gezeigt, daß diese Aufgabe durchzuführen war. Jetzt wurde das Beladen der nächsten drei Blockadebrecher mit 11000 Tonnen Kautschuk in Talien im Gelben Meer angeordnet.

118

An alle Handelsschiffe in den neutralen Häfen des Pazifik waren bereits Weisungen ergangen, nach Japan zu fahren. Einige Kapitäne hatten das schon von sich aus gemacht, andere waren unlängst als Versorger bestimmt worden. Sieben Schiffe kamen aus Chile, Mexico, Siam und China, um sich mit den dreizehn Schiffen, die nach der Abfahrt der »Ermland« schon in Japan waren, zu vereinigen. Von all diesen Schiffen entsprachen nur zwölf den Anforderungen des OKM; man hoffte, diese Zahl durch die Ankunft von vier Prisen zu erhöhen. Der Ferne Osten war jedoch nicht die einzige Quelle für Naturkautschuk. Ein weiterer Plan sah vor, »Karnak«, »Frankfurt« und »Lech« von Häfen der Biscaya und »Joao Pessoa« von Vigo aus nach Brasilien zu schicken, um dort ihre Ladungen gegen Kautschuk und andere südamerikanische Produkte einzutauschen. »Karnak« bekam für diese Reise den Decknamen »Hermes« und »Joao Pessoa« den Namen »Natal«. Abgesehen von dem wirtschaftlichen Nutzen dieser Reisen war es auch ein politischer Test. Das Reichsverkehrsministerium, das behauptete, allein Blockadebrecher organisieren zu können, leitete diese Fahrten unter Mitwirkung der Kriegsmarine. Für den Schutz der Route dieser Blockadebrecher mußten Uboote abgestellt werden, was eine nicht unerhebliche Beeinträchtigng des »Tonnage-Krieges« von Dönitz bedeutete.

Es war nicht zu erwarten, daß man diese Routen lange befahren konnte, da am 30. März 1941 die Regierung der Vereinigten Staaten alle deutschen, italienischen und dänischen Handelsschiffe in amerikanischen Häfen beschlagnahmte, eine Maßnahme, die erst ab 6. Juli 1941 rechtsgültig wurde. Es war auch anzunehmen, daß bald auf die lateinamerikanischen Staaten Druck ausgeübt würde, ähnliche Maßnahmen gegen die dort liegenden zahlreichen italienischen Handelsschiffe zu ergreifen. Submarina, das italienische Oberkommando der Marine, erteilte den dort liegenden Schiffen und denen in den Häfen der Inseln des mittleren Atlantik die Weisung, die Fahrt nach Frankreich zu versuchen. Die Azoren sollten dabei weit westlich umfahren werden. Es wurden zwar zahlreiche Schiffe abgefangen, aber es verging innerhalb der nächsten sechs Wochen kaum ein Tag, an dem nicht ein Handelsschiff der Achse aus einem neutralen Hafen abgefahren und eins in Westfrankreich angekommen wäre.

28. März 1941   Der AGIP Tanker »Franco Martelli«, 10535 BRT, verläßt
                 unter Capitano Cardillo Recife, wird in der Biscaya das
                 Opfer der vielen zufälligen Begegnungen die diese Gegend heimzusuchen scheint. Von Unterseeboot »Urge«

	am 18. April 1941 gesichtet, versenkt Lieutenant Tomkinson mit Torpedos »Franco Martelli«.
28. März 1941	»Mombaldo«, 6213 BRT, verläßt Para. Sichtet unterwegs mehrere Schiffe und erreichte Le Verdon über St. Jean de Luz, am 24. April 1941.
28./29. März 1941	»Frisco«, ein 4609 BRT Tanker, verläßt Fortaleza in Brasilien und läuft am 27. April 1941 in St. Nazaire ein.
1. April 1941	»Burano«, Tanker von 4450 BRT, verläßt Teneriffa und löscht am 21. April 1941 5800 Tonnen Heizöl in St. Mazaire,
1. April 1941	Der 4722 BRT Frachter »Capo Alga« verläßt Teneriffa mit dem Ziel Nantes und kommt dort am 18. April 1941 an.
2. April 1941	Die deutschen Schiffe »München« und »Hermonthis« verlassen, im Rahmen der deutschen Schiffsbewegungen im Pazifik, Callao in Peru, werden von dem kanadischen AMC »Prince Henry« gestellt und versenken sich.
21. April 1941	»U106« löst vor Rio de Janeiro »U105« ab, als Geleit für »Lech«, einer der Blockadebrecher auf der Route Europa-Brasilien und zurück. Die Uboote durften auf keinen Fall amerikanische Schiffe, die in der panamerikanischen Neutralitätszone patrouillierten, torpedieren; da diese, wie üblich, die Positionen der Blockadebrecher funkten, hatte das Uboot die Möglichkeit, sich mit dem erscheinenden britischen Kriegsschiff zu beschäftigen.
26. April 1941	»Gianna M.«, ein 5718 BRT Tanker verläßt Las Palmas.

Einige Tage vor »Gianna M« lief der Tanker »Recco«, der von Teneriffa kam, auf gleichem Kurs. Am Morgen des 3. Mai 1941 — es war klar und sonnig — kam OBV »Hilary« in Sicht. Der Kapitän der »Recco« befahl, die Maßnahmen zur Selbstversenkung durchzuführen und das Schiff zu verlassen. Ein Boot der »Hilary« kam längsseit, das Prisenkommando blieb im Boot, während ein Offizier nach Dokumenten suchte, die er vor dem Untergang bergen wollte. Dabei fand er Zeit, eine Anzahl von Vogelkäfigen, die er dort vorfand, zu öffnen um den Kanarienvögeln die Freiheit zu geben. Die meisten flogen auf und davon, in der Hoffnung, Land zu erreichen. Ein Vogel wurde an Bord der »Hilary« geschmuggelt, obwohl es verboten war, Tiere an Bord zu halten. »Recco« wurden mit Geschützfeuer versenkt.

Am nächsten Sonnabend sichtete »Hilary« einen anderen Tanker, und es spielte sich alles ganz anders ab. Er mußte am 10. Mai 1941 um 4 Uhr nachmittags mit einem Schuß vor den Bug gestoppt werden. Da sehr grobe See war, ordnete Capitano Pozzo zwar an, die Sprengsätze zur Selbstversenkung anzubringen, aber sie sollten erst bei Wetterbesserung gezündet werden, damit die Besatzung die Möglichkeit habe, das Schiff sicher zu verlassen. Ein Steward der »Hilary«, ein früherer Seemann der Handelsmarine italienischer Abstammung, schrie dem Tanker einen Kurs hinüber, der gesteuert werden sollte. Am nächsten Morgen war das Wetter immer noch schlecht, so schlecht, daß das Prisenkommando hoffte, nicht abgerufen zu werden. Das Boot wurde aber doch zu Wasser gebracht, schlug beim Ausschlippen mit dem Boden hart in dem Wellental auf und wurde zum Tanker gepullt. Nachdem ein bewaffnetes Kommando an Bord zurückgelassen worden war, kehrte das Boot mit einer Menge Vogelfutter für den Kanarienvogel der »Recco« zurück, der bis dahin nur mit Feigenkernen gefüttert werden konnte. Begleitet vom OBV wurde »Gianna M.« in einen Geleitzug nach Belfast eingegeliedert.

29. April 1941 »British« Advocat«, ein Tanker, der von »Admiral Scheer« im Indischen Ozean als Prise genommen worden war, läuft in der Gironde ein. »Canadolite« war eine weitere Prise, diesmal aus dem Mittelatlantik, die in Bordeaux einläuft.

5. Mai 1941 Der 6466 BRT Tanker »Sangro« verläßt mit 7560 Tonnen Öl Las Palmas, wird nach einem Tag vom Coastal Command gesichtet und von einem Kommando des OBV »Camito« erfolgreich übernommen und zu einem nach England fahrenden Geleitzug gebracht. Beide Schiffe wurden in den ersten Stunden des 6. Mai 1941 vom »U97« versenkt.

Dieser dauernde Wechsel war typisch für die Schlacht im Atlantik. In der darauf folgenden Woche gingen neun Handelsschiffe und ein AMC verloren, ebenso wie »U110«, dessen Kommandant, Kapitänleutnant Fritz Julius Lemp, für die Versenkung des ersten Schiffes im Zweiten Weltkrieg, dem Passagierschiff »Athenia«, verantwortlich war. »U110« wurde am 9. Mai 1941 durch Wasserbomben an die Oberfläche gebracht und gerammt. Die Besatzung hatte gerade noch Zeit, das Boot zu verlassen, bevor es auf Tiefe ging. Kapitänleutnant Lemp war nicht unter den Überlebenden.

Am selben Tag wurde der Tanker »Nordmark«, früher »Westerwald«, durch »Egerland« am Versorgungstreffpunkt im Südatlantik abgelöst. »Nordmark«, 10845 BRT groß, war am 17./18. September 1940 aus Gotenhafen ausgelaufen und erreichte nun, durch den Ärmelkanal kommend, Hamburg am 20. Mai 1941.

Am 20. Mai 1941 lief ein weiteres Schiff ein, diesmal in Bordeaux; es war die »Dresden« mit 202 Passagieren, darunter 138 Amerikaner von dem neutralen ägyptischen Passagierschiff »Zamzam«. Ursprünglich ein Bibby-Line-Schiff wurde die »Zamzam« im Atlantik am 17. April 1941 von »Atlantis« versenkt, weil sie so »britisch« aussah. An Bord der »Dresden« waren auch 46 Wachtposten und Gefangene von anderen Schiffen, die der Hilfskreuzer versenkt hatte. Zunächst sollte »Dresden« alle Passagier in einen neutralen Hafen ausschiffen, aber auf Befehl der SKL nahm sie Kurs auf Frankreich.

Ein Schiff hatte in diesem Monat seinen Bestimmungsort nicht erreicht, es war die französische »Winnepeg«, 8379 BRT groß. Sie wurde am 26. Mai 1941 östlich von Martinique von der niederländischen Korvette »Van Kinsbergen« gestoppt und gekapert.

Einen Tag später sank »Bismarck«, und die Unternehmung »Rheinübung«, die die Deutschen — nicht nur für den direkten Einsatz der beiden Schiffe — mit so großer Mühe vorbereitet hatten, war zu Ende.

Seit dem vorangegangenen Herbst kreuzten schon Versorgungsschiffe auf den Ozeanen der Welt. Man hatte für die Kriegsmarine eigens Schiffe gebaut mit verborgenen Heizöltanks, Vorrats- und Verpflegungsräumen. Handelsschiffe waren mit Versorgungsgütern aus neutralen Häfen ausgelaufen; gekaperte Schiffe standen mit ihren Ladungen zur Verfügung, auch für andere Kriegsfahrzeuge. Die Besatzungen der Schiffe trugen Kriegsmarineuniform oder die Päckchen der Handelsmarine; die Kapitäne und Offiziere Mützen mit der Flagge der Reederei, während die Besatzung sich mit militärischer Kopfbedeckung sehen ließ. Einige Versorger waren bestimmten Schiffen zugeteilt, die sie in regelmäßigen Abständen trafen. Andere trieben sich in einem abgelegenen Seegebiet herum und versorgten jeden, der vorbei kam; ihre Vorräte wurden in einem regelmäßigen Pendelverkehr von Europa aus wieder aufgefüllt. Die Anzahl der Schiffe war natürlich zu der des britischen Empires ein Nichts. Man darf dabei aber nicht vergessen, daß die Royal Navy sich immer an ihre Stützpunkte halten konnte, während die Kriegsmarine ihre ganze Versorgung auf den Ozeanen schwimmend über Monate durchführen mußte, wobei sie auf gelegentliche kurze Anweisungen durch Funksignale angewiesen war.

Der Anspruch Britanniens, die Meere zu beherrschen, machte auf den deutschen Seemann überhaupt keinen Eindruck, sah er doch, wie ein Panzerschiff und ein getarnter Hilfskreuzer von einem großen Tanker Heizöl übernahm, ein Uboot auf der anderen Seite längsseit lag und ein Blockadebrecher im Hintergrund beigedreht wartete; die Beiboote dieser Fahrzeuge pullten gemächlich über die sonnenglitzernde See mit beschlagnahmten Zigaretten, Eiern und Geheimpapieren.

Die Organisation der Versorgung für »Rheinübung« mag nicht umfassend genug gewesen sein, entsprach aber in ihrem Aufbau der ausgewogenen Flotte von Großadmiral Raeder. Von dem Durchbruch der »Bismarck« und »Prinz Eugen« in den Atlantik mußten zur Unterstützung dieser beiden Schiffe, wie auch für die beteiligten Hilfskreuzer und Uboote, eine ganze Reihe von schwimmenden Wetterstationen, Versorgern, Tankern und Aufklärer aufmarschieren. Zu berücksichtigen war der geringe Fahrbereich des Kreuzers der »Admiral Hipperklasse«. Das Problem der Brennstoffversorgung der Uboote wurde bald schwierig, da durch britischen diplomatischen Druck auf Spanien im Juli 1941 den deutschen Tankern das Ankern auf den Kanarischen Inseln verboten wurde. Zu gleicher Zeit gaben die Portugiesen den britischen Tankern die Erlaubnis, die Liegeplätze auf den Azoren zu benutzen.

Die britische Admiralität konnte nach der Versenkung der »Bismarck« mit Sicherheit annehmen, daß die Deutschen vorher weitgehende Vorsorge für die Brennstoffergänzung getroffen hatten. Tatsächlich kannten einige Offiziere mit weltweiter Erfahrung in der Schiffahrt geeignete Gebiete mit ruhiger See. Man glaubte eine Bestätigung dieser Annahme in seltenen, nicht zu identifizierenden Funksignalen zu haben, konnte jedoch selten Kriegsschiffe zur Nachprüfung in die gegebene Peilung schicken, und wenn, war die Funkstelle nicht mehr dort. Der britische Nachrichtendienst kam im Mai 1941 in den Besitz von Unterlagen, die viele Rätsel auf dem Gebiet des Seekrieges lösten.

Im Gegensatz zu dem, was die SKL dachte und die Besatzung von »U110« glaubte, war »U110« am 9. Mai 1941 nicht unmittelbar gesunken. Das Uboot blieb an der Oberfläche und wurde noch für eine ganze Zeit geschleppt, während der die Schlüsselmaschine vom Typ Enigma mit allen Schlüsselunterlagen geborgen werden konnte. Einige Schlüsselunterlagen hatte man schon beim Entern des Fischdampfer »Krebs« und der schwimmenden Wetterstation »München« erbeutet, aber jetzt konnte die Admiralität den Funkverkehr der Ubootwaffe mitlesen. Die Geleitzüge konnten nun die Wolfsrudel ausmanövrieren, obgleich bei einigen die Deutschen, durch Entziffern der britischen Funksignale, Gegenbewegungen einleiteten. Die Admiralität konnte zwar die Funksprüche der Hilfskreuzer und Blockadebrecher nicht mitlesen, aber wenn ein Uboot aufgefordert wurde zu einem Versorger zu gehen, konnte die Royal Navy auch da sein. Die Aufforderungen an einige Uboote, einen Blockadebrecher durch ein bestimmtes Gebiet zu begleiten, konnte das Todesurteil des Handelsschiffes sein. Die Briten hatten durch diese Möglichkeit der Entschlüsselung von Funksprüchen, die sie bis Kriegsende geheim halten konnten, große Vorteile. Verzögerungen und auch Unterbrechungen beim Entschlüsseln konnten sich in den Zeiten ergeben, in denen die Deutschen ihre Schlüssel umstellten. Das Wissen der Admiralität war aber nicht immer eine Garantie für einen Erfolg. Schiffe und Flugzeuge standen manchmal nicht zur Verfügung um die Information auszunutzen, oder die deutschen Schiffe erschienen nicht, weil sie aus anderen Gründen verhindert waren. Und wenn es dann zu einem Gefecht kam, hing der Ausgang, wie immer, von der Qualität der Männer und der Schiffe ab.

Im Mai, Juni und Juli 1941 erlitt das Netz der deutschen Marine-Versorgung Verluste, von denen es sich nicht wieder erholen sollte. Die meisten Schiffe versenkten sich selbst; mit Geschützfeuer wurde der Untergang oft beschleunigt. Artillerie wurde auch eingesetzt, um die Besatzung von der Selbstversenkung abzuhalten, entweder durch Schreckschüsse oder durch Zerstören der Brücke, von wo die Befehle dafür gegeben wurden. Die Wracks wurden versenkt, damit sie kein Hindernis für die Schiffahrt waren, oder ein lauerndes Uboot sie wieder besetzen und vielleicht retten konnte, außerdem war es ein willkommenes Übungsschießen für die Geschützbedienungen. Einige Schiffe wurden gekapert, jedesmal fand man Unterlagen, die das Wissen um das Nachrichtenwesen des Feindes und um die Positionen der Versorgungstreffpunkte erweiterte. Dies alles mußte analysiert werden, was seine Zeit brauchte. Es hatte deshalb meist keinen unmittelbaren Einfluß auf das große Geschehen in der Mitte des Jahres 1941. Die Deutschen führten ihre Schiffsverluste auf die bisherigen Erfolge zurück, vielleicht auch auf die nachlässige Handhabung der Sicherheitsbestimmungen, besonders durch die Italiener, aber sie dachten überhaupt nicht daran, daß die Ursache der Verluste in ihren Schlüsselmitteln selbst liegen könnte.

Ein zusätzlicher Faktor für die britischen Erfolge war der verstärkte Einsatz der Royal Navy von Grönland bis zum Südatlantik mit einer Vielzahl von Schiffen, der in keinem Zusammenhang mit der Unternehmung »Rheinübung« stand. Zunächst war es »Lech«, die von Rio de Janeiro kommend, auf Heimatkurs lag, das Ubootsgeleit hatte sie befehlsgemäß verlassen, als sie am 28. Mai 1941 abgefangen wurde und sich versenken mußte. Am nächsten Tag gingen zwei schwimmende Wetterstationen verloren.

Im Juni 1941 mußte beinahe an jedem Tag der Verlust eines Schiffes der Achsenmächte eingeläutet werden.

3. Juni 1941 »Belchen«, ein Versorgungstanker der Uboote wurde durch die Kreuzer »Aurora« und »Kenya« versenkt.

4. Juni 1941 Der Tanker »Gedania«, der früher im Krieg eine Ladung Walöl nach dem besetzten Europa gebracht hatte, wurde von OBV »Marsdale« im mittleren Atlantik gekapert.

4. Juni 1941 »Gonzenheim«, ein Versorger und Aufklärer wurde von einer Swordfish des Flugzeugträgers »Victorious« nördlich der Azoren gesichtet. Er konnte AMC »Esperance Bay« entkommen, Schlachtschiff »Nelson« und Kreuzer »Neptune« verhinderten die Flucht. »Gonzenheim« sank.

4. Juni 1941 »Esso Hamburg«, ein Tanker, wurde von dem Kreuzer »London« und dem Zerstörer »Brilliant« nördlich des Äquators gestellt. »Esso Hamburg« sank.

5. Juni 1941 Tanker »Egerland« wurde von »London« und »Brilliant« versenkt.

6. Juni 1941 Kapitän Vagts »Elbe«, ein 9179 BRT Blockadebrecher des NLD, wurde nahe der Azoren von einer Swordfish des Flugzeugträger »Eagle« gesichtet und mit einer Ladung Kautschuk, die am 20. April 1941 in Dairen an Bord genommen worden war, versenkt. Die augenblickliche Lage war im Atlantik für Blockadebrecher offensichtlich zu gefährlich. Es war zu spät, die »Regensburg« zurückzuhalten, die am 5. Mai 1941 Dairen verlassen hatte, aber nicht für »Ramses«, die eine Woche später folgen sollte. Die SKL befahl deshalb ihrem Kapitän Falcke, das Schiff nach Japan zurückzubringen, was er auch ausführte.

12. Juni 1941 Der Tanker »Friedrich Breme«, der im Mittelatlantik von »Sheffield« gesichtet wurde, versuchte zu entkommen und wurde dann nach Einleitung der Versenkungsmaßnahmen versenkt.

15. Juni 1941 Kreuzer »Dunedin« kaperte »Lothringen« im mittleren Atlantik, nachdem der Tanker von einem Flugzeug des Flugzeugträger »Eagle« gefunden worden war.

17. Juni 1941 AMC »Pretoria Castle« kaperte »Desirade« östlich der Antillen.

18. Juni 1941 »U138« wurde durch Zerstörer der Kampfgruppe »H«, die auf der Suche nach einem Versorger waren, westlich von Gibraltar versenkt.

21. Juni 1941 Das Versorgungsschiff »Babitonga« wurde von »London« nahe dem Äquator gestellt. »Babitonga« versenkte sich selbst.

23. Juni 1941 Zerstörer der Kampfgruppe »H« und »Marsdale« fanden das Troßschiff »Alstertor«, nachdem es am vorhergehenden Tag schon gesichtet worden war, westlich von Gibraltar. »Alstertor« sank.

28. Juni 1941 Die schwimmende Wetterstation »Lauenburg«, ein Fischdampfer, wurde nahe Jan Mayen von dem Zerstörer »Tartar«
gekapert.
29. Juni 1941 Der italienische Blockadebrecher »Ernani«, der von Las Pa-
mas kam, wurde irrtümlich von »U103« torpediert.
30. Juni 1941 »Dunedin« kaperte im Südatlantik das französische Vichy-
Handelsschiff »Ville de Tamatave«.

Die Ozeane sind groß und natürlich gab es Lücken in der Bewachung
durch die Royal Navy. Die Brennstoffübernahme in See wurde zwar
laufend durchgeführt und die Technik verbessert, aber von Zeit zu
Zeit mußten die Schiffe doch wieder in einen Hafen einlaufen. In ei-
nem solchen Zeitabschnitt kehrten »Kota Pinang«, »Ermland« und
»Spichern« von ihren Aufgaben im Rahmen der Rheinübung zurück.
Die italienischen Schiffe »Atlanta«, »Todaro«, »Butterfly« und »XXIV
Maggio« kamen von den Kanarischen Inseln und Südamerika nach
Frankreich. Das wichtigste Ereignis war das Einlaufen von Kapitän
Harder mit der »Regensburg« und einer wertvollen Ladung Kautschuk
in Bordeaux am 27. Juni 1941.
»Karnak«, »Frankfurt« und »Joao Pessao« sollten mit ihrer brasiliani-
schen Ladung planmäßig Anfang Juli 1941 in Bordeaux zurück sein.
Zur gleichen Zeit sollten drei italienische Schiffe ausbrechen, und
weitere Schiffe in Südamerika bekamen Auslaufbefehle. Da diese
Operationen die Wachsamkeit der Briten herausfordern mußten, be-
kamen die getarnten Hilfskreuzer den Befehl, sich aus diesen Seege-
bieten herauszuhalten.
Einige Schiffe kamen durch. »Benno«, der frühere gekaperte Tanker
»Ole Jacob«, war einer davon, der, nachdem er den Hilfskreuzer
»Orion« mit Brennstoff versorgt hatte, am 19. Juli 1941 mit leeren
Tanks in Bordeaux einlief. Aber die Liste der Mißgeschicke des Juni
1941 wiederholte sich im Juli 1941. »Jaoa Pessoa« war das einzige der
Schiffe, die dem Verkehrsministerium unterstanden, das von Brasi-
lien zurückkehrte. Man hoffte, daß es im nächsten Jahr eine ähnliche
Reise machen würde, es lief aber bei San Sebastian am 8. Juni 1941 auf
Grund und wurde abgewrackt. »Frankfurt« ging verloren, auch »Karnak«, 7209 BRT groß, wurde von AMC »Canton« am 10. Juli 1941 abgefangen; sie versenkte sich nordwestlich von St. Paul im Südatlantik. In demselben Seegebiet kaperte »Dunedin« die französische
»Ville de Rouen«, am 22. Juni 1941.
Drei Tage später kam das Ende der »Erlangen«. Nach ihrer ereignisreichen Reise von Neuseeland über den Pazifik nach Chile, und von
dort um Kap Horn, kam der Kreuzer »Newcastle« südöstlich der La

Plata-Mündung in Sicht. Die Besatzung der »Erlangen« öffnete die Seeventile und verließ das Schiff, sie pullte zu dem britischen Kriegsschiff. Plötzlich eröffnete eine Oerlikon das Feuer auf sie und verletzte zwei Mann in dem nächsten Boot. Das Schießen wurde plötzlich unterbrochen, offensichtlich hatte sich ein Offizier des Maschinengewehrs bemächtigt. Es wurde nie geklärt, ob der Schütze nach der Anweisung der Admiralität die Überlebende nachdrücklich vom Versenken und Verlassen des Schiffes abhalten wollte, oder ob es der Ausdruck persönlicher Animosität war. Die Deutschen wurden an Bord genommen und in der Kantine untergebracht. Unterdessen war der Schadenbekämpfungstrupp an Bord der »Erlangen« gegangen, der nach mehrstündiger Arbeit zurückgerufen wurde, weil das einströmende Wasser nicht eingedämmt werden konnte. »Erlangen« durfte untergehen. Auf der Fahrt nach Freetown wurde bekannt, daß die Männer der »Newcastle« von dem sinkenden Schiff eine ganze Anzahl von Sachen mitgenommen hatten, in der verständlichen Annahme, daß die Deutschen sie dort gelassen hatten, weil sie keine Verwendung mehr dafür hatten. Die Prisenordnung bestimmt jedoch, daß alles, was nicht dem Prisenhof zusteht, persönliches Eigentum und deshalb sakrosankt ist. Dementsprechend wurden alle »organisierten« Dinge eingesammelt und den Deutschen, bevor sie in das Gefangenenlager kamen, ausgehändigt. — Zur Freude der einen, zur Enttäuschung der anderen.

Am 14. August 1941 kaperte AMC »Circassia« die italienische »Stella« die von Recife kam. Am nächsten Tag versenkte sich ein Schiff nordöstlich vom Amazonas, das von den Kreuzern »Despatsch« und dem AMC »Pretoria Castle« gestellt worden war. Es war die 3667 BRT große »Norderney«, das letzte Schiff der Achsenmächte, das von einem Hafen Amerikas aus versuchte, nach Hause zu kommen. Von jetzt an waren die Blockadebrecher auf ihren Fahrten von und nach dem Fernen Osten die einzigen Handelsschiffe der Achse auf den Ozeanen, abgesehen von einem Versorger oder einer gekaperten Prise, die gelegentlich noch fuhren.

»Africana« und »Himalaya« beendeten gerade ihre Reise von Brasilien und liefen in Begleitung von M-Booten in Bordeaux ein. »Himalaya«, unter ihrem Capitano Sambo und einer Besatzung von siebenundzwanzig Mann, löschte eine Ladung von Fellen, Fetten, Ölen, Gemüseprodukten, Mineralien, Wolle, Brechwurzeln und Pferdehaaren.

12. Die Blütezeit der Blockadebrecher

Mit dem deutschen Überraschungsangriff auf die Sowjetunion war die transsibirische Route von und zum Fernen Osten sofort unterbrochen. Nur noch über den Seeweg konnten Naturkautschuk, gewisse strategisch wichtige Metalle und Speiseöle nach dem besetzten Europa gebracht werden. Diese Invasion hatte außerdem noch eine neue Geleitzugroute gebracht, die die Royal Navy zu verteidigen hatte, gerade in einer Zeit als schwere Verluste im Mittelmeer zu beklagen waren. Obgleich die Marine der Vereinigten Staaten offiziell noch neutral war, verhielt sie sich sehr kooperativ. Für die amerikanischen, britischen und niederländischen Flottenstreitkräfte kam eine sehr schwere Zeit im Pazifik.

Deshalb konnten deutsche und italienische Blockadebrecher für nahezu ein Jahr, praktisch ungestört in beiden Richtungen fahren. Sie brachten 75000 Tonnen Produkte nach Europa und löschten 32540 Tonnen Geräte und Chemikalien in Japan.

Die Blockadebrecher hielten auf ihrer Reise durch den Pazifik und um Kap Horn Funkstille; sie passierten immer wieder neu bestimmte Punkte zu festgelegten Zeiten. Wurde ein Blockadebrecher erwartet, durften Uboote und Flugzeuge in einem 200 Seemeilen breiten Streifen im Mittelatlantik, nordostwärts bis zur Breite der Kanarischen Inseln, keine Schiffe angreifen. Nach Passieren der Azoren im Westen gingen sie auf einen Kurs in Richtung Bordeaux. Auf den Zufahrtswegen in der Biscaya wurde örtliches Geleit gestellt. Geleit in der Mitte des Atlantiks erfolgte manchmal durch Uboote.

Die Ladungen wurden am Quai des Zollamtes in Bordeaux gelöscht, dann wurde das Schiff für die nächste Reise ausgerüstet. Die Maschinen wurden überholt, Teile ausgewechselt, neue Bewaffnung montiert und die Decks dafür verstärkt. Die Laderäme und die Unterkünfte für eine verstärkte Besatzung und für Passagiere wurden hergerichtet. Schließlich wurden an verborgenen Stellen auf dem Schiffsboden vier Sprengsätze angebracht, von denen jeder mindestens 75 kg wog. Nach dem Auslaufen des Schiffes wurden die Sprengsätze scharf gemacht. die Brenndauer der Zündschnur betrug 7–9 Minuten, die Sprengwirkung entsprach der von vier 35,5 cm (14 inch)-Granaten, die das Schiff gleichzeitig treffen würden. Die Besatzung lebte gewöhnlich mit gepackten Seesäcken, bereit, zu jeder Zeit das Schiff verlassen zu können.

Nachdem im Trockendock der Bewuchs vom Schiffsboden entfernt worden war, der die Geschwindigkeit stark vermindern und die Seeventile verstopfen konnte, ging das Schiff für die letzten Adjustierungen an den Ausrüstungskai der Werft. Dann kamen die Probefahrten in See und das Beladen im Nordbassin oder die Überführung in einen anderen Hafen der Biscaya, zur Übernahme besonderer Güter. Schließlich wartete der Blockadebrecher in der Gironde auf das Minensuchgeleit und den Auslaufbefehl.

Die folgende Aufstellung zeigt, daß der Fahrplan der Blockadebrecher, in dem auch die Daten der Versorger und Prisen eingeschoben sind, so umfangreich war, wie der irgendeiner Reederei in Friedenszeiten.

20. Juni 1941	»Anneliese Essberger« Abfahrt Dairen, (John T. Essberger, Frachter, 5173 BRT, Kapitän Prahm).
21. August 1941	»Odenwald« Abfahrt Yokohama, (HAPAG Frachter, 5098 BRT, Kapitän Loehrs).
August-September 1941	»Benno« Abfahrt Bordeaux, (ex Prisentanker »Ole Jacolb« 8306 BRT, Kapitän Steinkrauss).
10. September 1941	»Anneliese Essberger« Ankunft Bordeaux.
21. September 1941	»Rio Grande« Abfahrt Bordeaux, (Hamburg-Südamerika Frachter, 6062 BRT, Kapitän von Allwörden).
24. September 1941	»Kota Nopan« verläßt den Südpazifik, (Prise, 7322 BRT).
27. September 1941	»Silvaplane« verläßt den Südpazifik, (Prise, 4793 BRT).
September 1941	»Kota Pinang« verläßt Frankreich, (Uboot Versorger, 7275 BRT).
Oktober 1941	»Benno« Ankunft Kobe, Auslaufen Kobe.
14. Oktober 1941	»Elsa Essberger« Abfahrt Sasebo, (John T. Essberger, Frachter, 6104 BRT, Kapitän Bahl).
Oktober 1941	»Portland« Abfahrt Bordeaux. (HAPAG Frachter, 7132 BRT, Kapitän Piunnecke).

21. Oktober 1941	»Spreewald« Abfahrt Dairen, (HAPAG Frachter, 5083 BRT, Kapitän Bull).
Oktober 1941	»Python« verläßt Europa, (Uboot Versorger, 3664 BRT, Kapitän Lueders).
15. November 1941	»Cortellazzo« Abfahrt Dairen, (Oriens di Trieste/Lloyd, Triestino, Frachter, 5292 BRT, Capitano Mancusi).
17. November 1941	»Kota Nopan« und »Silvaplana« Ankunft Bordeaux.
2. Dezember 1941	»Pietro Orseolo« Abfahrt Kobe, (Sidarma de Fiume, Frachter, 6344 BRT, Capitano Zustovich).
6. Dezember 1941	»Rio Grande« Ankunft Osaka.
10. Dezember 1941	»Burgenland« Ankunft Bordeaux.
24. Dezember 1941	»Osorno« Abfahrt Kobe, (HAPAG, Frachter, 6951 BRT, Kapitän Hellmann).
1. Januar 1942	»Portland« Ankunft Osaka.
15. Januar 1942	»Elsa Essberger« Ankunft El Ferrol.
25. Januar 1942	»Doggerbank« Abfahrt Bordeaux, (ex Prise »Speybank«, Hansa Frachter, 8998 BRT, Kapitän Schneidewind).
28. Januar 1942	»Cortellazzo« Ankunft Bordeaux.
31. Januar 1942	»Rio Grande« Abfahrt Kobe.
7. Februar 1942	»Fusijama« Abfahrt Kobe, (Oriens di Triest Lloyd/ Triestino, Frachter 6244 BRT, Capitano Ghe).
18. Februar 1942	»Münsterland« Abfahrt Yokohama, (HAPAG Frachter, 6408 BRT, Kapitän Uebel).
19. Februar 1942	»Osorno« Ankunft Bordeaux.
24. Februar 1942	»Pietro Orseolo« Ankunft Bordeaux.
26. Februar 1942	»Portland« Abfahrt Yokohama.
März 1942	»Tannenfels« Abfahrt Bordeaux, (Hansa Frachter, 7840 BRT, Kapitän Haase).
7. März 1942	»Germania« Abfahrt Bordeaux, (Tanker, 9851 BRT).
16. April 1942	»Dresden« Abfahrt Bordeaux, (NDL Frachter, 5567 BRT, Kapitän Jäger)
16. April 1942	»Rio Grande« Ankunft Bordeaux.
26. April 1942	»Fusijama« Ankunft Bordeaux.
10. Mai 1942	»Portland« Ankunft Bordeaux.
12. Mai 1942	»Tannenfels« Ankunft Yokohama.
Mai 1942	»Regensburg« Bordeaux, (NDL Frachter, 8068 BRT, Kapitän Harder).
17. Mai 1942	»Münsterland« Ankunft Bordeaux.
7. Juli 1942	»Regensburg« Ankunft Yokohama.

Die Versorgungsschiffe folgten ebenfalls dem »Prisenweg«, bis zu der Stelle, an der sie günstig zu dem geplanten Versorgungstreffpunkt abbiegen konnten. Ein im Grunde unabhängiges Kommando war »Doggerbank«. Sie war in der Kriegsmarine-Werft in Bordeaux zu einem getarnten Hilfsminenleger umgebaut worden, der auch als bewaffneter Versorger dienen konnte. Die Minen wurden in La Pallice an Bord genommen. »Doggerbank« wurde offiziel »HS 53«, Hilfsschiff 53, ge-

130

nannt. Das Schiff war so umgebaut worden, daß man es leicht in einen Blockadebrecher zurückverwandeln konnte. Die Mehrzahl der Besatzungmitglieder waren Seeleute der Handelsmarine, der Kommandant war Oberleutnant zur See (S) der Reserve Schneidewind, der frühere I. Offizier der »Tannenfels«. »Doggerbank« legte ihre Minen vor der südafrikanischen Küste und konnte auf ihrer Fahrt ein Anson-Flugzeug, einen Kreuzer und einen AMC täuschen. Anschließend diente sie als Versorger im Südatlantik. Schließlich setzte sie ihre Fahrt nach Djakarta und Yokohama fort, wo sie die Gefangenen des Hilfskreuzers »Michel« ausschiffte.

Die Prisen »Kota Nopan« und »Silvaplana« waren von »Komet« beziehungsweise »Atlantis« erbeutet worden. »Kota Nopan« hatte Kautschuk, Zinn und Mangan geladen. Der größte Teil der Ladung von »Silvaplana« war 2100 Tonnen Kautschuk, dazu noch Wachs, Vanille, Teakholz, 45 Tonnen Kaffee, 500 Tonnen Zinn und 50 Kisten mit Amuletts aus Bali, deren Verwendung in der Kriegswirtschaft Deutschlands unklar blieb.

Die italienischen Schiffe wurden gewöhnlich von der italienischen Regierung beschlagnahmt, mit der Absicht, sie in AMC umzubauen. Ihre Kapitäne wurden entweder zeitweilig in die Regia Navale oder als Marineoffiziere und außerplanmäßige Commander eingestellt. Trotz aller Absichten und Vorschläge blieben sie jedoch Handelsschiffe. Die Ladung der »Pietro Orseolo« bestand zum Teil aus deutscher zum Teil aus italienischer Fracht; es waren 1988 Tonnen Kautschuk und 4486 Tonnen Speiseöl für Deutschland sowie 28 Tonnen Reifen und 21 Tonnen Heizöl für Italien.

Die Tanker waren für den Massentransport von Speiseöl sehr geeignet, im Raum für Trockenladung konnten noch ein paar Tonnen Kautschuk mitgemommen werden; auf der Ausfahrt konnten sie gut als Brennstoffversorger dienen. »Germania« kam nicht sehr weit, sie mußte in der Biscaya umkehren.

»Tannenfels« wurde auf der Ausreise vom Coastal Command erspäht. Obwohl es gegen die Anordnung war, in einem solchen Fall die Reise fortzusetzen, entschied sich Kapitän Haase dafür. Er wurde für seine Kühnheit belohnt und kam unangefochten hinaus in den Atlantik. Dort brach im Laderaum Nr. 2 Feuer aus. Als der 1. und 2. Offizier mit Gasmasken in den Laderaum kletterten, um an die Brandstelle heranzukommen, explodierten Behälter von Chemikalien. Unterdessen brachte eine andere Gruppe heiß gewordene Kanister an Oberdeck und warf sie über Bord. Der Brand wurde gelöscht, kurz bevor er hundert Behälter von Ätherchloroform erreichte. Nachdem sich »Tannenfels« von diesem Schlag erholt hatte, kam sie im Südatlantik in einen Hurricane in dem ihre Aufbauten zerstört wurden. Den Rest der Ladung an Chemikalien, Traktoren und Werkzeugmaschinen lieferte sie aber ab.

Die Blockadebrecher wurden gewöhnlich auf einem Teil ihrer Reise von einem oder zwei Ubooten begleitet, einer Praxis der sich Admiral Dönitz widersetzte. Er war der Ansicht, daß nicht nur Kräfte für den »Tonnage-Krieg« im Atlantik abgezogen würden, sondern auch weil ein Geleitschutz durch ein Uboot praktisch nicht durchgeführt werden konnte. Der Gedanke war, daß beim Erscheinen eines feindlichen Kriegsschiffes das Uboot tauchen und den Feind torpedieren sollte. Dabei mußte das Uboot aber nahe bei dem Handelsschiff stehen, und einmal getaucht, brauchte es lange, um in Schußposition zu kommen, während der Kreuzer sich gut freihalten und auf große Entfernung das Feuer eröffnen konnte. Bei verspäteten Eintreffen des Blockadebrechers am Treffpunkt, außerhalb des Zeitraumes, in dem das Uboot Schießverbot hatte, bestand noch die Gefahr tragischer Irrtümer. Von dem unheilbringenden Bazillus, der in seinen Ubooten seit dem Vorfall mit »U110« mitfuhr, wußte Admiral Dönitz nichts. Der britische Geheimdienst entzifferte bei den verschiedensten Gelegenheiten die Positionen der Treffpunkte, die der Befehlshaber der Unterseeboote, B.d.U., gefunkt hatte. So wurden nach dem Auslaufen der »Kota Pinang« die Kreuzer »Sheffield« und »Kenya« auf sie angesetzt. Das Bordflugzeug der »Kenya« fand »Kota Pinang« an einem Abend mit tief hängenden Wolken nördlich der Azoren. Der Kreuzer wurde zu dem Versorger geleitet, und am 3. Oktober 1941 trafen 6 inch (15,2 cm)-Granaten »Kota Pinang«, die explodierte und sank.

Die Uboote übten im Südatlantik auf die deutschen Überwasser-Operationen bald einen noch unheilvolleren Einfluß aus, manchmal aus reinem Zufall, manchmal durch das Entziffern der deutschen Anweisungen. »Olwen«, ein Tanker der britischen Admiralität, war allein auf dem Weg von Brasilien nach Freetown und meldete, daß er in den ersten Nachtstunden des 4. November 1941 beschoßen worden sei, der Gegner wurde nicht gesehen, müßte aber irgendein Überwasserkriegschiff gewesen sei. Die Royal Navy entsandte sofort »Dorsetshire«, »Dunedin«, »Canton«, »Koningen Emma« und »Prinses Beatrix« um den Hilfskreuzer zu jagen und zu vernichten. Gleichzeitig wurde Rear-Admiral Jonas H. Ingram von der US Marine über die ergriffenen Maßnahmen unterrichtet, da sich die Operationen in der panamerikanischen Neutralitätszone abspielten, die bis auf 20° West erweitert worden war.

Die amerikanischen Behörden fürchteten, daß sich der deutsche Einfluß von Französisch-(Vichy)-Westafrika über die Inseln des Südatlantiks in die südamerikanischen Republiken ausdehen könnte. Sie waren entschlossen, das zu verhindern. Beim Bau ziviler Flugplätze, die im Krieg von der US Luftwaffe benutzt werden könnten, waren sie den Nazis schon zuvor gekommen.

Die Unternehmen in Übersee wurden gedeckt durch die Kampfgruppe 3, die aus den alten Kreuzern »Memphis«, »Milwaukee«, »Cincinnati« und »Omaha« mit den modernen Zerstörern »Somers«, »Winslow«, »Moffet«, »Davis« und »Jouett« bestand. Diese Schiffe patrouillierten in der panamerikanischen Neutralitätszone vor Brasilien, wie die Kriegsschiffe im Nordatlantik, bei Nacht abgeblendet und gefechtsbereit – so, als ob die Amerikaner schon im Krieg wären.

Der Befehlshaber dieser Kampfgruppe war Rear-Admiral Ingram, in prächtiger Mann, eine starke Persönlichkeit und ein Mensch mit Taktgefühl. Er war 1941 fünfundfünfzig Jahre alt, Kommandant eines Zerstörers, eines Kreuzers und eines Schlachtschiffes gewesen und auch Presseoffizier der US Marine, dabei ein guter Fußballspieler und Trainer. Admiral Ingram war ein Diplomat in Hemdsärmeln. An Land verband ihn eine so enge Freundschaft mit Präsident Vargas und der brasilianischen Bevölkerung, daß die amerikanische Marine einfach nichts falsch machen konnte. Alle Wünsche wurden ihm erfüllt. Er richtete außerhalb Recife eine Farm ein, die die Schiffe seiner Kampfgruppe mit Fleisch und Gemüse versorgte, so daß er auf die Lieferungen aus den Vereinigten Staaten nicht mehr angewiesen war. Er machte sich so beliebt bei den brasilianischen Marinemannschaften, daß sie ihm am Ende des Krieges als Abschiedsgeschenk einen brasilianischen Goldklumpen gaben, damit er immer ein Stück Brasilien bei sich haben könne. Admiral Ingram begeisterte seine Leute und bildete sie trotz der idyllischen Umgebung so gut aus, daß sie einsatzfreudig und für jedes Gefecht so gut vorbereitet waren, wie jede andere Einheit, die unter härteren Bedingungen lebte.

Die Suche nach dem Hilfskreuzer, der auf »Olwen« geschoßen haben sollte, brachte die Kampfgruppe zu einer gemeinsamen Operation mit der Royal Navy. Die Amerikaner wußten nicht, wie sie sich verhalten sollten, wenn sie den Hilfskreuzer finden würden, nur, wenn er kämpfen wollte, dann sollte er es haben. Sie sahen aber bis zum 6. November 1941 nichts, so daß »Omaha« und »Somers« den Rückmarsch nach dem 657 Seemeilen entfernten Recife antraten. Es war noch dunkel, als sie in der Nähe des Äquators in der Ferne ein Handelsschiff sichteten, das keine Postitonslampen gesetzt hatte und Nordkurs steuerte. Da es sich sehr gut um den getarnten Hilfskreuzer handeln konnte, lief Kampfgruppe 3.6 zu dem Schiff, um es zu untersuchen. In der zunehmenden Helligkeit gab es sich auf Anruf mit Flaggensignal als »Willmoto« zu erkennen, auch war der Name und Heimathafen Philadelphia am Heck unter den »Star and Strips« zu lesen. Captain T.E.Chandler auf »Omaho« hegte aber einen Verdacht, befahl zu stoppen und schickte ein mit Thompson Maschinenpistolen bewaffnetes Kommando unter dem Befehl von Lieutenant G.K. Carmichael zu dem Schiff.

Plötzlich signalisierte »Willmoto« »Sinke. Schicke Boote« und die Besatzung begann das Schiff zu verlassen. Das Kommando kümmerte sich nicht um die Überlebenden, hörte zwei dumpfe Explosionen unter Deck und kletterte, trotz Rauchschwaden, die aus dem Laderaum kamen, an Deck. Es brannte jedoch nicht, der Rauch kam von der Sprengung. Die Zerstörungen waren nicht groß, und der Schaden konnte bald behoben werden. Die Seeventile wurden wieder geschlossen und die Deckel der Mannlöcher eingesetzt, da die Sicherheitsbolzen daneben liegen geblieben waren. Ein paar Männer untersuchten das Schiff von außen, obwohl die Haie großes Interesse an ihrer Arbeit hatten. Unterdessen hatte man festgestellt, daß dieses Schiff in Wirklichkeit die deutsche »Odenwald« war, die die britische Blockade mit 3800 Tonnen Rohkautschuk durchbrechen wollte. Kapitän Lehrs hatte zunächst keinen Befehl zum Versenken gegeben, da es ja Amerikaner waren, die ihn gestoppt hatten, als er aber sah, daß sein Schiff besetzt werden sollte, wurden die Maßnahmen zur Versenkung in Eile durchgeführt und waren deshalb nicht wirksam genug. Die eingetretenen Schäden waren ein guter Grund, »Odenwald« nach Port of Spain in Trinidad zu begleiten. Das Prisenkommando und die Schiffsmannschaft teilten sich den Bergelohn, der für die Rettung des Schiffes gezahlt wurde, obwohl das endgültige Urteil über diesen Fall erst 1947 gesprochen wurde.

Die Frage ist, mit welchem Recht die »Odenwald« weggenommen werden konnte, wie auch später der Frachter »San Juan«, der dann nach Puerto Rico gebracht wurde und dort am 17. November 1941 ankam. In beiden Fällen wurden Handelsschiffe von einer theoretisch befreundeten Macht gestoppt. Das spielte sich zwar innerhalb der panamerikanischen Neutralitätszone ab, aber außerhalb der rechtlich festgelegten Drei-Meilen-Zone. Die Regierung der Vereinigten Staaten hatten jedoch 1819 ein Gesetz erlassen, das den Import von Neger-Sklaven verbot, obwohl die Sklaverei selbst erst während des amerikanischen Sezessionskrieges abgeschafft wurde. Dieses Gesetz gab der amerikanischen Marine das Recht, jedes Schiff anzuhalten, das Sklaven an Bord haben oder mit Sklavenhandel zu tun haben könnte. Rear-Admiral Ingram und Captain Chandler behaupteten, daß USS »Omaha« diesem Gesetz folgend, das Recht hatte, die deutsche »Odenwald« zu stoppen und zu besetzen. Die deutsche Regierung protestierte, als »Odenwald« und ihre Kautschukladung im amerikanischen Gewahrsam blieb, aber in den letzten Wochen des Jahres 1941 gab es viel zu protestieren.

Der Hilfskreuzer, der »Olwen« beschoßen hatte, ohne zu treffen, wurde nie gefunden. Dieser Feuerüberfall ihres Kommandanten war indirekt die Ursache für die Beschlagnahme der »Odenwald«. Die Entschlüsselung von Funksprüchen an Uboote für ein Treffen mit »Atlantis« führte aber sehr direkt zum Verlust des Hilfskreuzers. Nachdem »Devonshire« »Atlantis« versenkt hatte, führten ähnliche nachrichtendienstliche Erkenntnisse zum Untergang des Versorgungsschiffes »Python« am 1. Dezember 1941. Sehr viel tragischer war das Schicksal der »Spreewald«. Sie wurde vom Kommandanten von »U333«, Kapitänleutnant Cremer, als Blue Funnel Liner identifiziert und am 31. Januar 1942 durch deutsche Torpedos versenkt.

Die Flugzeuge waren eine wachsende Bedrohung für die Schiffe in der Biscaya, gegen deren Angriffe Uboote keinen Schutz bieten konnten. Die Tätigkeit der RAF war zunächst auf vorher angekündigte Gefahrenzonen eingeschränkt. Ab März 1941 bekam sie die Erlaubnis, feindliche Handelsschiffe anzugreifen, wo und wann sie außerhalb neutraler Gewässer gesehen wurden. Zur Vermeidung von Mißverständnissen hatten die Flugzeugbesatzungen einen größeren Abstand als die normalen drei Seemeilen der territorialen Gewässer zu beachten. Die Kriegsschiffe der Royal Navy erhielten eine ähnliche Erlaubnis und entsprechende Anweisungen. Es wurden selbst ganze Seegebiete, in denen auch die neutralen Handelsschiffe nur auf eigenes Risiko fahren konnten, zu verbotenen Zonen erklärt. In einer solchen Gefahrenzone — sink at sight zone — erfolgten allerdings — aus den verschiedensten Gründen — nicht immer sofort Angriffe, vielleicht standen nicht genug Kriegsschiffe zur Verfügung oder die Flugzeuge konnten nicht genug Bomben tragen.

Obwohl das Costal Command seine Patrouillenflüge im August 1941 über die ganze Biscaya ausgedehnt hatte, dauerte es doch bis zum Dezember desselben Jahres, bis ein nennenswerter Erfolg gegen die Blokkadebrecher erreicht werden konnte. Es handelte sich dabei meist um kleinere Fahrzeuge, die mit ihrer Ladung aus Spanien und Portugal die iberische Küstenroute benutzten, dabei aber manchmal aus navigatorischen Gründen die Drei-Meilen-Zone verlassen mußten.

Am 23. Dezember 1941 sichtete eine Sunderland vom 10. RAAF Squadron einen großen Tanker 220 Seemeilen nordwestlich von Cape Finisterre. Da man in diesem Seegebiet keinen alliierten Tanker erwartete, mußte es ein feindlicher sein. Das Flugzeug warf seine Uboot-Wasserbomben, da es keine anderen Waffen an Bord hatte. Der Tanker wurde beschädigt, setzte aber seine Fahrt fort. Ein britischer Zerstörer wurde hingeschickt, um ihn zu untersuchen. Auf der anderen Seite wurde ein Geleit von Ubooten und Flugzeugen vorbereitet Am nächsten Tag kam eine Sunderland vom selben Geschwader und führte ein Bristol Beaufort vom 22. Squadron heran, die ankam, als der Tanker nur noch wenige hundert Meter von der spanischen Küste entfernt war. Der Torpedo der Beaufort verfehlte sein Ziel nicht. Der Tanker wurde tödlich getroffen, er konnte bei Carino auf Strand gesetzt und damit vor dem Sinken bewahrt werden. Das war das Ende von »Benno«. Kapitän Steinkrauss hatte wieder einmal eine Reise an der spanischen Küste beendet.

Das war der einzige Erfolg, den die britischen Streitkräfte in diesem Zeitraum erringen konnten. Da er sich noch in den spanischen territorialen Gewässern ereignet hatte, mußte sich das Costal Command drei Monate lang zurückhalten, bis sich die Aufregung über diesen Vorfall gelegt hatte. Erst dann konnten wieder alle Handelsschiffe in 20 Seemeilen und alle eindeutig deutschen in 5 Seemeilen Abstand von der spanischen Küste angegriffen werden. Inzwischen war »Elsa Essberger« um El Ferrol nach Bordeaux gekommen, mit einer Ladung von 4325 Tonnen Kautschuk, 1512 Tonnen Nahrungsmitteln und Speiseölen, mit 858 Tonnen Harzen, Talg, Leder, Entenfedern, schwarzen Borsten und Metallen, 65 Tonnen getrockneten Eigelbs und 7 1/2 Tonnen Muskatnuß.

Die Blockadebrecher der Achse schienen so leicht die Blockade zu durchbrechen, daß man sich überlegte, ob nicht britische Fahrzeuge, als deutsche Handelsschiffe getarnt, Harstad überfallen könnten. Die früheren Q-Schiffe, Ubootsfallen des Ersten Weltkrieges, »Cape Sable« und »City of Durban«, schifften britische und norwegische Kommandotrupps ein, die eine Fischölfabrik zerstören und die von der

Achse kontrollierte Schiffahrt bedrohen sollten. Die beiden Schiffe liefen mit diesem Auftrag aus Sullom Vöe aus, wurden jedoch wieder zurückgerufen, nachdem sie von einer Heinkel He 111, einem Wetterflugzeug, gesichtet und offensichtlich als verdächtig gemeldet worden waren. Das Erscheinen und plötzliche Verschwinden dieser mysteriösen Fahrzeuge muß wohl einige Verwirrung in den deutschen Hauptquartieren hervorgerufen haben.

Dieser für die Blockadebrecher so lohnende Zeitraum brachte auch den Verlust des erfolgreichsten Gegners der Blockadebrecher, der »tanzenden« »Dunedin«. Der Kreuzer war auf Patrouillenfahrt, als er am 24. November 1941 240 Seemeilen nordöstlich von St. Paul's Felsen von »U124« gesichtet wurde. Kapitänleutnant Mohr versuchte in Schußposition zu dem Zick Zack fahrenden Ziel zu kommen. Bei der Unterwasserfahrt hatte sich ein Festmacher, der unter dem Oberdeck verstaut war, durch die Decksplanken gequetscht und bewegte sich an der Wasseroberfläche auf und abspringend vierzig Minuten lang wie ein Tümmler. Plötzlich ging »Dunedin« auf einen anderen Generalkurs. Der Deutsche schoß, ohne Hoffnung zu treffen, drei Torpedos auf eine sehr große Entfernung. Nach fünf Minuten und dreiundzwanzig Sekunden zwei Detonationen – und »Dunedin« wälzte sich erst auf die eine, dann auf die andere Seite, richtete sich noch einmal auf und ging über das Heck unter. Die See war glitzernd und voller Haie.

Able Seaman David Fraser wollte einem Ertrinkendem helfen, seine Hilfe kam zu spät; er selbst entkam knapp dem Tod. Sergeant Harry King kümmerte sich achtundvierzig Stunden lang um einen schwer verwundeten Mariner. Diese beiden wurden für ihre Tapferkeit und Hilfsbereitschaft in dieser schweren Situation später gelobt mit den Worten: »the patience of others was wearing a little thin due to the hardship all were suffering« (ADM 1/12271: HMD »Dunedin«).

In diesem Buch wird viel von versenkten Schiffen und geborgenen Überlebenden geschrieben. Diese schweren Erlebnisse erzeugten bei den Geretteten und den Rettern dieselben Gemütsbewegungen, die von den Menschen aller Nationen gleich empfunden wurden. Der folgende Brief drückt die Gefühle aller aus. Er wurde von dem Kapitän eines Lykes Brohter Schiffes, das den Rest der fünfhundert Mann starken Besatzung der »Dunedin« aufgenommen hatte, an Admiral Hodges in Trinidad geschrieben.

»Ich bestätige hiermit Ihren freundlichen Brief mit Bezug auf die Überlebenden der HMS »Dunedin« und bitte sehr um Entschuldigung, daß es
mir nicht möglich war, den Brief sofort zu schicken, aber ich hatte kein
Boot zur Verfügung. Die Überlebenden! Als ich an Deck meines Schiffes stand und auf den Tender hinuntersah, war es ein Bild von lachenden
und glücklichen Menschen, die Verletzten ausgenommen, ihre Gesundheit war, wie ich glaube, wieder gut hergestellt. Ich mußte daran zurück-
denken, wie wir sie vor 10 Tagen aus dem Wasser holten. Es waren 72
Mann, einige von ihnen bewußtlos, wahnsinnig und hysterisch mit Verwundungen jeder Art und Schwere. Wir legten sie auf die Luken und behandelten sie, so gut wir konnten. Wir brachten sie dann in die Kam-
mern der Offiziere und in die Logis der Besatzung so weit es möglich
war. Was für eine Arbeit.
Die meisten waren schweigsam, schweigsam bis zum letzten. Nachdem
sie von Bord waren, erreichten mich kleine mit Bleistift geschriebene
Briefchen, die mich sehr berührten.
Die höchste Belohnung, die man einem Menschen wünschen kann, war
die, sie dann so glücklich zu sehen, als sie uns verließen.
Ein paar von den Männern hatten glücklicherweise nicht zu viel abbekommen und sie waren eine große Hilfe für uns. Es waren E.T.H. Laving-
ton Ch. Yeom, und besonders gut waren in ihrer Arbeit R.D. Butler
P.O.P./JX127105 — was für ein Mann — und A.H. Hicks Eng. Room Artf.
X.941 E.B. Diese Leute, die mit uns vom frühen Morgen bis in die späte
Nacht arbeiteten, waren hervorragend in allem, was sie anpackten und in
unermüdlicher Aufmerksamkeit für ihre unglücklicheren Schiffskameraden. Wir haben das sehr anerkannt und es wäre wünschenswert daß das
von anderer Stelle auch getan würde.

Ich verbleibe, sehr geehrter Herr,
Ihr sehr ergebener
O.H. Olsen
Master S.S. »Nishmaha«

13. Schwierige Zeiten

Am 21. März 1941 legte der neue Minister für wirtschaftliche Kriegführung, Lord Selborne, dem britischen Kabinett ein Memorandum
vor, in dem ausgeführt war, daß in Deutschland und Italien genug
Mittel für die militärischen Bedürfnisse vorhanden seien, mit Ausnahme von Kautschuk, Wolfram und Zinn. Durch improvisierte Her-
stellungsmethoden und Verwendung anderer Stoffe an ihrer Stelle
könnte erreicht werden, daß sie nur kleine Mengen dieser Rohstoffe
benötigen, damit die künstlichen Produkte den Anforderungen genügten. Vielleicht brauchten sie nur an die zwölf Schiffsladungen im
Jahr. In Wirklichkeit hatten die Deutschen so gut gewirtschaftet, daß
sie mitten im Kriege noch künstlichen Kautschuk nach Schweden ex-
portierten. Japan, dem diese Rohstoffe zur Verfügung standen,
brauchte dagegen kleine Mengen an Kugellagern, Instrumenten und
Werkzeugmaschinen. Das Abfangen der Blockadebrecher war deshalb in beiden Richtungen wichtig. Das Versenken der ausfahrenden
Schiffe würde nicht nur die japanische Industrie und die deutschen
Finanzen treffen, es wäre auch ein ausgezeichnetes Mittel, sie davor
zu bewahren, jemals wieder zurückzukehren.
Im Mai, Juni und Juli 1942, als die Japaner sich im Fernen Osten aus-
tobten, als deutsche Panzer in der Sowjetunion und in Nordafrika
fuhren, als es so aussah, als ob Malta fallen würde, der Geleitzug PQ 17
aufgerieben und der tschechische Ort Lidice zerstört wurde, wiederholte Lord Selborne seine Argumente. Die verschiedensten Stellen
und Stäbe dachten eingehend über dieses Memorandum nach, besonders über den Vorschlag, Bordeaux, das Endziel der Blockadebrecher

anzugreifen und auszuschalten. Der Marine war es nicht möglich, mit Überwasserschiffen von Plymouth aus über 500 Seemeilen durch die überwachte Biscaya und dann noch an der Küstenverteidigung vorbei 62 Seemeilen die Gironde hinauf Bordeaux anzugreifen. Unterseeboote konnten wegen der zu großen Gefährdung durch Minenfelder, Vorpostenboote und Flugzeuge nicht in Küstennähe operieren.

Die Royal Marines meinte, sie würde drei Heeresdivisionen brauchen, um sich von der Girondemündung aus bis zum Hafen durchzukämpfen und die Flußufer abzusichern.

Das Foreign Office wollte nicht, daß der drittgrößte Hafen Frankreichs bombardiert würde, da zu große Verluste unter der Zivilbevölkerung zu befürchten sei. Die RAF konnte in dem überfüllten Hafen, der ringsum mit Flak gesichert war, treffsichere Angriffe auf einzelne Schiffe nicht garantieren. Die RAF hatte aber mit Minenlegen in der Flußmündung begonnen, und die Royal Navy hatte weiter außerhalb, in der Biscaya, einen Patrouillendienst mit Unterseebooten eingerichtet. Beide, die Royal Navy und die RAF, zogen das Abfangen der Schiffe auf See vor, aber alles konnte nicht zur gleichen Zeit getan werden, Uboote angreifen, Geleitzüge schützen, an gemeinsamen Operationen teilnehmen und nach einem schnellen Blockadebrecher Ausschau halten, der sich dann als ein alter Dampfer in Ballast entpuppt, der sich entlang der Küste quält, um dann irgendwo als Wohnschiff zu dienen. Eine große Hilfe wäre es gewesen, wenn man frühzeitig von den Absichten der Deutschen gewußt hätte — und das war es, was die RAF anfing zu erkunden.

Eine Schönwetterperiode im Sommer 1942 ermöglichte es den Aufkärungsflugzeugen, in wenigen Tagen alle Häfen Europas zu fotografieren. Die Hauptauswertungseinheit der Schiffahrtsabteilung der RAF in Medmenham stelle aus den stereoskopischen Fotografien eine umfassende Kartei aller von den Deutschen kontrollierten Handelsschiffe über 2500 BRT zusammen. Spätere Aufnahmen wurden mit denen in der Kartei verglichen und Neubauten festgestellt. Sehr bald fand man die wahrscheinlichen Blockadebrecher heraus — und wie sie sich in den Dock- und Ladezeitplan einfügten. Mit Hilfe vertikal und schräg aufgenommener Fotos wurden Silhouetten dieser Schiffe hergestellt als Hilfe für die Flugzeugbesatzungen bei der Identifizierung der Schiffe. Vermutete man den Ausbruch eines Blockadebrechers, so erfolgte eine Überwachung von Bordeaux zweimal wöchentlich und dann täglich. Die Schiffahrtsabteilung war nicht unfehlbar. Man konnte nicht sicher sein, ob nicht das Verlegen von anscheinend leeren Schiffen in der Girondemündung nur eine Falle war.

Nun begann wieder die Winterzeit im Nordatlantik mit ihren langen Nächten, die die Deutschen auszunutzen begannen. Der 7744 BRT große Tanker »Charlotte Schliemann« hatte seit den ersten Kriegstagen in Las Palmas gelegen und blieb auch dort, nachdem die Alliierten die Versorgung der Uboote mit Brennstoff von dort aus 1941 unterbunden hatten. Jetzt, im August 1942, wurde Kapitän Röthe mit dem Auftrag nach dem Fernen Osten geschickt, auf der Fahrt dorthin im Südatlantik und im Indischen Ozean Hilfskreuzer und Uboote zu versorgen. Nachdem »Charlotte Schliemann« ihre Aufgaben im Orient durchgeführt hatte, sollte sie mit den Tanks voll Speiseöl zurückkehren. Zwei weitere Tanker, Troßschiffe der Kriegsmarine, jedes 10698 BRT groß — »Uckermark« und der Turbinendampfer »Ermland« — wurden ebenfalls losgeschickt. Man kann nicht sagen, daß die »Uckermark« eine allzu glückliche Vergangenheit hatte, sie hatte ihre Laufbahn als die bekannte »Altmark« begonnen.

»Uckermark«, unter Kapitän von Zatorski bekam wegen der verstärkten britischen Lufttätigkeit ein Geleit von drei Torpedobooten durch die Biscaya. Nach dem Auslaufen des kleinen Verbandes wurde sie am 9. August 1942 von einem britischen Flugzeug gesichtet. Deshalb wurde entschieden, nach Frankreich zurückzukehren. Eine ähnliche Aus- und Rückfahrt führte »Ermland« mit »T13« »T10« und »T14« am 11. August 1942 durch. Vier Tage später versuchten die beiden Tanker gemeinsam auszubrechen, begleitet von zwei der Torpedoboote, die eine Fla Bewaffnung von einer 3,7 cm (1.5 inch) und sieben 2 cm (.8 inch) und einer 10,5 mm (4.1 inch) auf jedem Boot hatten, dazu noch drei Torpedorohre. Die Luftüberwachung fand sie am 17. August 1942 wieder. In der Nacht wurden die Schiffe gebombt und erlitten Schäden, die eine Rückkehr nach Bordeaux und La Pallice rechtfertigten. Einige der beteiligten Fernflugzeuge waren viermotorige Halifax und Stirling, die sich das Costal Command vom Bomber Command ausgeliehen hatte. Der Widerstand des Bomber Command gegen diese Maßnahmen war besonders heftig, als auch einige brandneue Lancasters überstellt wurden und damit ihrer Hauptaufgabe, der Bombardierung Deutschlands, entzogen wurden. Sechs dieser Flugzeuge flogen ihren letzten Angriff am 19. August 1942, drei davon gingen dabei verloren. Dieser Verlust ohne sichtbaren Erfolg schien das Bomber Command in seiner Auffassung zu bestärken, daß der Einsatz dieser Flugzeuge für maritime Aufgaben ungeeignet sei. Vom deutschen Standpunkt aus waren es wichtige Schlußfolgerungen, da sich jede

Unterbrechung der Fahrten der Versorger ungünstig auf den Uboot-Krieg in entfernteren Seegebieten auswirken mußte.
Abgesehen von diesem Ereignis war der Fahrplan der Blockadebrecher bald wieder im richtigen Takt.

8. August 1942	»Tannenfels« Auslaufen Yokohama.
20. August 1942	»Dresden« Auslaufen Yokohama.
26. August 1942	»Kulmerland« Auslaufen Dairen, (HAPAG Frachter, 7363 BRT, Kapitän Pschunder).
9. September 1942	»Uckermark« Auslaufen Bordeaux.
14. September 1942	»Regensburg« Auslaufen Kobe.
27. September 1942	»Rhakotis« Auslaufen Yokohama, (HAPAG Frachter, 6753 BRT, Kapitän Jakobs).
28. September 1942	»Rio Grande« Auslaufen Bordeaux.
1. Oktober 1942	»Pietro Orseolo« Auslaufen Bordeaux, (Capitano Tarchioni).
Oktober 1942	»Belgrano«, (Hamburg-Südamerika Frachter, 6095 BRT);
	»Spichern« (ex Prise »Krossfonn«, Versorgungstanker, 9323 BRT);
	»Irene« (ex Prise »Silvaplana«, Frachter, Kapitän Wendt);
	»Brake« (Jurgens von den Bergh Tanker, 9925 BRT, Kapitän Koelsbach);
	»Weserland« (ex »Ermland«, HAPAG Frachter, 6528 BRT Kapitän Krage);
	»Karin« (ex Prise Kota Nopan, Frachter, 7322 BRT, Kapiän Klippe);
	Auslaufen Bordeaux.
21. Oktober 1942	»Charlotte Schliemann« Einlaufen Yokohama.
23. Oktober 1942	»Ramses« Auslaufen Kobe, (HAPAG Frachter, 7983 BRT, Kapitän Falcke);
November 1942	»Burgenland« Auslaufen Bordeaux, (Kapitän Schutz).
2. November 1942	»Tannenfels« Einlaufen Bordeaux.
3. November 1942	»Dresden« Einlaufen Bordeaux.
November 1942	»Anneliese Essberger« Auslaufen Bordeaux.
7. November 1942	»Kulmerland« Einlaufen Bordeaux
11. November 1942	»Hohenfriedberg« Auslaufen Yokohama, (ex Prise Tanker »Herborg«, 7892 BRT, Kapitän Heidberg).
12. November 1942	»Rossbach« Auslaufen Kobe, (ex Prise Tanker »Madrono, 5894 BRT).
24. November 1942	»Uckermark« Einlaufen Yokohama.
29. November 1942	»Cortelazzo« Auslaufen Bordeaux, (Capitano Paladini).
1. Dezember 1942	»Weserland« Einlaufen Yokohama.
2. Dezember 1942	»Pietro Orseolo« Einlaufen Kobe.

Von nun an fuhren die Blockadebrecher durch den Malaiischen Archipel, den Indischen Ozean, um das Kap der Guten Hoffnug und dann, auf den unterschiedlichsten Kursen, durch den Atlantik westlich der Azoren, bis auf die Höhe von Neufundland, ehe sie auf der Höhe von Bordeaux nach Osten liefen. Bevor diese Schiffe ihre Ladung für Europa an Bord nahmen, fuhren sie als normale Frachter zwischen Dairen, Japan, Saigon und Singapur, unterstützen damit die Kriegswirtschaft Japans und verdienten Yen für Deutschlands Zahlungsausgleich. Da ist zum Beispiel die »Ramses«, die mit Kriegsgefangenen der deutschen Hilfskreuzer an Bord nach Japan kam. Sie wurde dort überholt, nahm 3000 Tonnen Walöl für Bordeaux an Bord und Baumaterial, Eisenkonstruktionen und Maschinen für Balikpapan; dort wurde, nach dem Löschen der nach hier bestimmten Güter, Heizöl aus Leichtern gebunkert. In Djakarta wurde dann der größte Teil der Fracht für Europa, 4000 Tonnen Kautschuk, 40 Tonnen Chinin und Tee geladen.

Es wurde jetzt immer deutlicher, daß dieses Programm sich nicht mehr weiter so durchführen ließ. Mit dem Gefecht des Hilfskreuzers »Stier« mit einem amerikanischen Liberty Schiff am 27. September 1942, dessen Zeuge »Tannenfels« war, begannen die Mißerfolge. »Stier« und »Tannenfels« hatten sich an einem abgelegenen Ort im Südatlantik getroffen, als aus dem Nebel plötzlich ein US Frachter auftauchte, »Stier« war bestückt mit sechs 15 cm (5,9 inch), zwei 3,7 cm (1,5 inch) und vier 2 cm (.8 inch)-Geschützen, dazu noch zwei Torpedorohre und zwei Bordflugzeuge. Das Liberty Schiff war die »Stephen Hopkins«, die mit ihrer einen 4 inch (10,2 cm)-Kanone solchen Schaden auf dem Hilfskreuzer anrichtete, daß dieser, wie sein Opfer, unterging, »Tannenfels« hatte, so gut es ging, mit Waffen eingegriffen, sich aber hauptsächlich um die Rettung der Überlebenden von »Stier« gekümmert. Die Besatzung überließ ihre Kojen den dreißig Schwerverletzten, und »Tannenfels« setzte ihren Heimatkurs fort. Da es ihr aber nicht möglich gewesen war, vor dem Untergang »Stier« zu tanken, mußte sie mit ihrer Fahrt bis auf 9 Knoten heruntergehen. Auf dem Breitengrad der Azoren ging sie jedoch wieder mit der Fahrt hoch auf 16 Knoten, nach dem Motto »jetzt oder nie«. Dann kam ein Flugzeug der Royal Navy, offensichtlich von einem Flugzeugträger, gefolgt von vier Zerstörern. Müssen jetzt die Sprengsätze gezündet werden? Können die Verwundeten in den Rettungsbooten überleben? — Nein. »Tannenfels« gab vor, ein englisches Schiff auf dem Wege nach England zu sein. — Sie war wieder allein.

Dann kam eine Sunderland, die in 100 Meter Abstand immer wieder um das Schiff kreiste, wobei die Flugzeugbesatzung offensichtlich jede Einzelheit genau prüfte. Recht ängstlich erhob erst einer, dann mehrere Deutsche den Arm und winkten. Sie konnten sehen, wie der Flugzeugführer auch den Arm hob und winkte. Zufrieden gingen beide ihre verschiedenen Wege. Für den letzten Teil der Reise durch die Biscaya begleiteten einige Torpedoboote die »Tannenfels«.Sie löschte pünktlich ihre Ladung: Kautschuk, Speiseöl, Fette, Wolfram, Titan, Kupfer, Heizöl, Opium und Chinin.

»Tannenfels« hatte bei dieser Begegnung mit der Sunderland noch Glück gehabt. Die RAF setzte von nun an für die Patrouillen in der Biscaya mit Radar ausgerüstete Flugzeuge ein, und an Stelle der Flugboote und Bomber Fernkampfflugzeuge. Die ausfahrenden und ankommenden Schiffe wurden jetzt von Torpedobooten der 3. und 5. T.-Flottille geleitet. Trotzdem wurden »Belgrano« und »Spichern« so schwer beschädigt — »Spichern« durch Wasserbomben —, daß beide ihre Reise aufgaben und in El Ferrol einlaufen mußten. Dieser neutrale Zufluchtshafen wurde durch Druck der Briten auf Spanien den Deutschen bald versperrt. »Pietro Orseolo« konnte einem Flugzeugangriff ausweichen. Ein Bombentreffer in der Nähe der Bordwand der »Anneliese Essberger«, Deckname »Herstein«, hatte eine leichte Geschwindigkeitsminderung zur Folge, da die Schraubenwelle einen Schlag bekommen hatte; sie hatte eine Ladung von Farbstoffen, Zement, Schamott, Gummiwaren, Fahrradteilen, Maschinen und ein kleines Schnellboot. Im Laderaum 3 waren leere Tanks eingebaut für eine Rückfracht von 1200 Tonnen Pflanzenöle.

»Elsa Essberger«, die klar zum Auslaufen war, wurde bei einem gleichzeitigen Angriff von Flugzeugen des Bomber und Costal Command auf die versammelten Schiffe in der Gironde-Mündung getroffen. »Elsa Essberger« fuhr niemals wieder als Blockadebrecher zur See. Bei diesem Angriff wurden auch Minen gelegt.

Auf der anderen Seite der Welt fuhr »Regensburg« durch die Enge der Sunda-Straße, als sie von dem US Unterseeboot »Searaven« gesichtet wurde. Ein Torpedotreffer verursachte nicht allzu große Schäden. »Regensburg« wurde zunächst auf Strand gesetzt, dann löschte sie in Djakarta ihre Ladung, bevor sie in Singapur ins Dock ging und repariert wurde.

Unterdessen hatte man die Befehlshaber im Südatlantik davon unterrichtet, daß bald einige Blockadebrecher die Enge zwischen Brasilien und Westafrika mit Südkurs passieren würden. Vice-Admiral Ingram von der US Navy und Rear-Admiral Pegram von der Royal Navy trafen ihre Anordnungen. Am 21. November 1942 um 5 Uhr 32 bekam US Kreuzer »Cincinnati« nahe dem Äquator eine Radarpeilung auf einer Entfernung von nahezu zwölf Seemeilen. Das fremde Schiff wurde dann vom Ausguck des Flaggschiffes des Rear-Admiral O.M. Read, der »Milwaukee«, gesichtet. Zwei Kreuzer und der Zerstörer »Somers« wurden zur Untersuchung hingeschickt.

Es war Tageslicht, als sie sich einem grau bemalten Frachter mit norwegischer Flagge näherten, der sich auf Anruf als die norwegische »Skjelbred« ausgab. Da dieser Name nicht in der Schiffsliste des Befehlshabers aufgeführt war, wurde das Schiff schließlich um 6.46 Uhr gestoppt. Die Besatzung fing an das Schiff zu verlassen, und als eine Tür auf der Brücke geöffnet wurde, sah man im Kartenhaus Flammen. Unter dem Schutz der 6 inch (15,2 cm)-Bewaffnung des Kreuzers befahl Commander A.C. Wood das Boot seines Zerstörers in einer Entfernung von etwa 500 Meter zu Wasser zu bringen. Als das Boot von der Bordwand der »Somers« abscherte, erfolgten drei schwere Explosionen an Bord des fremden Schiffes, Trümmer flogen hoch in die Luft. Die Boote wurden jetzt dort weggefiert, dabei sauste ein Mann nach achtern und holte die norwegische Flagge nieder, während ein anderer trotzig die deutsche Flagge am Hauptmast bis zum Flaggenknopf setzte.

Das Schiff ging schnell unter, trotzdem kletterten die Männer aus dem Boot der »Somers« an Bord und zwangen einen Deutschen, sie zu begleiten. Sie fanden genug Unterlagen, die bestätigten, daß es sich um »Anneliese Essberger« handelte. Man sah auch einen Hund, der erschoßen worden war, bevor die Deutschen das Schiff verließen. Die Amerikaner gingen wieder in ihre Boote und legten ab, als achtern nur noch ein Freibord von 30 cm war. Das Schiff ging schnell über das Heck unter. Nachdem man durch Luftaufklärung sichergestellt hatte, daß keine Uboote oder andere Blockadebrecher in dem Seegebiet waren, wurde die ganze Besatzung von zweiundsechzig Mann am Nachmittag geborgen.

Weder »Milwaukee« noch »Cincinnati« noch irgendein anderes Kriegsschiff, auch nicht die Bordflugzeuge, bemerkten das Geringste von den anderen angesagten Blockadebrechern. Die Logbücher der amerikanischen Kreuzer berichteten wieder von der Einförmigkeit der täglichen Routine, unterbrochen von Geleitschutz, Äquatortaufen und Retten eines erschöpften Albatrosses, über die zu erledigenden Arbeiten in der kommenden Hafenliegezeit und die Parties an

Land. Das Hauptproblem der gegenseitigen Einladungen war die richtige Zubereitung des dickflüßigen Kaffees, wie ihn die Brasilianer liebten.

Die amerikanischen Kreuzer waren alte Vierschornstein-Schiffe, nicht unähnlich dem australischen Kreuzer »Adelaide«. Dieses Kriegsschiff war Ende November 1942 in Begleitung der Minensucher »Cessnock« und »Toowoomba« und des holländischen leichten Kreuzers »Jacob van Heemskerck«, der bei der Besetzung Hollands zur Fertigstellung nach Devonport geschleppt worden war, im Indischen Ozean. Die Gruppe geleitete vier Handelsschiffe, die Ausrüstungen für Ölraffinerien von Freemantle über den Chagos Archipel nach Aberdeen bringen sollten. Am 28. November 1942 nachmittags sah der Ausguck im Krähennest der »Adelaide« — ungefähr 600 Seemeilen westlich von Australien, nahe dem Wendekreis des Krebses — ein Handelsschiff. Die beiden Kreuzer scherten aus dem Verband aus, und sechs Minuten später drehte das Schiff ab und funkte einen Hilferuf mit dem Namen »Taujang«. Um 3.43 Uhr wurden auf dem fremden Schiff zwei Boote weggefiert. Nach einer Explosion im Achterschiff strömte dort eine dicke Rauckwolke aus. Captain Esdail eröffnete sofort das Feuer, weil er befürchtete, daß es sich um einen getarnten Hilfskreuzer mit einer Panikparty handeln könnte, auch weil er das Sinken des Schiffes beschleunigen wollte, um bald wieder zum Geleitzug zurückkehren zu können. »Jacob van Heemskerck« eröffnete ebenfalls das Feuer, und acht Minuten später war das Schiff verschwunden. Achtundsiebzig Deutsche, zehn Norweger, ein Schwein und ein Hund wurden aufgenommen. Der Name des Schiffes war »Ramses«. Ihr Ausguck hatte versagt, er hatte den enteneigrün getarnten Mast des Kreuzers nicht zuerst gesehen.

Zwei Tage später war die italienische »Cortellazzo«, die aus der Biscaya kam, in Schwierigkeiten. Das Torpedogeleit für die Fahrt durch die Biscaya war diesmal verstärkt worden. Es bestand aus »Kondor« und »Falke«, die größer und besser bewaffnet waren, als die alten Torpedoboote, und »T22« und »T23«, zwei moderne Torpedoboote der Elbing-Klasse, die auf der Schichau-Werft in Köngisberg/Ostpreußen gebaut worden waren. Die Torpedoboote dieser Klasse waren so groß wie die Zerstörer der anderen Marinen, mit einer entsprechenden Bewaffnung für Überwasserziele und Flugabwehr; sie konnten bei großer Fahrt bis 600 Seemeilen weit in den Atlantik hinausfahren. Bei der Ausfahrt waren in der äußeren Biscaya keine Anzeichen patrouillierender britischer Unterseeboote zu bemerken. Den Angriff einer Sunderland des 10. RAAF Squadrons, die den Verband bei Einbruch der Dunkelheit querab von Cape Finisterre zuerst gesehen hatte, halfen die Boote abzuwehren. Aber früher oder später mußten die Geleitfahrzeuge zurückkehren. Am nächsten Morgen, am 30. November 1942, war »Cortellazzo« allein.

Sie hatte einen stark gesicherten Geleitzug, der für Nordafrika bestimmt war, bereits passiert, als sie von dem Radargerät des gerade in Dienst gestellten Zerstörers »Redoubt«, der an Steuerbord außen vom Geleitzug mit dem australischen Zerstörer »Quickmatch« stand, erfaßt wurde. Den Kriegsschiffen wurde befohlen, mit hoher Fahrt den Radarkontakt zu überprüfen. Sie sichteten bald ein großes Handelsschiff, das sich mit Funkspruch als schwedische »Nanking« ausgab. Der älteste Seeoffizier auf »Egret« meldete dies um 16.35 Uhr der Admiralität. Um 17.26 Uhr kam die Antwort: »SCHIFF IST NICHT — WIEDERHOLE — NICHT NANKING ITALIENISCHE CORTELLAZZO MUSS SICH UNGEFÄHR IN DIESEM SEEGEBIET BEFINDEN« (ADM 1/11710: Identifications of Suspicious Merchant Ships).

Lieutenant-Commander Rhoades von der »Quickmatch« befahl der italienischen Besatzung, das Schiff zu verlassen, diese antwortete, das Wetter sei zu schlecht dafür. Nach dem Ruf »Fangt an damit« (G.H. Gill Royal Austrian Navy 1939–1945) und einigen 4.7 inch (119 mm)-Salven von der »Redoubt« wurde drüben schnell die weiße Flagge gesetzt; Capitano Paladini gab den Befehl, die Sprengsätze zu zünden und das Schiff zu verlassen. »Cortellazzo« wollte nicht auf Tiefe gehen, ein Torpedoschuß von »Redoubt« beschleunigte ihr Ende.

Ein Deutscher fand den Tod, einige der Italiener wurden von »Quickmatch« aufgenommen, der Rest von »Redoubt«. Die meisten wurden unter Bewachung in den vorderen unteren Mannschaftsräumen untergebracht, während der deutsche Offizier, der als Passagier an Bord gewesen war, zur eigenen Sicherheit gesondert untergebracht wurde. Die Italiener machten kein Geheimnis aus ihrer Abneigung gegen ihre vormaligen Verbündeten. Ganz abgesehen von den normalen Spannungen, die es in jeder Partnerschaft im Krieg gibt, waren sie wütend, wie es die meisten Seeleute der Handelsmarine gewesen wären, weil ihre Geleitfahrzeuge sie gerade dann verlassen hatten, als man sie brauchte, obwohl sie mit ihrem geringen Fahrbereich nicht anders handeln konnten. Die Italiener hatten bald ihren eigenen Küchenchef, zeigten sich erleichtert, aus dem Kriegsgeschehen heraus zu sein und gaben sich die größte Mühe, gut Freund mit der Besatzung der

»Redoubt« zu werden. Trotzdem wurden ihnen, wie auch dem Deutschen, beim Ausschiffen in Gibraltar die Augen verbunden. Später konnten sie, mit stillschweigender Duldung der Verteidiger des Felsens, fliehen.

Ein ähnliches Schicksal wie das der »Cortellazzo« erlitt der deutsche Tanker »Germania« am 15. Dezember 1942, kurz nachdem die Torpedoboote den Tanker verlassen hatten. Diesmal war die Nemesis ein Zerstörer eines nach Norden fahrenden Geleitzugs. Nachdem die Sprengladungen zu ihrer Selbstversenkung detoniert waren, blieb »Germania« über Wasser, weil ihre Tanks leer waren. Sie wurde torpediert und beschoßen, und als man sie das letzte Mal sah, brannte das Vor- und Achterschiff.

Am Morgen nach der Abfahrt der »Germania« von der Gironde, am 12. Dezember 1942, erschütterten sechs Stunden lang Explosionen die Hafenanlagen von Bordeaux. Als das Echo der letzten Explosion ausklang, es war gegen 1 Uhr nachmittags, war »Dresden« über das Heck gesunken, im Achterschiff waren Platten aus dem Schiffskörper weggerissen und die Schraubenwelle zerstört. Die Laderäume der »Tannenfels« waren vollgelaufen und sie hatte eine Schlagseite von über 24 Grad. »Portland« hatte große Löcher. »Alabama«, die gerade bei den letzten Vorbereitungen für eine Reise als Blockadebrecher war, wurde durch fünf Unterwasser-Detonationen vernichtet. Ein Tanker und ein Sperrbrecher – ein Fahrzeug das alle Arten von Minen zur Detonation bringen sollte –, wurden ebenfalls beschädigt. Einige Schiffe brannten, und ihre Schlagseite wurde von französischen Feuerwehrleuten vergrößert, die Wasser in Räume pumpten, in denen es überhaupt nicht brannte.

Später wurden die beschädigten Schiffe durch Taucher abgedichtet, gehoben und im Trockendock repariert, aber nur »Portland« konnte wieder als Blockadebrecher eingesetzt werden. Die Folgen waren nicht nur ein schwerer Schlag für das ganze Programm, sondern brachten auch die deutsche Führung in große Schwierigkeiten, hatte doch Admiral Bachmann, der Marinebefehlshaber Westfrankreich und Kommandierender Admiral Atlantik-Küste dem Führer versichert, daß den Blockadebrechern in Bordeaux nichts passieren könne. Später wurde ein Kanu mit sechs Mann entdeckt; es waren Royal Marines in Uniform, sie wurden auf Befehl von Admiral Bachmann als Spione und Saboteure erschossen. Das Unterseeboot »Tuna« hatte ungefähr 12 Seemeilen vor der Gironde-Mündung in der Nacht vom 7./8. Dezember 1942 zehn Mann in fünf Kanus ausgesetzt, die in vier

Nächten über 70 Seemeilen gepaddelt waren. Während des Tages hatten sie sich in Schlupfwinkel versteckt, die von RAF Fotografen ausgekundschaftet worden waren. Es war ein gefährliches und beschwerliches Unternehmen. Zwei Mann waren schon früh ausgefallen, und nur zwei Kanus schafften verstohlen die letzte Etappe in der Nacht vom 11./12. Dezember 1942. Von einem Posten flüchtig gesehen, vielleicht glaubte er zu träumen, brachten diese Männer mit Hilfe von Stangen von ca. einem Meter Länge Haftminen unter Wasser an die Schiffskörper. Zwei der Royal Marines überlebten, sie wurden von der französischen Widerstandsbewegung nach England gebracht. Das Royal Marine Boom Patrol Detachment hatte dort zugeschlagen, wo die Royal Navy und die Royal Air Force nicht hinreichte. Die Überlegungen von Lord Selborne sind hier in Bordeaux verwirklicht worden.

14. Der kritische Winter

Den Explosionen in Bordeaux war ein Unglücksfall in Yokohama vorausgegangen. Der Tanker »Uckermark« hatte dort gut festgemacht, nachdem er im Südatlantik den Hilfskreuzer »Michel« mit Dieselöl vesorgt hatte. Die Besatzung reinigte die Tanks für die nächste flüßige Ladung. Dazu wurden in jeden Tank vierundzwanzig Stunden lang mit Schläuchen unter hohem Druck heißes Wasser hineingepumpt. Dann begann die mühsame Reinigungsarbeit im Tank, wobei jeder Mann nach fünf Minuten abgelöst werden mußte. Eine gefährliche Arbeit, da das Gemisch aus Luft und giftigen Dämpfen hochexplosiv ist. Längsseit lag »Thor« zur Übernahme des Proviants und der Ausrüstung für den nächsten Beutezug gegen die alliierte Schiffahrt.
Bei dieser Arbeit explodierte »Uckermark« am 30. November 1942. »Thor« fing Feuer und brannte vollkommen aus, dazu noch das deutsche Handelsschiff »Leuthen« und mehrere Kleinfahrzeuge. Was war die Ursache? Einige dachten an japanische Saboteure, die für die Rußen arbeiteten, die meisten stimmten dem Ergebnis der Untersuchung zu, daß es sich um einen ganz normalen Unglücksfall handelte, wie er sich beim gefährlichen Reinigen der Tanks ereignen kann. Vierundfünfzig Mann der Besatzung der »Uckermark« kamen dabei ums Leben.
Weder »Uckermark« noch »Leuthen« waren jetzt noch als Blockadebrecher verfügbar, aber dieser Schlag war nicht so schwer wie der, den die Kanufahrer den Schiffen und Ladungen in Bordeaux zugefügt hatten. Die Abfahrten und Ankünfte im Fernen Osten konnten nahezu ohne Unterbrechung fortgesetzt werden, während die Fahrten von

der Gironde erst im Frühjahr 1943 wieder aufgenommen werden konnten.

17. Dezember 1942	»Doggerbank« Abfahrt Kobe.
20. Dezember 1942	»Irene« Ankunft Kobe.
23. Dezember 1942	»Brake« Ankunft Kobe.
30. Dezember 1942	»Karin« Ankunft Singapur.
31. Dezember 1942	»Rio Grande« Ankunft Kobe.
5. Januar 1943	»Weserland« Abfahrt Kobe.
12. Januar 1943	»Burgenland« Ankunft Kobe.
20. Januar 1943	»Irene« Abfahrt Kobe
25. Januar 1943	»Pietro Orseolo« Abfahrt Kobe.
28. Januar 1943	»Rio Grande« Abfahrt Yokohama
4. Februar 1943	»Karin« Abfahrt Singapur.
6. Februar 1943	»Regensburg« Abfahrt Djakarta.
7. Februar 1943	»Burgenland« Abfahrt Kobe.

Am Weihnachtstag 1942 traf »U410« »Rhakotis« südwestlich der Azoren. Der Frachter war seit drei Monaten unterwegs mit einer Ladung von 4000 Tonnen Kautschuk, 200 Tonnen Textilien, Zinkerzen, Schweineschmalz, Chinarinde, Kokosnußöl, und Perlen im Werte von 50000 Yen für die japanische Botschaft in Berlin. Alles zusammen genommen, war es die teuerste Ladung, die ein deutsches Schiff in Kriegszeiten an Bord hatte: ein Wert von 6000000 Mark. Das Uboot und der Frachter fuhren eine Woche zusammen, dann gesellte sich ein Vertreter vom 10. Sunderland Squadron dazu und bald darauf folgte noch eine Hampden vom 502. Squadron aus St. Eval. Von einem Gibraltar-Geleitzug wurde noch HMS »Scylla« hingeschickt. Der geheime Nachrichtendienst hatte es besonders durch die Entzifferung des Uboot-Funkverkehrs ermöglicht, daß die alliierten Streitkräfte zur richtigen Zeit am richtigen Ort waren.

»U410« tauchte beim Sichten des Flugzeuges, verlor Kontakt zu seinem Schützling und spielte bei dem weiteren Geschehen keine Rolle mehr. Die zwei Flugzeuge hielten sich außerhalb der Reichweite der zwei 2 cm(.8 inch)-Oerlikon der »Rhakotis«. Dann hielt ein Flugzeug weiter Fühlung, während das andere zur »Scylla« flog und ihr mit einer Anzahl von Rauchbomben den Weg zu dem Ziel markierte.

Dieser Kreuzer wurde manchmal das »zahnlose Wunder« genannt. Es war gebaut für fünf Türme mit je zwei 5.25 inch (13,3 cm)-Geschützen, die man jedoch der Armee zur Verteidigung von London überlassen hatte, statt dessen hatte sie acht 4.5 inch (11,4 cm)-Geschütze bekommen. Das war für »Rhakotis« mehr als genug. Kapitän Jakobs hatte ein gut eingefahrenes Schiff, vierzehn Mann mit 75 mm-Fernglä-

sern waren ständig auf Ausguck. Als am Nachmittag von Cape Finisterre ein Kreuzer aus der Ferne »Rhakotis« beschoß, bis sie ein bren-
nendes Wrack war, konnte er nichts dagegen tun. »Scylla« nahm einige der Überlebenden auf, einschließlich einiger Italiener von anderen
Handelsschiffen aus dem Fernen Osten. »Rhakotis« ging schließlich
gegen Mitternacht unter. Achzig Überlebende wurden von zwei spanischen Fischerbooten aufgenommen; darunter war ein Brite, der einzige Überlebende von drei, die fünfundreißig Tage in einem Rettungsboot im Südatlantik verbracht hatten, bevor sie von »Rhakotis«
bemerkt worden waren.
Großadmiral Raeder führte diesen Verlust auf die verstärkte britische
Luftüberwachung über der Biscaya und deren Zufahrtswege zurück.
Diese hatte zwar zugenommen, aber die Deutschen ahnten nicht, daß
sie mit ihrem Uboot-Funkverkehr den Flugzeugen den Weg wiesen.
Einen Einbruch in ihr Sicherheitssystem befürchteten sie nur von
den Italienern und belasteten damit die brüchige Allianz noch mehr.
Das OKM hatte jetzt ein paar Wochen Zeit, um sich zu überlegen, wie
die Fahrten der Blockadebrecher durch die Biscaya und ihren Zu-
fahrtswegen neu zu organisieren wären, da bis Ende Februar 1943 kein
Schiff auslaufbereit sein konnte und auch keins zu erwarten war. Der
Tanker »Rossbach«, der auf dem Weg nach Europa war, hatte von der
SKL Befehl bekommen, nach Djakarta zu fahren und im Fernen
Osten als Versorger zu bleiben. Nach dem Verlust der »Uckermark«
und dem Ausbleiben der »Ermland« und der »Spichern« in ihren zu-
gewiesenen Räumen, sollten die vorgesehenen Ubootsoperationen
im Indischen Ozean und Südatlantik nicht gefährdet werden. Deshalb sollten die kleinen NDL Frachter »Bogota« und »Quito« ebenfalls für diese Aufgabe eingesetzt werden.
Am 30. Januar 1943 wurde Großadmiral Dönitz Oberbefehlshaber
der Kriegsmarine. Schon bei seiner ersten Besprechung beim Führer,
am 8. Februar 1943, unterstrich er in seinem Vortrag die Notwendigkeit, die Streitkräfte in der Biscaya zu verstärken und unter einem Fliegerführer Atlantik der Marine Flugzeuge zu unterstellen, da bei einem
notwendigen Einsatz von Flugzeugen immer erst geeignete Flugzeuge
von der Luftwaffe erbeten werden mußten. Die Anzahl der Langstrek-
kenflugzeuge, besonders der Ju88 wurde zwar vergrößert, aber es waren nie genug, weder für die bewaffnete Aufklärung, noch für den
Kampf. Die Luftherrschaft über der Biscaya konnte bei einer noch so
tüchtigen, oder tüchtig erscheinenden Luftwaffe nur von begrenzter
Dauer sein, da die Alliierten in dieser Zeit ihre Geschwader verstärk-

ten. An sich machte es keine Schwierigkeiten, Schiffe der Kriegsmarine zum Schutz der Blockadebrecher in der Biscaya einzusetzen; die Verlegung der Fahrzeuge dauerte nur ihre Zeit. Bis alle befohlenen Maßnahmen durchgeführt waren, mußten jedoch zwei schwere Verluste von heimkehrenden Blockadebrechern hingenommen werden. Die Anordnung des B.d.U. für den Schutz der rückkehrenden »Hohenfriedberg« waren so umfangreich, wie man sie bis dahin noch nie getroffen hatte. Vom Breitengrad der Azoren an, den Kapitän Heidberg am 21. Februar 1943 erreichte, war ein Verteidigungsgürtel mit den Ubooten »U258«, »U264« und »U437«, in Sichtweite um den Tanker gebildet, während »U172«, »U515« und »U508«, die auf dem Weg in ihre Einsatzgebiete waren, den Norden vom Kurs der »Hohenfriedberg« absicherten. Vier Tage lang verlief alles nach Plan, bis am 26. Februar 1943 südwestlich von Cape Finisterre, wie ein Unglücksvogel, eine viermotorige Consilidated B—24 Liberator erschien. Die USAAF war dabei, eine Ubootsbekämpfungsgruppe in Port Lyautey zu stationieren.

Die Uboote tauchten sofort, ließen sich unter Wasser treiben und verhielten sich so passiv, als ob sie nicht da wären, bis auf »U264«, das getaucht mit 7 1/2 Knoten auf Position blieb. Am Abend sah »U264« flüchtig den aufkommenden Kreuzer HMS »Sussex« in günstiger Lage und schoß einen Fächer flächenabsuchender Torpedos, ohne zu treffen, da der Kreuzer gerade einen Kurswechsel um 90⁰ gemacht hatte. »Sussex« traf dann mit 8 inch (20,3 cm)-Granaten die »Hohenfriedberg«. Nachdem sie feuerspeiend untergegangen war und sowohl das Kriegsschiff, als auch das Flugzeug von der Bildfläche verschwunden waren, tauchte »U264« auf und barg Überlebende aus den Wogen des Meeres.

Für die Deutschen war es ein weiterer Beweis für die stete Präsenz der alliierten Luftmacht oder das Zeichen eines unfaßbaren Pechs, daß sich gerade bei der Passage der »Hohenfriedberg«, die Patrouillen des Flugzeuges und des Kriegsschiffes ergänzten. Ein noch größeres Unglück stand mit der »Doggerbank« und ihrer Ladung von 7000 Tonnen Kautschuk und Pflanzen- und Fischöl aus Japan, Saigon, Singapur und Djakarta bevor. Die verstärkte alliierte Luftüberwachung zwang die deutsche Führung, eine neue Route der Blockadebrecher, an den Azoren vorbei, anzuordnen. Eine entsprechende Aufstellung von Ubooten wurde befohlen, die am 15. März eingenommen sein sollte. Kapitän Schneidewind lief mit seinem Schiff, der »Doggerbank«, jedoch mit aller Kraft und stand schon am 3. März 1943 1000 Seemeilen westlich der Azoren. Dort wurde ein Uboot gesichtet und anscheinend ordnungsgemäß die Erkennungssignale ausgetauscht. Welches Uboot das war, konnte nicht geklärt werden. Sicher ist nur, daß 2 1/2 Stunden später »U43«, das auf die nordafrikanische Route angesetzt war, drei Torpedos auf ein britisches Schiff schoß, von dem er glaubte, daß es entweder »Dunnotar Castle« oder »Dunedin Star« sei.

Sechsundzwanzig Tage später entdeckte der spanische Tanker »Campoamor« in einem kleinen, in Japan gebauten Dingi einen bewußtlosen Mann; er wurde in Venezuela ausgeschifft. Dieser Mann, Fritz Kürt, war der einzige Überlebende von fünfzehn Mann, die von der sinkenden »Doggerbank« freigekommen waren. Nach den Torpedotreffern von »U43« war das Schiff in drei Minuten gesunken. Kürt hatte von fliegenden Fischen gelebt, er berichtete von entsetzlichem Hunger und Durst und daß Kapitän Schneidewind sich das Leben genommen habe, nachdem er vier Mann mit seiner Pistole aus ihrem Elend erlöst habe.

Die versprochene Verstärkung für die Geleitstreitkräfte der Blockadebrecher kam im März 1943 in die Gironde. Es war die 8. Zerstörerflottille, zunächst mit den Zerstörern »Z23«, »Z24«, »Z32« und »Z37« unter dem Kommando von Kapitän zur See Erdmenger. Diese Flottille wurde zur Erinnerung an die Kämpfe der Zerstörer in Narvik 1940, allgemein die Narvik-Flottille genannt. Kapitän Erdmenger war selbst ein Veteran dieser Kämpfe. Die Zerstörer waren groß, sie hatten eine Wasserverdrängung von 2600 bis 3600 Tonnen und fünf 15 cm (5.9 inch)-Geschütze. Man hoffte, mit einem neu eingebauten Doppelturm auf der Back eine größere Feuerkraft nach vorn zu haben. Die Fla-Bewaffnung bestand aus vier 3,7 cm (1.5 inch) und vierzehn 2 cm. (.8 inch) automatischen Waffen. Weiter hatten die Zerstörer noch acht Torpedorohre. Der Fahrbereich war 5000 Seemeilen bei einer Marschgeschwindigkeit von 19 Knoten, die Höchstgeschwindigkeit 38 Knoten. Sie konnten die schwerfälligen viermotorigen Bomber bekämpfen und sich mit jedem Kriegsschiff einlassen, das wagen würde, in die Biscaya einzudringen um die Blockadebrecher abzufangen, die unter ihrem Schutz waren. Über ein Dutzend Zerstörer und Torpedoboote standen jetzt jederzeit für den Schutz über Wasser zur Verfügung, während Uboote weiter in größerer Entfernung dafür eingesetzt wurden. Großadmiral Dönitz hatte als B.d.U. diesen Einsatz seiner Uboote oft als Mißbrauch kritisiert, jetzt, als Oberbefehlshaber der Kriegsmarine, befahl er selbst Ubooten, Blockadebrecher zu schützen.

Mittlerweile kamen »Regensburg«, »Pietro Orseolo«, »Karin« und »Irene« nach dem Norden. »Weserland« war noch weit unten im Südatlantik, während »Rio Grande« und »Burgenland« sich noch im Indischen Ozean befanden. Kapitän Krage bekam die Anweisung mit »Weserland« im Südatlantik auf der Stelle zu treten, während man die Aufnahme der näherstehenden Blockadebrecher unter dem Decknamen »Arno« organisierte. Dieses Unternehmen sollte mit dem Auslaufen von vier Blockadebrechern, unter dem Decknamen »Sacco«, verbunden werden. Es war das erste Auslaufen solcher Schiffe nach dem Überfall der Cockleshell-Helden auf Bordeaux. Schließlich war das einzige einlaufende Schiff mit dem man unmittelbar zu tun hatte die »Pietro Orseolo«.

Die anderen drei, »Regensburg«, »Karin« und »Irene«, wurden viel weiter nördlich durch die Dänemark-Straße und Island geleitet, wo »U191«, »U635« und »U469« aufgestellt waren, und dann mit Geleit der 6. Zerstörer-Flottille in die norwegischen Gewässer gebracht.

Kurz bevor das Unternehmen »Arno« begonnen hatte, konnte die US Navy einen der Teilnehmer auf ihrer Liste streichen. Ein Flugzeug vom Geleitträger »Santee« sichtete am 10. März 1943 ein holländisches Handelsschiff ungefähr 650 Seemeilen östlich von Natal, Brasilien Zur näheren Untersuchung fuhr Rear-Admiral Read mit dem Kreuzer »Savannah« und dem Zerstörer »Eberle« zu dem Schiff, während der Zerstörer »Livermore« bei dem Geleitträger blieb. In etwas über einer halben Stunde hatten sie die 17 Seemeilen bis zu dem Handelsschiff zurückgelegt. »Savannah« hielt sich in Reichweite seiner 6 inch (15,2 cm)-Kanonen etwas entfernt von dem Fremden, während »Eberle« hinfuhr um über das Äußere des Handelsschiffes genau zu berichten. Etwas war mit der Farbe der gemalten Masten nicht in Ordnung, was Rear-Admiral Read veranlaßte eines der dramatischen Signale an »Eberle« zu machen, an denen die amerikanische Marinegeschichte so reich ist: »YEAST FROM CACTUS NEVER MIND DUTCH FLAG PILE IN THIS IS A RUNNER« (NRS 1971/61: US Atllantic Fleet Cruiser Division 2). — »GICHT VON KAKTUS GLEICHGÜLTIG OB EINE HOLLÄNDISCHE FLAGGE WEHT GEH RAN DAS IST EIN BLOCKADEBRECHER«.

Der Zweischornstein-Zerstörer schoß ein paar Salven 5 inch (12,7 cm)-Granaten zur Warnung und schickte ein Prisenkommando los. Unmittelbar darauf kam Qualm aus dem Schiff und trotz des Maschinengewehrfeuers vom Bordflugzeug der »Savannah«e begann die Besatzung, das Schiff unter Mitnahme des Notproviants und noch ofenwarmen Brotes zu verlassen. Die Seeleute der »Eberle« kletterten an Bord des Schiffes, ohne das sich ausbreitende Feuer zu beachten, hatten sie sich doch schon seit langem auf einen solchen Fall vorbereitet. Sie suchten an Bord nach Dokumenten und Sprengsätzen. Einige kletterten noch die Jakobsleiter hinauf, als eine gewaltige Explosion eine Seite des Schiffes aufriß und das amerikanische Boot, das längsseit lag, zerstörte. Bis auf zwei wurden alle Insassen des Bootes getötet. Eines der Opfer wurde in die Öffnung des sinkenden Schiffs gespült. Die Männer, die sich an Bord des Schiffes befanden, und die betäubten Überlebenden wurden von einem anderen Boot der »Eberle« aufgenommen. Im ganzen waren acht Mann verlorengegangen und zwei verwundet.

Der Blockadebrecher sank mit 2000 Tonnen Zinnbarren und 6000 Tonnen Kautschuk. Das war der Grund, warum »U174« am verabredeten Treffpunkt »Karin« nicht finden konnte, um ein Radarwarngerät mit Antenne zu übergeben.

Die Uboote waren mit diesem Metoxgerät, mit dem man die Radarstrahlen der Alliierten hörbar machen konnte, bereits ausgerüstet, es ermöglichte das Tauchen, bevor das Fluzeug in Angriffsposition war. Schwache Impulse, die mit diesem Gerät aufgefangen wurden, konnten leicht falsch ausgelegt werden, das Uboot tauchte unnötigerweise und wurde damit in seinem Kampfwert eingeschränkt. Außerdem reagierte das Metoxgerät nicht auf die neue 10 cm Wellenlänge der Alliierten. Die Blockadebrecher konnten bei einer Radarwarnung natürlich nicht tauchen, aber es gab der Besatzung bei Nacht oder neblig trübem Wetter genug Zeit, die Flak zu besetzen. Die Auslieferung dieser Geräte durch die Uboote wurde so wichtig genommen, daß eine ganze Reihe von Funksprüchen über Übergabe, Installation und geplanten Treffpunkt abgegeben wurden; die Briten hörten sie alle ab und entzifferten sie. »Regensburg« erhielt ihr Metox am 23. März 1943 und »Pietro Orseolo« am 26. März 1943 von »U161« westlich der Azoren.

»Osorno« war unterdessen von der Gironde abgefahren, ihr folgte später im Monat die reparierte »Portland«, unter Kapitän Tünemann, und »Alsterufer«. Am 28. März 1943 lief Capitano Martinoli mit »Himalaya« aus Bordeaux aus, im Geleit von »Falke«, »T2«, »T12«, »T18« und »T23«. Als »Himalaya« am nächsten Tag allein war, wurde sie westlich von Cape Finisterre von einem feindlichen Kriegsschiff gesichtet und kehrte zurück. Am 30. März 1943 wurde sie wieder von Torpedobooten, diesmal von »Kondor«, »T5«, »T9«, und »T19«, aufgenommen und in den Hafen geleitet. Dabei passierte sie die großen Zerstörer »Z23«, »Z24«, »Z32« und »Z37«, die auf dem Weg waren »Pietro Orseolo« aufzunehmen, die aus dem Fernen Osten kam.

Die Deutschen wußten nicht, daß den Alliierten ein weiterer Verband für die Biscaya zur Verfügung stand. Das US Submarine Squadron (Subron) 50 war nach Rosneath an der Clyde verlegt worden; seine Boote sollten helfen, den Schiffsverkehr mit Ladungen von Eisenerz, Wolfram und anderer Bannware von der Iberischen Halbinsel nach den Häfen Frankreichs zu unterbinden. Sie hatten strenge Anweisungen, die neutrale Schiffahrt nicht zu behindern, die Blockadebrecher seien jedoch Freiwild. Die Alliierten wußten was vor sich ging, die Luftaufklärung hatte die Ankunft der 8. Zerstörerflottille und die Vorbereitungen für das Auslaufen der Schiffe nach dem Fernen Osten fotografiert.

Dazu kamen die Geheimberichte der Agenten und der entzifferte Ubootsfunkverkehr. Die Gesamtleitung der Kriegführung gegen die Blockadebrecher lag in den Händen des Befehlshabers, des C in C, in Plymouth. Der neue Kreuzer »Newfoundland« und zwei Zerstörer waren die ersten Kriegsschiffe, die ausgesprochen für diese Aufgabe bereitstanden. Das Costal Command war in Alarmbereitschaft und die auf Island stationierten Flugzeuge und die Schiffe der Home Fleet trafen oben im Norden entsprechende Maßnahmen. So patrouillierten am 29./30. März 1943 der Kreuzer »Belfast« und »Glasgow« mit ihren Zerstörern »Intrepid« und »Echo« im Gebiet »White« in der Mitte der Dänemark-Straße, während »Bermuda« und »Athabaskan« zwischen Island und den Faröers stationiert waren. Die Schiffe hatten auf ihrer Fahrt in der kalten Dunkelheit die Geschützbedienungen auf Stationen für Nacht-Feindfahrt, d.h. auf jeder Seite des Schiffes war eine 4 inch (10,2 cm)-Kanone besetzt. Ungefähr eine halbe Stunde nachdem die Morgenwache übernommen hatte, erschien auf dem Radarschirm der »Glasgow« ein nicht zu identifizierendes Zeichen. Die Gefechtsstationen wurden besetzt und Geschütze und Scheinwerfer in die entsprechende Peilung gerichtet. Als »Glasgow« nahe genug heran war, wurde eine 4 inch (10,2 cm)-Leuchtgranate geschoßen und die Blenden der Scheinwerfer geöffnet, es zeigte sich ein Handelsschiff mit einem Schornstein. Es wurde angerufen und befohlen zu stoppen oder es würde versenkt. Captain E.M. Evans-Lombe erzählte später einem Journalisten, daß er das sichere Gefühl hatte, daß es ein deutsches Schiff sei, es aber nicht begründen konnte. Er erklärte, daß er die Absicht gehabt hatte, den Fremden in ruhigeres Wasser zu bringen, wo er zwar die Selbstversenkung nicht hätte verhindern können, die Rettung der Schiffsbesatzung aber leichter gewesen wäre. Das weitere Verhalten der Deutschen wurde vom Kriegsberichterstatter in der Presse als »panikartig« oder »verdammt töricht« beschrieben, in der Art, wie man es oft in Schilderungen für die Öffentlichkeit finden kann.

Der Fremde morste zurück »ich stoppe«, aber wenige Minuten darauf gab es eine Reihe von Explosionen und die Besatzung begann die Boote wegzufieren und über Bord zu springen. Die See war zwar ruhig, aber eine schwere Dünung trug die Boote schnell von dem sinkenden Schiff weg. Es ging nicht sehr schnell unter, und da »Glasgow« wegen möglicher Ubootsgefahr nicht zu lange warten konnte, befahl Captain Evans-Lombe dem Artillerieoffizier auf das Wrack mit den 6 inch (15,2 cm) und 4 inch (10,2 cm)-Geschützen Schießübungen zu machen aber dafür Sorge zu tragen, daß keine Rettungsboote getroffen würden. Das Laden der Geschütze erfolgte nach den üblichen Befehlen der Marine, die nach alter Überlieferung der Marine für die Kriegskorrespondenten übersetzt wurden in: »hier ist eine für Coventry«, »hier eine für Plymouth« und »eine weitere für Birmingham«. In Wirklichkeit war keine Zeit für solches Geschrei.

Der Blockadebrecher stellte sich plötzlich auf und sank mit dem Heck zuerst in die schaurige Tiefe. Mittlerweile fegten schwere Schneeschauer über die aufkommende See. In einem der Rettungsboote schien ein Offizier die anderen mit der Pistole zu bedrohen, um das Boot frei vom Kreuzer zu bekommen. Es schlug dann gegen das schlingernde Heck der »Glasgow« und die Insassen wurden in die eisige See geworfen. Sechs Mann konnten mit Hilfe von Netzen geborgen werden und man hörte nun, daß das gesunkene Schiff die »Regensburg« war. »Glasgow« lief dann ab und überließ 112 Männer ihrem eisigen Schicksal. Weder die sichernden Uboote noch die 6. Zerstörerflottille hatten irgend etwas von dem Ereignis gesehen.

Die 8. Zerstörerflottille weit im Süden war wagemutiger gewesen. Am 31. März 1943 erreichte sie mit »Z23«, »Z24«, »Z32« und »Z37« den südlichsten Punkt, den je deutsche Zerstörer während des Zweiten Weltkrieges erreicht hatten, 41o Nord / 15o West. Sie waren so weit gekommen, daß Capitano Tarchioni auf der »Pietro Orseolo« zunächst dachte, es wären britische Zerstörer. Die vier Narvik Zerstörer schlugen die laufenden Angriffe der Beauforts und Torbeaus ab und schossen dabei fünf von ihnen ab. Ein amerikanischer Feind lag jedoch am 1. April 1943 in Warteposition.

Lieutenant-Commander Edgar J. MacGregor III tauchte mit »Shad« um 2 Uhr 20 nachts auf und machte seinen Anlauf mit Radar. Das Wasser war zwar stark phosphoreszierend, aber die Bugwelle war nicht zu sehen. Um 3 Uhr 42 wurden alle sechs Bugtorpedos auf die fünf Echozeichen auf dem Radarschirm losgemacht. Nachdem fünf Explosionen die Nacht zerrissen hatten, ging »Shad« auf Gegenkurs, um noch die beiden Hecktorpedos zu schießen. Eine weitere Detonation war zu hören, gefolgt von drei weiteren, die nicht nach Wasserbomben oder Selbstzerstörung am Ende der Laufstrecke klangen. Man nahm an, den Blockadebrecher und zwei der Geleitfahrzeuge versenkt zu haben und Lieutenant-Commander MacGregor sah sich schon mit dem British Distinguished Cross ausgezeichnet. In diesem Stadium des Krieges war, wie allgemein bekannt, die US Magnetpistole unzuverlässig. Es hatte nur ein Torpedo getroffen, der ein Loch in der Steuerbordseite der »Pietro Orseolo« gerißen hatte. Sie lief mit halber Fahrt weiter und Ballen von Kautschuk wurden dabei herausgespült; jeder Ballen der verlorenging war ein Verlust für die deutsche Kriegswirtschaft. Deshalb stoppten die Zerstörer ihre Maschinen kurz, wenn es möglich war, um ein paar Kautschukballen aus dem Wasser zu holen. Als »Pietro Orseolo« am 2. April 1943 die Gironde hinauffuhr, hatte sie eine schwimmende Bojenkette hinter sich. Nahezu alle 1500 Tonnen Kautschuk aus dem Laderaum Nr. 2 waren verloren gegangen. Sogar beim Einlaufen in das Trockendeck machte sich noch ein Ballen Kautschuk frei, schwamm davon und wurde irgendwo an das Ufer des Flußes gespült. Die französischen Zivilisten machten ein ganz gutes Geschäft mit der Belohnung für das geborgene Material. Für den Kautschuk, der an der spanischen Küste angespült worden war, versprachen die Deutschen 90 Pesetas für das Kilo, aber die spanische Regierung behielt, was sie nur finden konnte.
»Pietro Orseolos Landsmann »Himalaya« versuchte am 9. April 1943 ein weiteres Mal von La Pallice auszubrechen, diesmal mit nicht weniger als acht Kriegsschiffen, »Z23«, »Z24«, »Z32«, »Kondor«, »T2«, »T5«, »T22« und »T23«. Es war der bisher stärkste Geleitschutz für einen Blockadebrecher, aber er war nicht stark genug. Nach zahlreichen Luftangriffen mußte »Himalaya« zurückkehren. »Osorno« wurde auch gesichtet, hielt aber durch und kam in den Südatlantik. Die 2729 BRT große »Alsterufer« von der Robert M. Sloman Reederei konnte unter ihrem Kapitän Piatek unbemerkt durchkommen und auch »Portland« schien eine glückliche Reise zu machen.
Mittlerweile war »Irene« nach dem Norden gekommen, nachdem sie

nordwestlich der Azoren von »U174« ein Radarwarngeräte übernommen hatte. Die Routen der alliierten Geleitzüge meidend, nahm sie Kurs auf Frankreich und war am 10. April 1943 noch 275 Seemeilen von Cape Finisterre entfernt. Bis dahin hatte sie nur in der Ferne einen alliierten Passagierdampfer gesehen, denn tauschte sie Erkennungssignale mit einer Focke-Wulf Fw200c aus. Aus irgendeinem Grund hatte der Flugzeugführer nicht mitgeteilt, daß er nicht weit weg ein britisches Kriegsschiff 2 1/2 Stunden umkreist hatte.

Der Minenkreuzer »Adventure« hatte früher eine Ladung Minen nach Gibraltar gebracht, die im Mittelmeer von schnelleren Schiffen gelegt werden sollten, da er höchstens 27 Knoten laufen konnte. Als die beiden Schiffe sich in einer Entfernung von 17 Seemeilen sahen, war die Geschwindigkeit groß genug, um »Irene« nicht entkommen zu lassen. »Irene« signalisierte: »Vorsicht, ich sah heute Morgen ein Uboot«; auf 8000 Meter herangekommen, morste Captain Bowes-Lyon: »WBA«, das nach dem Internationalen Signalbuch bedeutet: »STOPP LASS KEINE BOOTE ZU WASSER FUNKE NICHT KEINE SELBSTVERSENKUNG BEI NICHTBEACHTUNG WIRD GESCHOSSEN!« (ADM 1/12476: HMS Adventure Interception and Sinkung of MV Silvaplane).

Innerhalb von fünf Minuten und ohne das Auslaufen des Schiffes abzuwarten, hatten 158 Männer in einem Motorboot, sechs Rettungsbooten und zwei Flößen das Schiff verlassen. Viele hatten sich beim Herunterrutschen an den Manntauen die Hände verbrannt. Die Brücke der »Irene« brannte, durch eine Explosion breiteten sich die Flammen auf den Aufbauten aus. Darauf folgten die Explosionen der großen Sprengsätze zur Versenkung und um 17.31 Uhr sank »Irene« mit ihrer Ladung Rohkautschuk, Zink und Thunfisch in Dosen. Captain Bowes-Lyod überlegte, was mit den vielen Überlebenden, die da herumschwammen, zu tun sei; es könnten britische Kriegsgefangene darunter sein, und wenn es nur Deutsche wären, könnten sie bei diesem ruhigen Wetter gut die spanische Küste erreichen, von dort nach Deutschland kommen und das militärische Potential verstärken. Kurz entschlossen, warf er ein paar Wasserbomben, um eventuelle Uboote zu verscheuen und sammelte schnell die Überlebenden ein. Die meisten waren Ubootfahrer, die aus dem Fernen Osten zurückkehrten. Dieser Fang entsprach zwei ganzen Ubootsbesatzungen, die in der Schlacht im Atlantik nicht eingesetzt werden konnten.

Die früheren französischen Vichy Streitkräfte kämpften von jetzt an wieder mit den Alliierten zusammen. Der leichte Kreuzer »Georges«

Leygues«, benannt nach dem Marineminister zwischen den Kriegen, der sich um die Erneuerung der französischen Marine verdient gemacht hatte, war einer von ihnen, die unter Vice-Admiral Collinet in Dakar stationiert waren. Auf jedem dieser Schiffe war ein britischer Verbindungsoffizier mit fünf Funkern und einem Signalgast eingeschifft für die Nachrichtenübermittlung nach dem Code der Royal Navy, da die französischen Schlüsselmittel kompromitiert waren. Die Briten wurden sehr schnell akzeptiert, wenn sie ein fließendes, akzentfreies Französisch sprachen — eine Voraussetzung, die bei allen englisch-französischen Beziehungen erwartet wurde. Denkbare Spannungen ließen sich noch am besten lösen, wenn der britische Marineverbindungsoffizier, BNLO, schottischer und nicht englischer Abstammung war.

Unter der Vichy-Regierung konnten die französischen Kriegsschiffe wegen Ölknappheit und aus politischen Gründen kaum zur See fahren. Die Offiziere und Mannschaften hatten gemeinsam alles getan, daß die Ausbildung, Sauberkeit und Disziplin erhalten blieb. Sie fühlten sich nach dem Ende der bewaffneten Neutralität noch mehr als »Wächter der Ehre Frankreichs« als vorher. Ein britischer Bericht über die Franzosen, der merkwürdigerweise mit einem deutschen übereinstimmt, stellt fest: »Sie wollen kämpfen und kümmern sich nicht viel darum gegen wen sie kämpfen« (FO 371/36002/Z9586: Attitude of Men of the French Navy, 14 August 1943). Zwei Jahre lang unterlagen die Seeleute der französischen Handelsmarine der britischen Konterband-Kontrolle, jetzt konnte die französische Marine anfangen, die Handels- und Kriegsschiffe der Achse zu beunruhigen. Capitaine de Vaisseau Robert Jaujard war das, was man beim Motorsport einen aggressiven Fahrer nennt. Unter seinem Kommando lief »Georges Leygues« mit einer maximalen Wasserverdrängung von 9120 Tonnen, von Dakar aus; und ihre 84000 PS brachten sie immer genau in die richtige Position. Am 13. April 1943 um 1 Uhr nachts, der Mond verschwand gerade in einem wolkigen Himmel, sichtete einer der Ausgucks — es gab kein Radar — ein Schiff in einer Entfernung von ungefähr fünf Seemeilen Captain de Vaisseau Jaujard fuhr mit »Georges Leygues« so, daß er das Schiff gut als Silhouette gegen den abnehmenden Mond sehen konnte. Auf einen Anruf erfolgte keine Antwort. Man erwartete zwar »Portland«, aber der Franzose hatte noch niemals ein amerikanisches Liberty-Schiff gesehen und er wollte keinen Fehler machen. Der Fremde qualmte nun stark und drehte hinter den Rauchschwaden um 180 Grad, ein Zeichen, daß er feind-

lich sein konnte. Capitaine de Vaisseau hatte diese Kursänderung erwartet, ging auf Parallelkurs und wartete, bis das Schiff wieder gut zu sehen war. Ein alliiertes Schiff dürfte sich nicht so verdächtig verhalten und müßte klar antworten, dachte er sich. Er war bereit, Verdienst oder Schuld auf sich zu nehmen und befahl, mit dem Steuerbord 90 mm (3.5 inch)-Geschütze das Feuer zu eröffnen. Die Geschützbedienung war so gut, daß sie mit der zweiten Salve das Ziel mittschiffs traf. Der Fremde explodierte. Es war immer noch ungewiß, ob es ein befreundetes Handelsschiff mit einer Ladung Munition war, oder ein Blockadebrecher mit Sprengsätzen zur Selbstversenkung, aber der Kreuzer konnte wegen der Ubootgefahr nicht länger bleiben. Noch vor der Morgendämmerung konnten aus zwei Rettungsbooten einundfünfzig Überlebende geholt werden. Sobald der letzte Mann seinen Fuß auf die unterste Sprosse des Seefallreep gestellt hatte, befahl Capitaine de Vaisseau Jaujard »Große Fahrt voraus«. Der Schrei des I. Offiziers vom Achterdeck »Portland«, wurde auf der Brücke gehört. Mit der Bemerkung, »Das war ein Angriff eines Tanks auf einen Knaben mit einer Zündplättchen-Pistole« ging Capitaine de Vaisseau über seinen Erfolg hinweg (Chicago Daily News, May 1943). Er wünschte sich einen Kampf mit einem stärkeren Gegner im Mittelmeer.
Französische und amerikanische Kreuzer in der Enge zwischen Brasilien und Afrika, britische Kreuzer im Atlantik und in der Dänemark-Straße, britische und amerikanische Flugzeuge und Unterseeboote — das waren die Streikräfte, die von den anfänglich zehn Blockadebrechern in beiden Richtungen, alle, bis auf drei, versenkten, beschädigten oder zur Rückkehr zwangen. Die Kriegsmarine konnte nur in der Biscaya ein wirkungsvolles Geleit bereitstellen und selbst das müßte noch verstärkt werden, bevor weitere Blockadebrecher die europäischen Gewässer wieder ansteuern sollten. Abgesehen davon, es ging nun gut in den April hinein, die Nächte im Nordatlantik wurden kürzer und das Wetter ruhiger. Die SKL ordnete deshalb an, daß »Weserland«, »Rio Grande« und »Burgenland« nach Yokohama, Kobe oder Djakarta zurückkehren sollten. Dazu kamen in den japanischen Häfen am 4. und 9. Juni 1943 noch »Orsono« und »Alsterufer«.

15. Uboot Blockadebrecher

Die Blockadebrecher der Achsenmächte befanden sich in der Mitte des Jahres 1943 in einer depremierenden Situation. An den Küsten des Indischen und Atlantischen Ozeans befanden sich jetzt feindliche Stützpunkte, so daß es diesen Handelsschiffen unmöglich erschien, diese Meere zu passieren und dann noch die Blockade der Alliierten, um das von den Nazis besetzte Europa, zu durchbrechen. Kaum eines von ihnen konnte einem Kriegsschiff davonlaufen und noch weniger einem Flugzeug. Beiden Seiten ermöglichte das Radar auch einen Überblick bei Nacht und schlechtem Wetter. Kein Geleit schien mehr stark genug zu sein, um eine sichere Ankunft des Blockadebrechers zu garantieren, wenn er einmal geortet worden war; kein Schutz konnte ganz sicher mehr außerhalb der inneren Biscaya gewährt werden. Selbst der alte Trick der Blockadebrecher, frech und frei, als ein braves Schiff getarnt, an den neugierigen Augen der Bewacher vorbeizufahren, konnte jetzt noch weniger gewagt werden als früher.

Die Alliierten führten am 8. Juni 1943 ein Kontrollsystem (Checkmate System) ein, in dem die tägliche Position jedes einzelnen seegehenden Handelsschiffes enthalten war. In den ersten Kriegsjahren wurden die Kriegsschiffe vor dem Auslaufen über die Schiffe, die sie vermutlich antreffen würden, unterrichtet und während des Einsatzes wurden sie durch Funksprüche auf dem laufenden gehalten. Gleichgültig wie vollständig diese Zusammenstellung gewesen sein mag, sie enthielt auch die fremden bona fide Handelsschiffe, die als Einzelfahrer über die Weltmeere fuhren und nicht den örtlichen Stellen gemeldet worden waren. Bei dem Austausch der geheimen Erkennungssignale beantworteten nur 50 % der britischen Schiffe den Anruf korrekt, von den Prozentzahlen der Antworten von den Schiffen anderer Nationalitäten wollen wir besser nicht sprechen.

Die Namen der Schiffe wurden manchmal falsch buchstabiert, so daß sie nicht in den Listen zu finden waren, in denen andererseits nicht immer die letzten Neubauten und Namensänderungen enthalten waren. Gleichzeitig unterrichteten die Geheimdienste der Achsenmächte ihre Kapitäne, welche Schiffe in den einzelnen Seegebieten fuhren, damit sie ihre Schiffe entsprechend tarnen konnten.

Die Kriegsschiffe und Flugzeuge, die gegen die Blockadebrecher eingesetzt waren, hatten zur Identifizierung eines fremdes Schiffes zu den Angaben des Checkmate Systems jetzt noch ein Buch mit den Beschreibungen der Handelsschiffe und eines mit den charakteristischen Silhoutten, dazu noch ein Verzeichnis der eigenen Handelsschiffe mit den geheimen Erkennungssignalen. Im allgemeinen reichten diese Unterlagen aus, wenn nicht, würde ein offener Funkspruch an die Admiralität oder den örtlichen Befehlshaber in folgender Form gemacht: »EMERGENCY CHECK« (Buchstabenbezeichnung des Fremden/angegebener Name — Standort durch zugeordnete Buchstaben). Eine von den folgenden drei typischen Antworten traf gewöhnlich in wenigen Minuten ein:

»MATE TRUE« — Schiff kann sich dort befinden.

»MATE FALSE« — Schiff mit diesem Namen kann sich unmöglich dort befinden.

»MATE DOUBTFUL« — Weitere Untersuchungen wünschenswert.

Die visuellen Signale wurden selbst von bona fide Handelsschiffen oft nicht beachtet, sie warteten darauf, die Anrufe mit dem Megaphon beantworten zu können. Die Kriegsschiffe hatten Anweisung nicht zu nahe heranzugehen, ein Schuß vor den Bug zeigte immer seine Wirkung. Zeigte es sich dann, daß es ein Blockadebrecher war, sollte mit automatischen Waffen auf die Brücke und auf die in den Davids hängenden Boote geschoßen werden, um eine Selbstversenkung zu verhindern. Im damaligen Stadium des Krieges bestand für die Alliierten keine große Notwendigkeit, verlorene Tonnage durch Beschlagnahme von Schiffen ausgleichen zu müssen. Das Entscheidende war, daß die Ladung nicht in den Besitz der Feinde kam, und wenn es durch Versenkung war. Die Kreuzer wurden angewiesen, immer große Fahrt zu laufen und nicht zu stoppen, um Überlebende aufzunehmen. Zerstörern und kleineren Kriegsschiffen war es freigestellt,

Überlebende für Verhöre zu retten, es wäre aber besser, sie schwimmen zu lassen. Eingesetzte Flugzeuge sollten Fühlung halten und zur Hilfeleistung auffordern. Andere deutsche Schiffe sollten zur Rettung ihrer Landsleute kommen, es wären weitere Ziele.

Die einzige Möglichkeit der Blockadebrecher jetzt noch durchzukommen war, unsichtbar zu werden. Das deutsche Oberkommando der Marine erwog deshalb — wie im Ersten Weltkrieg — den Einsatz von Ubooten als Blockadebrecher.

Unterseeboote wurden während des Zweiten Weltkriegs von allen Marinen in Notfällen zum Transport von Gütern und Passagieren verwandt, wenn die Seegebiete für eine Überwasserfahrt oder die Flugverbindung zu gefährlich war. Die Deutschen hatten bei der Invasion Norwegens 1940 Uboote mit Flugzeugbenzin, Munition, Kanonen und Geräten dorthin verfrachtet. Nach dem Verlust vieler Troßschiffe (1941), setzte die Kriegsmarine Uboot-Minenleger als Versorger mit Brennstoff und Reservetorpedos für die Uboote ein. Man nahm nicht nur die vorhandenen Kampf-Uboote und paßte sie den neuen Aufgaben an, sondern konstruierte und baute Spezial-Uboote. Das Uboot Typ VIIF war etwas mehr als zehn Meter länger als das vom Typ VIIC und konnte zu seiner normalen Ausrüstung fünfundzwanzig Reservetorpedos an Bord nehmen. Vom Typ IXD1 gab es nur die Boote »U180« und »U195«. Sie fuhren zunächst mit Versuchsdieseln für hohe Geschwindigkeit, die sich nicht bewährten; mit neuen Maschinen, ausgebauten Torpedorohren und weniger Batterien fuhren sie als Uboottanker mit einem Fassungsvermögen von 252 Tonnen. Die zehn Uboote vom Typ XIV, »Milchkühe« genannt, waren kürzer als die beiden Boote vom Typ IXD1; ihre Tanks faßten 432 Tonnen Brennstoff. Der Bau von weiteren vier Booten von diesem Typ wurde gestrichen. Begeisterte Ubootsbauer gingen ziemlich weit mit ihren Planungen für Boote des Typ XV und XVI, letztere sollten eine Wasserverdrängung von 5000 Tonnen haben. Es war beabsichtigt, sie als Werkstatt- und Versorgungs-Uboote einzusetzen. Denkt man an die allgegenwärtige Luftüberwachung der Alliierten, war es für ihre Besatzungen ein wahres Glück, daß diese Boote das Reißbrett niemals verlassen haben, ebenso wie die 2000 Tonnen-Uboottanker Typ XIX. Das wichtigste Kampf-Uboot sollte zum Schluß des Krieges das stromlinienförmige Uboot Typ XXI mit Schnorchel werden. Als Versorgungs-Uboote waren die Typen XXID, XXIE, XXIT und XXIV geplant.

Die Verbündeten der Deutschen benutzten Unterseeboote ebenfalls als Transporter. Die Japaner versorgten auf diese Weise ihre isolierten Garnisonen. Die großen Unterseeboot-Kreuzer brachten Landungsfahrzeuge, Gummiboote und an Deck amphibische Tanks, die bis 65 Meter Wassertiefe druckfest waren, um das Material an Land zu bringen. War das Warten zu gefährlich, wurde das Material bei auflaufendem Wasser einfach schwimmen gelassen, in der Hoffnung, daß es gefunden werde. Diese Unterstützung erwies sich als so lebensnotwendig, daß für diese Aufgabe besondere Fahrzeuge entworfen wurden. Die zwölf Boote der I361 Klasse konnten im Druckkörper 60 Tonnen Ladung verstauen und außerhalb weitere 22 Tonnen. Das wesentlichste Merkmal dieser Boote war ihr Fahrbereich, der getaucht bei 3 Knoten Fahrt 120 Seemeilen betrug. Von der vergrößerten Klasse wurde nur I373 fertiggestellt, das 260 Tonnen laden konnte, davon 150 Tonnen Treibstoff. Eines der größten Unterseeboote dieser Tage war I 402 mit einer maximalen Wasserverdrängung über Wasser von 5223 Tonnen. Es wurde als Brennstoff-Versorger fertiggestellt, im Gegensatz zu den zwölf Fahrzeugen der Ha 101 Aklasse, die in einem Bootskörper von 370 Tonnen eine Ladung von 60 Tonnen an Bord nehmen konnten. Diese Transport-Unterseeboote hatten im japanischen Schiffsbau Vorrang. Wegen Mangel an Stahl und dem höheren Vorrang der Selbstmordfahrzeuge, mußten jedoch der Bau von weiteren 325 Booten gestrichen werden. Die japanische Armee, enttäuscht über diese Abstriche und ärgerlich über die Abhängigkeit von der Marine, begann mit einem eigenen Unterseeboots-Bauprogramm. Sie baute Boote der Klasse Yu1, Yu1001 und Yu2001 in der Größe von 273 bis 392 Tonnen, von denen jedes 40 Tonnen Ladung nehmen konnte. Ungefähr dreißig Unterseeboote dieser Klassen wurden fertiggestellt. Sie waren, wie die Boote der Marine, für die militärische Logistik bestimmt und nicht als Unterseeboot-Handelsschiffe, die die Versorgung der Industrie mit Rohstoffen aufrecht erhalten sollten. Trotzdem bewies die japanische Marine, daß ein Unterwasser-Verkehr zwischen dem Fernen Osten und Europa möglich war.

I30 war ein Unterseeboot-Kreuzer mit einer Wasserverdrängung von 2198 Tonnen. Vor dem Turm des U-Kreuzers befand sich ein stromlinienförmiger Flugzeugschuppen, der Fahrbereich war 16000 Seemeilen bei 16 Knoten, ohne Brennstoffergänzung. I30 verließ Penang in Malaya am 20. April 1942 in Begleitung der Hilfskreuzer »Aikoku Maru« und »Hokoku Maru«, von denen es in See Brennstoff ergänzte. Chu-sa (Fregattenkapitän) Endo erkundete mit seinem U-Kreuzer zunächst verschieden Häfen im Indischen Ozean, rundete dann das

Kap der Guten Hoffnung und fuhr nordwärts; deutschen Minensuch-booten folgend, lief I30 am 5. August 1942 in den Uboot-Stützpunkt Lorient ein. Diese Unternehmung lief unter dem Namen »Krischblü-te«. Am 9. September 1942 war I30 mit Ladung wieder zurück in Pe-nang und lief am 11. Oktober 1942 wieder aus, mit dem Ziel Singapur. Die Ladung kam aber niemals nach Japan, weil I30 zwei Ta-ge später vor Singapur auf eine Mine lief.

Die Italiener hatten festgestellt, daß sie mit Unterseebooten gut ihre Verbindungen zwischen Italien, Libyen und den Inseln im Dodeka-nes aufrecht erhalten konnten, so daß sie sich entschlossen, Spezial-Unterseeboote zu bauen für die Versorgungsrouten im Mittelmeer, sowie für Fahrten zwischen Westeuropa und Japan. Das Erste von zwölf Unterseebooten der R-Klasse wurde am 2. Juli 1942 auf der Tosi Werft in Taranto auf Stapel gelegt. Diese Boote konnten bei einer Wasserverdrängung von 1300 Tonnen 610 Tonnen laden; mit zwei Gruppen Diesel- und Elektromotoren hatten sie über Wasser eine Ge-schwindigkeit von 13 Knoten und getaucht von 6 Knoten. Die Besat-zung war dreiundsechzig Mann stark, zur Verteidigung waren drei 20 mm (.8 inch)-Geschütze aufgestellt. Die ersten beiden Boote, »Romo-lo« und »Remo« getauft, liefen am 21. und 28. März 1943 vom Stapel, drei Monate später wurden sie in Dienst gestellt.

Die Kriegsmarine war natürlich von diesen Entwicklungen unterrich-tet. Sie hatte ebenfalls Überlegungen für den Einsatz von Ubooten nach dem Fernen Osten angestellt, die jedoch nicht sehr intensiv ver-folgt wurden. Die vorhandenen Uboote hatten einen zu geringen Fahrbereich für diese Aufgabe, das VIIC-Boot nur 3000 Seemeilen. Die Versorgung mit Brennstoff auf große Entfernung war schwierig. Außerdem befürchtete Admiral Dönitz, daß diese Entwicklung vom Tonnagekrieg im Atlantik ablenken könnte.

Die Diskussion über ein Fernfahrt-Uboot wurde wieder verstärkt, als man den Eindruck hatte, daß die Alliierten ihre Abwehr im Atlantik verstärkt hätten und die Japaner vorschlugen, Uboot-Stützpunkte für den Indischen Ozean in Penang oder Sabang, einer Insel Sumatras, einzurichten. In dieser Zeit wurde das Typ IXD2-Boot mit einem Fahrbereich von 23700 Seemeilen eingeführt. Die Japaner erbaten auch die Übereignung von zwei deutschen Ubooten, die als Prototyp für den Bau ähnlicher japanischer Boote dienen sollten. Großadmiral Dönitz war nicht glücklich über dieses Anliegen, mußte sich aber dem Willen des Führers fügen, der die Japaner bei guter Laune halten woll-te und an die Kautschukversorgung dachte. Ein Uboot war auch leichter zu ersetzen als Werkzeugmaschinen.

Als Großadmiral Dönitz am 8. Februar 1943 seine Maßnahmen für die Fahrten der Blockadebrecher im Jahre 1943 vortrug, waren ihm ohne Zweifel alle damit zusammenhängenden Fakten bewußt. Das Uboot Typ XX war ausgesprochen für den Verkehr mit dem Fernen Osten entworfen worden. Zweihundert von diesen Fernfahrt-Ubooten sollten gebaut werden, jedes mit einer Wasserverdrängung von 2708 Tonnen. Die acht Laderäume sollten 800 Tonnen Öl oder Trockenladung fassen, und sie sollten einen Fahrbereich von 13000 Seemeilen bei 12 Knoten haben.

Bis zur Indienststellung dieser Uboote sollten umgebaute italienische Unterseeboote die Transporte durchführen, da sie für den Einsatz gegen die stark gesicherten Geleitzüge im Atlantik zu unhandlich waren. Ihre Türme waren zu groß, die Silhouette war zu augenfällig und viele hatten zwei große Kanonen, die selten zu gebrauchen waren, die Geschwindigkeit bei Unterwasserfahrt zu sehr minderten und dabei zu große Geräusche machten. Im Einverständnis mit Submarina wurde mit den Umbauten nach dem Einlaufen dieser Boote in den Stützpunkt Bordeaux begonnen. Zunächst wollten die Deutschen die Boote besetzen, dann schlugen sie vor, die Boote als Handelsschiffe fahren zu lassen, aber Capitano Grossi von Betasom wies beide Vorschläge zurück. Im Austausch erhielten die Italiener als Kampf-Uboote für die Schlacht im Atlantik eine Anzahl neu fertiggestellter deutscher Uboote.

»Enrico Tazzoli«, »Giuseppe Finzi«, »Barbarigo«, »Commandante Cappellini«, »Archimede«, »Alpino Bagnolini«, »Reginaldo Giuliani«, »Leonardo da Vinci«, »Luigi Torelli« und »Ammiraglio Cagni« waren Boote von sieben verschiedenen Klassen, die zwischen 1936 und 1941 gebaut worden waren. Das größte Boot war »Ammiraglio Cagni«, mit einer Wasserverdrängung von 1504 Tonnen. Die Idee war, daß diese Boote irgendwo südöstlich von Madagaskar Frachter treffen, von ihnen Ladung übernehmen und damit zurückkehren sollten. Dieses Gebiet war allgemein die Grenze für normale Uboote, die vor Südafrika operierten und die mit Brennstoff von »Milchkühen« versorgt wurden.

Einige französische Unterseeboote, die von den Deutschen in Bizerta im Dezember 1943 beschlagnahmt worden waren, erhielten die Italiener zustätzlich. Vier davon sollten als Transporter umgebaut werden. Es war »Phoque«, »Requin«, »Espadon« und »Dauphin«, alle von der 974 Tonnen Klasse. Sie wurden umbenannt in »FR111«, »FR113«,

»FR114« und »FR115«. Der Umbau des ersten Bootes war sehr bald durchgeführt, es wurde jedoch bei einem Luftangriff auf Sizilien am 28. Februar 1943 versenkt.

Das erste Auslaufen eines Uboot-Transporters verzögerte sich bis zum 9. Februar 1943, einem astrologisch günstigen Datum. Korvettekapitän Musenberg war selbst zwar nicht abergläubisch, aber seine beiden Passagiere. Einer davon war der indische Nationalist Subhas Chandra Bose, den es nach Berlin verschlagen hatten und der nun nach dem Fernen Osten reisen wollte, um dort eine Armee aus indischen Kriegsgefangenen aufzustellen, mit der er, zusammen mit den Japanern, für die Befreiung Indiens von der britischen Herrschaft kämpfen wollte. Außer seinen Muslims hatte »U180« Pläne und Muster für neue Waffen und Geräte an Bord und eine große Menge von besonderen Chemikalien. Diese Chemikalien erzeugten in Verbindung mit Meerwasser eine Schaummasse, die wie ein Uboot die Unterwasserschall-Impulse des Asdics reflektierte. Diese Vortäuschung eines Ubootes, von den Deutschen »Bolde« genannt, sollte den Japanern zur Verfügung gestellt werden.

Die Diesel von »U180« machten auf dieser Reise mehr Ärger, als sie wert waren. Zwei Schiffe wurden angegriffen. Chandra Bose litt unter Seekrankheit und fiel einmal über Bord; das war alles, was sich auf der Hin- und Rückreise ereignete. Die Umladung erfolgte am 26. und 27. April 1943, 180 Seemeilen südöstlich von Madagaskar auf »I29«, von dem orientalisches Gold, Chinin und Muster der neuesten japanischen Geräte übernommen wurden. Dabei wurde ein böses Kauderwelsch von Deutsch — Japanisch — Englisch gesprochen. I29 brachte Chandra Bose nach Penang, von wo er nach Japan flog. »U180« fuhr mit einer unerwünschten Auswahl von fernöstlichem Ungeziefer zurück und lief am 3. Juli 1943 in Bordeaux ein.

Die Pläne für das Auslaufen der Monsun-Gruppe war unterdessen ausgearbeitet worden. Diese Front-Uboote sollten auf ihrer Ausfahrt, mit Ausnahme von besonders wichtigen Zielen, keine Schiffe angreifen, um nicht die Aufmerksamkeit auf sich zu ziehen. Im Indischen Ozean sollten sie normale Patrouillenfahrten durchführen und zur Erweiterung des Blickfeldes die Bachstelze, einen Geleithubschrauber, schleppen. Der Fahrbereich der Boote sollte durch die Versorgungstanker »Brake« und »Charlotte Schliemann« vergrößert werden. »Charlotte »Schliemann« war auch für den Transport von Speiseöl zwischen Südostasien und Japan eingesetzt. Die Uboote sollten dann in Penang überholt werden. Für die Rückreise nach Europa sollten, anstatt der verschoßenen Torpedos, Kautschuk, Opium und andere Produkte an Bord genommen werden. Selbst die Behälter für die Nahrungsmittel waren aus reinem Zinn, das man in Europa gut verwerten konnte. Für die Fahrt durch die gefährlichen Gewässer des Nordatlantik wurden für einen Notfall einige Torpedos an Bord behalten.

Die Aktivitäten der italienischen Transport-Uboote, der japanischen Schiffsbewegungen und der Monsun-Uboote ergaben ab Mai 1943 ein kompliziertes Programm, das zusammengefaßt wie folgt aussah:

10. Mai 1943	»U511«, Typ IXC, Abfahrt Frankreich mit dem japanischen Marineattaché Vice-Admiral Nomura an Bord. »U511« wurde im folgenden Monat als »Ro500« in der Kaiserlichen Japanischen Marine in Dienst gestellt. Dieses Uboot war unter Anstrengungen als Prototyp zum Nachbauen nach Japan gebracht worden, aber trotz ihrer Fähigkeiten verzichteten die Japaner wegen zu großer Schwierigkeiten auf den Nachbau.
11. Mai 1943	»Commandante Cappellini«, Abfahrt Bordeaux. Landung: Vorräte, Geräte und Torpedos für den Stützpunkt der Monsun-Uboote Penang, dazu noch wertvolle Fracht für Japan. Eine typische Ladung, wie sie für alle italienischen Transporter vorgesehen war, bestand aus 160 Tonnen Quecksilber, Stahl und Aluminiumbarren, Schweißstäben, Munition, Prototypen von Bomben, 2 cm (.8 inch)-Geschützen Zielgeräte und Blaupausen von Panzern. Dazu konnten noch bis zu einem Dutzend Passagiere eingeschifft werden, dann verringerte sich jedoch der Reserveauftrieb von normal 20—25 % auf 3 1/2; — 6 %. Da keine Handelsschiffe der Achsenmächte für eine Umladung auf den Meeren mehr zur Verfügung standen, mußten die Boote bis Penang oder Sabang und dann nach Singapur fahren. Sie waren bis auf Maschinengewehre unbewaffnet und wurden durch die Molukken-Straße von der Korvette »Eritrea« begleitet. »Commandante Cappellini« kam am 13. Juli 1943 in Singapur an. Die Ladung wurde ausgetauscht gegen 44—70 Tonnen Zink, 110—115 Tonnen Kautschuk, 5 Tonnen Wolfram, 2 Tonnen Chinin, 2 Tonnen Opium, Bambusrohr, Rattan und mehrere Passagiere.
16. Mai 1943	»Reginaldo Giuliani», Abfahrt Bordeaux, Ankunft Singapur am 1. August 1943.
21. Mai 1943	»Enrico Tazzoli«, Auslaufen Bordeaux, in der Biscaya gebomt und versenkt.
11. Juni 1943	»U200«, Typ IXD2, Auslaufen von Norwegen. Das erste Uboot der Monsun-Gruppe, wurde durch ein PBY Catalina Flugzeug südwestlich von Island versenkt.

17.–19. Juni 1943	»Barbarigo«, nach Auslaufen aus Bordeaux in der Biscaya gebomt und versenkt.
18. Juni 1943	»Luigi Torelli«, Abfahrt Bordeaux, trifft zur Brennstoffergänzung südöstlich des Kap der Guten Hoffnung das Typ IXD2-Boot »U178«, das Befehl bekommen hatte, im Indischen Ozean zu bleiben. Beide Uboote erreichten ihren Stützpunkt im Fernen Osten gemeinsam am 26. August 1943. Fregattenkapitän Wilhelm Dommes, der Kommandant von »U178«, wurde Leiter des Stützpunktes Penang mit seinen Nebenstützpunkten Singapur, Djakarta, Surabaja und Kobe. Der Stützpunkt Penang war für keine der drei Marinen der Achse ein erfreulicher Hafen. Die Seeleute der verschiedenen Nationen kamen sich dort nicht näher, im Gegenteil, körperliche Beschwerden durch Krankheiten und ungewohntes Essen, dienstlicher Ärger wegen schlechten Brennstoffs, primitive Verhältnisse, die Haltung der Zivilbevölkerung ihnen gegenüber, teils einschmeichelnd, teils voller Haß, brachten die Seeleute der Achse noch weiter auseinander. Die Japaner waren an dem europäischen Krieg nicht interessiert. Sie untersagten den Deutschen und Italienern die Benutzung des Schwimm-Klubs von Singapur und machten für alle Erfolge der Amerikaner im Pazifik die Europäer verantwortlich. die Deutschen verachteten die Japaner und waren wütend, wenn sie die neuesten Geschichten über sowjetische Siege mit Schadenfreude erzählten. Die Italiener sagten, daß sie nicht viel von den japanischen Flugzeugen hielten und daß nur die viermotorigen britischen und amerikanischen Maschinen zählen würden; aber von den indonesischen Kindern, die vor ihnen knieten und um Verzeihung baten, weil sie die Japaner gegen die Amerikaner unterstützten, waren sie sehr angetan. Die Deutschen verhielten sich den Italienern gegenüber sehr herablassend, als diese sich mit Vergnügen den Film »Der Diktator« ansahen, den die Japaner laufen ließen, und in dem Charlie Chaplin Adolf Hitler imitierte.
26./27. Juni 1943	»I8«, ein japanisches 2231-Tonnen-Boot, verläßt Penang. Abgesehen von der eigenen Besatzung von 100 Mann wurden noch weitere 48 Mann eingeschifft, die »U1224« (das in Hamburg gebaut wurde), besetzen sollten. Während der Reise trifft »I8«, Kommandant Captain Uchino, »I10« zur Brennstoffergänzung und »U161« zur Übernahme des Radarwarngerätes. Der Einbau des deutschen Gerätes dauerte vier Stunden. In dieser Zeit hatten die Gleitbomben der Luftwaffe, die später wieder zurückgezogen wurden, einen gewissen

Erfolg gegen die britische Bewachung in der Biscaya. Vielleicht war das eine Hilfe für die Passage von »I8« durch die Biscaya. Eine Suchgruppe behauptete zwar, sie habe sechzehn Stunden einen Asdickontakt gehabt und eine Anzahl Wasserbomben geworfen; sie meldete aufschwimmende Kautschukballen und eine sich ausbreitende Dieselöllache. »I8« wurde jedoch Ende August 1943 wohlbehalten von »T24«, »T22« und »T25« nach Lorient geleitet.

29. Juni–8. Juli 1943 »U847«, ein Typ IXD2-Boot, wurde, von Norwegen kommend, in der Dänemark-Straße durch Eis beschädigt und steuerte nun Frankreich an. Der Rest der Monsun-Gruppe und das italienische Boot »Ammiraglio Cagni« liefen aus französischen Häfen aus. »U514« »U506« und »U509« wurden im Atlantik durch Flugzeuge versenkt, die ebenfalls »U462«, einen Versorger vom Typ XIV, schwer beschädigten. Wegen des Verlustes von zwei weiteren Uboot-Tankern mußte »U516« Brennstoff an die anderen Uboote abgeben und zurückkehren. »U168«, »U183«, »U188«, »U532« und »U533« erreichten planmäßig den Indischen Ozean; »U533« wurde dort im Einsatz versenkt.

5. September 1943 »I8« verlegte nach Brest zur Übernahme von Torpedos, Flugzeugmotoren, Fla Geschützen und Geräten und Einschiffungen von zehn deutschen Beratern. Das Unternehmen »Flieder« war das Herausbringen von »I8« unter starkem Geleit bis es tauchen und die Reise allein fortsetzen konnte. Im Mittelatlantik überstand das Boot einen Luftangriff und entkam in der Zeit vom 10.–14. November 1943, trotz gelegentlich eingepeilter Funksignale, einer großangelegten Suche von Luft- und Seestreitkräften von Südafrika aus. Captain Uchino marschierte bei Tageslicht grundsätzlich unter Wasser. »I8« erreichte schließlich Japan.

Durch den Waffenstillstand mit Italien, am 8. September 1943, hatte sich die Situation völlig verändert. Alle italienischen Handelsschiffe, die sich im Machtbereich der Deutschen befanden, wurden sofort beschlagnahmt. Die Besatzungen konnten unter der Nazi-Flagge weiterfahren oder sie mußten in das Gefangenenlager marschieren; die meisten zogen das letztere vor. »Ammiraglio Cagni«, das noch nicht zum Transport-Uboot umgebaut worden war, gab seine Monsun-Fahrten auf und setzte sich nach Südafrika ab. »Commandante Cappellini« wurde von den Japanern in Sabang beschlagnahmt, »Reginaldo Giuliani« und »Luigi Torelli« in Singapur. Alle drei Unterseeboote wurden deutschen Besatzungen übergeben und umbenannt in »UIT24«,

»UIT23« und »UIT25«. Der Umbau von »Alpino Bagnolini« war gerade beendet worden, während der von »Giuseppe Finzi« noch im Gang war. Beide Boote wurden von den Deutschen in Bordeaux als »UIT22« und »UIT21« übernommen. »Archimede« und »Leonardo da Vinci« wurden schon früher im Jahre 1943 versenkt, bevor mit dem Umbau begonnen worden war. Ein ähnliches Schicksal mußten »Remo« und »Romolo« auf ihren Jungfernfahrten im Juli 1943 erleiden. Die anderen Boote wurden niemals fertiggestellt, auch wurde der Umbau der früheren französischen Unterseeboote, die von den Italienern übernommen worden waren, nicht beendet.

Nach dem Resultat des Jahres 1943 war für die zukünftigen Fahrten der Unterseeboote-Blockadebrecher nach dem Fernen Osten nicht viel zu erhoffen. Für die japanischen Techniker mag manches Werkstück, das auf diesem Weg zu ihnen gekommen war, von Interesse gewesen sein, die deutsche Industrie hat von den geringen Mengen, die mit den drei Ubooten nach Frankreich gebracht wurden, kaum einen Nutzen gehabt. Mit einer großen Anzahl von Unterseeboot-Frachtern hätte man vielleicht eine ins Gewicht fallende Menge von Rohstoffen heranbringen können, wenn man die Möglichkeit gehabt hätte, sie zu bauen. Aber auch dann hätte es seine Zeit gedauert, bevor sie fahrbereit gewesen wären.

Auch die Monsun-Uboote hätten nach ihrem Kampfeinsatz längere Zeit gebraucht, um wieder für die Rückfahrt bereit zu sein. Unterdessen wurden große Mengen von gewissen Produkten, vor allem Kautschuk, dringend gebraucht. Das konnten nur Überwasserschiffe heranschaffen. Man dachte daran, daß selbst die beschädigte »Pietro Orseolo« noch 5100 Tonnen Kautschuk gelöscht hatte, viel mehr als alle Unterseeboote-Blockadebrecher in der ganzen Zeit.

Die Frage war, welche Schiffe man für diese Aufgabe nehmen konnte. Da waren zunächst die fünf Handelsschiffe, die am Ende der Blockadebrecher-Fahrten des letzten Winters nach Japan gekommen waren. In Bordeaux waren neun Schiffe, die aber für eine Reise nach dem Fernen Osten und zurück mit Fracht, erst vorbereitet werden mußten. Dann dachte man an »Lützow«, »Admiral Scheer« und den Flugzeugträger »Graf Zeppelin« und verwarf es wieder. Abgesehen von den notwendigen umfangreichen Umbauarbeiten, war es kaum vorstellbar, daß diese großen unverkennbaren Kriegsschiffe unbelästigt von der Ostsee durch den Nordatlantik mit den alliierten Geleitzugsrouten, um die Welt und wieder zurück fahren konnten. Es hätte auch kein Offizier gewagt, und wenn er noch so begeistert von dieser Idee gewesen wäre, diesen schwer praktikablen Vorschlag Hitler vorzutragen; sein heftiger Widerwille, große Kriegsschiffe einem Risiko auszusetzen, war bekannt. Die Zukunft der Marine hätte man damit auf's Spiel gesetzt. Einige Handelsschiffe hatten im neutralen Goa gelegen. In den frühen Stunden des 9. März 1943 fuhren achtzehn Mann vom Leuchtturm von Kalkutta und den dort stationierten Schotten heimlich mit einer Barkasse in den Hafen, um auf dem Frachter »Ehrenfels« einen Geheimsender zu zerstören. Bei dem Durcheinander, das dabei entstand, glaubten die Besatzungen der nebenan liegenden Schiffe, daß auch sie angegriffen würden. Sie entzündeten deshalb Petroleum und anderes brennbares Material, das vorbereitet war, zündeten die Sprengladungen und öffneten die Seeventile. Die Schiffe der Hansa-Linie »Ehrenfels«, »Drachenfels« und »Braunfels« gingen lodernd auf den Grund des Hafenbeckens — zusammen mit »Anfora« der Reederei Lloyd Triestino. Kein einziges der Schiffe war mehr fahrbereit.

Tatsächlich, es gab nur noch wenige neutrale Häfen, in denen deutsche Handelsschiffe noch sicher waren. Ein Land nach dem anderen erklärte den Krieg oder brach die diplomatischen Beziehungen mit den Achsenmächten ab, was die sofortige Beschlagnahme der Schiffe, die seit 1939—1940 dort lagen, bedeutete. Einige Schiffe befanden sich in portugiesischen Häfen, die von Agenten oder Kriegsschiffen so scharf beobachtet wurden, daß jede Bewegung den Alliierten sofort gemeldet wurde. Auf jeden Fall waren viele der Schiffe nicht mehr die jüngsten, sie hatten jahrelang aufgelegen und erst nach einer Grundüberholung hätte man ernsthaft daran denken können, sie in See zu schicken. Die Reedereien begannen deshalb, die Schiffe an Firmen dortiger Nationalität zu verkaufen. Der Gewinn wurde zum Einkauf leicht zu transportierender Waren, die von Wert für die deutsche Kriegswirtschaft waren, verwandt.

Die deutsche Handelsmarine hatte durch Feindeinwirkung und übermäßige Charterung oder Beschlagnahme durch die Kriegsmarine oder Wehrmacht so viele Schiffe verloren, daß der Reichskommissar Kauffmann das »Hansa«-Programm anordnete, ein Schiffsbauprogramm von Standard-Schiffen von 3000, 5000 und 9000 Tonnen Wasserverdrängung. Diese Schiffe wurden den Reedereien, entsprechend ihrem Anteil am Verkehr, zugeteilt und hauptsächlich in der Fahrt mit schwedischem Eisenerz verwandt, bis im September 1944 die schwedische Regierung ihre Häfen für die Schiffahrt der Achsenmächte schloß. Die »Hansa«-Schiffe sollten auch nach dem Sieg in der Fahrt bleiben und bis dahin als Blockadebrecher zwischen Europa und dem Fernen Osten eingesetzt wurden. Es hatten jedoch so viele andere Projekte Vorrang, besonders der Ubootbau, daß das »Hansa«-Programm nicht so erfolgreich war, wie man gehofft hatte. Unter der neuen Leitung von John F. Essberger liefen achtundfünfzig Schiffe vom Stapel, jedoch keins von ihnen ist als Blockadebrecher gefahren. So mußten die Veteranen der Orientfahrt »Alsterufer«, »Burgenland«, »Osorno«, »Rio Grande« und »Weserland« wieder heran. Die Vorbereitungen für ihre Ladungen und Fahrten wurden getroffen.

16. Ein verzweifeltes Spiel

Wieder einmal wurden die üblichen Befehle an die Uboote, Minensuchboote und an den Fliegerführer »Atlantik« gegeben. Kapitän zu See Erdmengers Zerstörer und Torpedoboote waren durch »Z27« und »ZH1« verstärkt worden. »ZH1« war ein früherer niederländischer Zerstörer, der 1940 bei der Besatzung von Rotterdam in Bau war und von den Deutschen fertiggestellt wurde. Die Hauptbewaffnung des Zerstörers waren fünf 12 cm (4,7 inch)-Geschütze und acht Torpedorohre.

Die andere Seite wußte wieder einmal von den Absichten, durch Agentenmeldungen, Luftaufnahmen und Funkaufklärung, die über den Uboot-Funkverkehr hinaus jetzt noch weitere Funkdienste entschlüsseln konnte. Die Alliierten hatten in diesem Kampf nun auch noch den Vorteil, Stützpunkte auf den Azoren, die ihnen die Portugiesen für ihre Kriegsschiffe und Flugzeuge eingeräumt hatten, zu benutzen und der Flugplatz der US Navy auf Ascension war jetzt voll im Betrieb. Die Enge zwischen Nord- und Südatlantik konnte nunmehr dicht gemacht werden.

Die Figuren waren auf dem Brett aufgestellt, das Spiel konnte beginnen. Der erste Zug in dem weltweiten Schachspiel erfolgte am 2. Oktober 1943. »Osorno« verließ an diesem Tag Kobe, zwei Tage später folgte, ebenfalls aus Kobe, »Alsterufer« und aus Yokohama »Rio Grande«. »Weserland« und »Burgenland« verließen Yokohama am 26. und 29. Oktober 1943.

Die ersten Kampfhandlungen hatten mit der großen Aktion gegen die Blockadebrecher nicht unmittelbar etwas zu tun, eine davon erinnerte daran, daß Wissen zwar Überlegenheit gibt, aber noch keine Garantie für einen Sieg ist. Die Tage der »Münsterland« als Blockadebrecher waren vorüber und sie sollte zurück in deutsche Gewässer um dort verwandt zu werden. Der britische Geheimdienst erfuhr am 22. Oktober 1943, daß sie den Hafen von Brest mit dem Ziel Cherbourg verlassen hatte.

Am selben Abend lief der Kreuzer »Charybdis« mit zwei Flottenzerstörern, die 32 Knoten laufen konnten, und vier Hunt-Zerstörern mit 25 Knoten aus Plymouth aus, um die »Münsterland« zu jagen.

Diese Art von Vorstößen, »Tunnel« genannt, wurden seit einer Reihe von Monaten durchgeführt, aber dieser Verband von Schiffen war noch niemals zusammen gefahren, nicht einmal zur Übung. Nachdem die Schiffe die französische Küste erreicht hatten, gingen sie, wie immer, mit 13 Knoten auf Westkurs. Die übliche Reaktion der Deutschen, wenn sie die wohlbekannten Zacken auf dem Radarschirm sahen, war, den Geleitzug in den nächsten geeigneten Hafen zu schikken. In dieser Nacht hatten sie sich aber noch etwas anderes einfallen lassen — einen seewärtigen Schutz von fünf Elbing-Torpedobooten. Es ergab sich ein großes Durcheinander in dem »Charybdis« mit Torpedos versenkt wurde und »Limbourne« mit aufgerissenem Bug später aufgegeben werden mußte. Der Verlust von fünfhundert Mann war zu beklagen. Die Lehren, die aus dieser Nacht gezogen wurden, führten zur Aufstellung der 10. Destroyer Flotilla, einem einheitlichen Verband von kampfkräftigen Zerstörern, die das ganze Jahr 1944 zusammen fuhren. »Münsterland« wurde später bei einem Luftangriff beschädigt, lief bei Cap Blanc Nez auf Grund und wurde von den Fernkampfbatterien bei Dover zusammengeschossen.

Auf der anderen Seite der Welt waren es Schiffe der Achse, denen aufgelauert wurde. In der Malakka-Straße, zwischen Sumatra und Malaya, waren jetzt britische und niederländische Unterseeboote stationiert. Sie sollten den Küstenverkehr der Japaner stören und den Schiffsverkehr zu dem Uboot-Stützpunkt Penang überwachen. Am 13. November 1943 sichtete »Taurus« ein großes japanisches Unterseeboot. Es war »I34«, ein Boot mit 2198 Tonnen Wasserverdrängung, das am Vortag von Singapur ausgelaufen war, um Fracht nach Europa zu bringen. Die Reise von »I34« wurde durch Torpedos der »Taurus« beendet.

Zwei Wochen später, am 27. November 1943, verließ »U178« Penang, weil der Stützpunkt noch nicht genügend ausgerüstet war, um eine Überholung dieses Typ IXD2-Bootes durchführen zu können. Kapitänleutenant Spahr hatte für eine Feindfahrt im Indischen Ozean Torpedos geladen. Mit einer ähnlichen Aufgabe verließ Chu-sa Kinashi mit »I29« am 16. Dezember 1943 Penang. Unterdessen waren die ersten Boote der zweiten Monsun-Gruppe auf dem Weg nach dem Fernen Osten. Die Typ IXD2-Boote »U848«, »U849«, »U850« und »U177«, dazu das Typ XB-Boot »U219« und ein Typ IXC-Boot »U510« waren vor dem Jahresende 1943 in den Atlantik ausgelaufen. »U510« war das einzige Boot, das in Penang ankam. »U219« wurde, nachdem es vor Kapstadt und Colombo Minen gelegt hatte, zurückgerufen, um als Uboot-Tanker zu fahren. Die anderen Uboote wurden alle Opfer von Flugzeugen, die in Ascension oder von einem US Geleitträger gestartet waren.

Es war auch möglich, daß ein Überwasserschiff versuchen würde, im Nordatlantischen Winter auszubrechen. Die Alliierten wußten, daß ein Schiff von Bordeaux nach Concarneau in der Bretagne verlegtworden war, wahrscheinlich um seine Ladung an Ubootmaterial zu vervollständigen. Die deutsche Führung mag angenommen haben, daß das Schiff dort vor Anker weniger gefährdet war als in Lorient oder Brest. Ein Luftangriff auf dieses Schiff war am 1. Dezember 1943 erfolglos, er wurde am 18. Dezember wiederholt. Bristol Beaufighters vom 254. Squadron unter dem Schutz von Hawker Typhoons beschädigten das Schiff mit Torpedos und Geschützfeuer schwer, Bergungsversuche scheiterten, und das Schiff sank später vor Lorient. Es war »Pietro Orseolo«, jetzt unter deutscher Flagge, bereedert von der Hamburg-Amerika Linie, die dort untergegangen war.

Die Vorrunden waren beendet, das große Spiel konnte beginnen. Das Unternehmen »Stonewall« wurde von Admiral Sir Ralph Leatham, dem Befehlshaber in Plymouth, geleitet. »Gambia« und »Glasgow« liefen am 12. Dezember 1943 aus, um ein Seegebiet 500 Seemeilen nordnordwestlich der Azoren zu überwachen. Während der eine Kreuzer auf Position war, sollte der andere an der Pier in Horta von einem dort liegenden Tanker Brennstoff übernehmen und klar zum sofortigen Auslaufen sein. In Horta gab es keine Verdunkelung, reichlich Lebensmittel, besonders Gemüse und Früchte; nur das Ein- und Auslaufen war schwierig. Der Befehlshaber in Plymouth koordinierte auch die Luftüberwachung. Für die Flugzeuge war es auch jetzt noch schwierig, Schiffe einwandfrei zu identifizieren, besonders bei Nacht. Am 28. Dezember 1943 um 2.44 Uhr sichtete eine Halifax in 49° 13' Nord /09° 25' West ein 6000 BRT großes Handelsschiff. In den weiteren Meldungen wurden abweichende Positionen angegeben und das Schiff auf 8000 BRT geschätzt.

178

Bei einem Angriff eröffnete es das Feuer. Es wurde eine Suchaktion zu Wasser und in der Luft nach diesem flüchtigen feindlichen Schiff eingeleitet. Schließlich stellte man fest, daß es sich um das britische LCT573 handelte, das gerade eine Wasserverdrängung von 200 Tonnen hatte. Bei dieser Aktion wurden weitere Fahrzeuge gemeldet, die untersucht werden mußten. Es handelte sich um den 270 BRT großen Schlepper »Empire John«, der mit »CT573« zusammen gefahren, aber nicht bemerkt worden war und um das 1300 Tonnen große indische Geleitboot »Godavari«, das auch das gemeldete Schiff suchte.

Am Weihnachtstag 1943 wurde der Blockadebrecher »Osorno deutscher Deckname »Bernau«, vom Costal Command gesichtet. Die Vernichtung dieses Schiffes hatte Vorrang vor allen anderen Zielen. Zwei aus der Halifax-Kampfgruppe sichteten beim Näherkommen Uboote, kümmerten sich aber nicht darum. Es gelang »Osorno« trotz allem, unter dem Schutz der deutschen Geleitfahrzeuge mit starker Flak und Ju88 Kampfflugzeugen, die Gironde zu erreichen. Dort lief »Bernau« auf ein Wrack und mußte auf Strand gesetzt werden.

Die Zerstörer von Kapitän zur See Erdmenger wurden für die Aufgabe »Bernau« hereinzubringen, durch die 4. Torpedoboots Flottille unter Korvettenkapitän Kohlauf mit den Booten, »T27«, »T22«, »T23«, »T24«, »T25« und »T26« verstärkt. Diese Boote der 4. Torpedo Flottille hatten an einer Reihe erfolgreicher Unternehmungen im Ärmelkanal teilgenommen. Während der »Osorno«-Unternehmung hatte der große Narvik-Zerstörer »Z23« einen Wassereinbruch von 200 Tonnen und mußte zeitweise unter der spanischen Küste Schutz suchen, war aber für die folgende Unternehmung »Trave«, dem Deknamen für das Hereingeleiten der »Alsterufer«, wieder klar, während »ZH1« wegen Kondensatorschaden ausgefallen war. Die deutschen Zerstörer und Torpedoboote waren am Morgen des 28. Dezember 1943 in See, offensichtlich wußten sie nichts von der Vernichtung der »Alsterufer« durch das Costal Command. Admiral Leatham ließ durch Flugzeuge die Bewegungen der deutschen Fahrzeuge beobachten. Er schickte den Kreuzer »Penelope« und »Mauritius« mit dem Minenleger »Ariadne« in das Seegebiet zwischen den Azoren und der iberischen Halbinsel. »Gambia« sollte von Horta auslaufen und zu »Glasgow« und »Enterprise« stoßen. »Enterprise« hatte nach Brennstoffübernahme Plymouth am 27. Dezember 1943 verlassen.

Am Morgen des 28. Dezember 1943 hatten sich »Glasgow« und »Enterprise« getroffen; sie patrouillierten viel näher an der französischen Küste, als sonst. Der erste Sealord der Admiralität, Admiral of the

Fleet Sir Andrew Cunningham, hatte entschieden, daß die Gefahr deutscher Luftangriffe in Kauf genommen werden müßte, die Schiffe sollten bis zu 200 Seemeilen Abstand von der französischen Küste gehen, wenn ein Blockadebrecher oder seine Geleitfahrzeuge erfolgreich abgefangen werden könnten.

»Glasgow« sichtete um 13.42 Uhr auf Nordwestkurs an Backbord in einem Abstand von 8 Seemeilen die deutschen Zerstörer auf Südostkurs. Die beiden Kreuzer setzten sofort die Flagge »Klar zum Gefecht« und gingen zwischen den Zerstörern und der französischen Küste auf Parallelkurs. Vier Minuten später war das Geschützfeuer eröffnet.

Die Deutschen legten eine Nebelwand hinter der sie gelegentlich kurz verschwanden und setzten zu einem Zangenangriff auf »Glasgow« und »Enterprise« an, erlitten dabei aber selbst Treffer. Die deutschen Torpedos wurden ausmanövriert, eine 15 cm (5.9 inch)-Granate traf das Ansaugrohr im vorderen Kesselraum der »Glasgow«; Splitter töteten zwei Mann von der Bedienung des Backbord-Maschinengewehrs und verwundeten sechs weitere. Das Bereitschaftsmagazin wurde in Brand gesetzt. Während das Feuer gelöscht wurde, erschien ein Flugzeug der Luftwaffe. Die 4 inch (10,2 cm)-Flak der »Glasgow« zwang die Fw200c zum Abdrehen. Captain Clark ging sofort mit der Fahrt hoch, so daß die ferngesteuerte Gleitbombe, die unbedingt treffen sollte, hinter dem Heck detonierte. Glücklicherweise fuhren die Kreuzer nicht in Kiellinie.

Man wird nie ergründen können, was sich Kapitän zur See Erdmenger erhoffte, als er mit »Z27« und drei weiteren Zerstörern auf Nordwestkurs ging, während die anderen um 14.28 Uhr hinter einer Nebelwand südwärts fuhren. Wollte er einige seiner Zerstörer opfern, damit die anderen entkommen konnten, oder beabsichtigte er mit der Teilung seines Verbandes den britischen Schiffen eine Falle zu stellen? Das Ergebnis war, daß die beiden Kreuzer ihr Feuer auf die kleinere, nach Westen fahrende Gruppe konzentrieren konnten. Bei der schweren See hatten »Glasgow« und »Enterprise« eine ruhigere Geschützplattform, während ihre Gegner mit den Geschützen auf der Back nicht so gut schießen konnten, wie man es von den Narvik-Zerstörern erhofft hatte. Trotz einer weiteren Gleitbombe, die auf »Enterprise« gerichtet war, wurden »Z27«, »T25« und »T26« eine Stunde später versenkt.

Die anderen Zerstörer und Torpedoboote hatten an diesem Kampf nicht weiter teilgenommen, blieben aber nicht unbelästigt. Britische Halifax-Flugzeuge und amerikanische PB4Y, von Bombron 105, griffen weiter mit Bomben und Bordwaffen an. Zwei PB4Y gingen dabei verloren, aber eine schoß ein Fw200c ab. Die überlebenden Schiffe liefen dann in ihre Häfen ein, »Z32« und »Z37« in die Gironde, »Z23« und »T22« in St. Jean de Luz, und »Z24«, »T23«, »T24« und »T27« in Brest.

»Glasgow« und »Enterprise« kehrten nach Plymouth zurück und wurden mit Glückwünschen und Auszeichnugen begrüßt. Auf ihrer Fahrt dorthin waren sie Ziel von Luftangriffen gewesen, aber die eigene Luftabwehr und der Schutz der RAF Kampfflugzeuge bewahrten sie vor Schäden. Die zwei Toten der »Glasgow« waren auf See beigesetzt worden, ihre Kränze hatte man aus den Zweigen eines Christbaumes geflochten, der für das Weihnachtsfest auf den Azoren bestimmt war. »Osorno« und »Alstcrufer« hatten die 1700-Seemeilen-Enge zwischen Afrika und Südamerika passiert. Die Streitkräfte von Vice-Admiral Ingram waren angewiesen, auf keinen Fall einen Blockadebrecher durchkommen zu lassen. Bombron 107 hatte elf Consolidated PB4Y-1 Liberators und fünfzehn verfügbare Flugzeugbesatzungen, die zwischen Ascension und Natal in Brasilien aufgeteilt waren. Die Besatzungen hatten nicht ihre eigenen Flugzeuge, sie mußten in der Reihenfolge immer das nächste einsatzbereite Flugzeug besetzen. Ihre wichtigste Aufgabe war, die drei Blockadebrecher, die man erwartete, abzufangen.

Jedes Flugzeug flog nach einem Plan ein Dreieck; zum Beispiel 700 Seemeilen hinaus, dann eine Seite von 400 Seemeilen und dann 1000 Seemeilen zurück. Nach der Betriebsanweisung hatte das Flugzeug eine normale Reichweite von 2100 Seemeilen und eine theoretische Höchstreichweite von 2290 Seemeilen. Für ein richtiges Gefecht, fern vom Stützpunkt oder bei ungenauer Navigation beim Heimflug, war keine große Reserve vorhanden. Ein Verband der Heeresfliegerei hatte die nordamerikanischen B-25 Mitchell-Flugzeuge, zweimotorig mit einer Reichweite von 1275 Seemeilen, die das Seegebiet unmittelbar um Ascension abdeckten. Die meisten Kriegsschiffe, die in diesem Gebiet eingesetzt waren, patrouillierten hier schon, bevor der Krieg begonnen hatte. Ihr Ziel war, einen Blockadebrecher zu fangen. Auf dem Kreuzer »Omaha« hatte Captain Leffler demjenigen 25 Dollar und 30 Tage Urlaub versprochen, der als erster einen wirklichen Blockadebrecher sichten würde.

Auf dem Widewake-Flugplatz auf Ascension brüteten Tausende von schwarzen Seeschwalben. Dort war das erste Ereignis am Neujahrstag 1944 der Start einer PB4Y. Das Flugzeug sollte einem verdächtigen

Schiff nachspüren, das von einer Maschine der RAF von Freetown am vorangegangenem Abend weit im Norden gesichtet worden war. Lieutenant Krug sah auf seinem Flug siebeneinhalb Stunden lang nichts als Wasser. Der erste Routineflug startete zwanzig Minuten später, um 7.40 Uhr. Als Baker 5 abgehoben hatte, ließ Lieutenant M. G. Taylor seine vier Pratt & Whitney-Sternmotoren mit 4800 PS laufen; Baker 9 begann zu rollen, hörte auf zu vibrieren, der Ko-Pilot zog das Höhenruder, die Räder hoben ab und die Insel fiel weg. Der Bordingenieur, der Navigator, der Bombenschütze, der Funker alle gingen ihren Beschäftigungen nach und warfen sie mal einen Blick durch ein Bullauge, sahen sie, ebenso wie die beiden Piloten und die Maschinengewehrschützen, nur das Meer und den Himmel, Wogen und Wolken. Einer kochte Kaffee und machte ein paar Brote; sie plauderten; das Flugzeug brummte davon.

Gegen 14 Uhr sahen sie etwas, ein Handelsschiff mit 10 Knoten auf Ostnordost-Kurs. Der Funker meldete die Position, 09o 35' Nord/23o 45' West, und die PB4Y ging herunter, um sich das Schiff aus der Nähe anzusehen. Vierzehn Minuten später machte Baker 5, 200 Seemeilen weit weg, einen ähnlichen Funkspruch von einem Handelsschiff in 07o 52' Grad/ 21o 40' West, das angab die britische »Seapool« zu sein, aber nicht so aussah.

Lieutenant Taylor umkreiste mit seiner Baker 9 unterdessen das Schiff. Es machte einen rechtschaffenen Eindruck, mit geraden Vordersteven, Mast mit abgesetzter Brücke, Schornstein, Mast, Ladekran und überhängendes Heck; auf das Oberdeck war eine große britische Flagge gemalt. Die Amerikaner verglichen das Schiff mit den Angaben im Handbuch für Handelsschiffe. Der »Aircraft Ordnanceman 2nd Class« Robert E. MacGregor war mit seiner Kamera bereit, Fotos zu machen. PB4Y rief mit der Morselampe an. Vier Flaggen wurden aufgeregt angesteckt und schnell auf und gleich wieder niedergeholt. Lieutenant Taylor war jetzt nahe genug heran, um auf einem kleinen Namensschild an der Seite der Brücke den Namen »Glenbank« lesen zu können. Der britische Frachter »Glenbank« hatte am 24. Dezember 1943 Kapstadt verlassen, er konnte hier sein. Um sicher zu sein mußte er aufgefordert werden, das geheime Erkennungssignal zu setzen, aber alliierten Handelsschiffen widerstrebte es, in diesem Seegebiet eine solche Anfrage von einem eindeutig viermotorigen amerikanischen Flugzeug zu beantworten. Es war früher Nachmittag, die heißeste Stunde des Tages und die Besatzung litt unter dem, was ein offizieller Bericht als »Normale Inaktivität« beschrieb (AI6-3/FVB-107:

Interception and Trailing of the German SS »Weserland«). Wenn das so war, wurde es Zeit, ihnen Beine zu machen. Einer der Bordschützen der Baker 9 schoß ein paar 50 inch (12,7 mm) Salven vor den Bug des Schiffes.

Schlagartig eröffnete das Schiff ein Dauerfeuer mit 3,7 cm (1,5 inch) Flak über die ganze Länge der Pb4Y. Ein Geschoß explodierte genau auf dem zweiten Propeller, Metallsplitter durchschlugen eine Öldruckleitung, die Zündung und andere Instrumente in der Kanzel. Eine andere Salve durchschlug die Backbordseite des Flugzeugs, ging durch den Rumpf, detonierte am Verschluß der Steuerbordkanone und zerstörte das VHF Gerät. Ein drittes Geschoß detonierte im Gang zur Luke, beeinträchtigte das Bedienen des hinteren Leitwerkes und verletzte AOM2 MacGregor am linken Arm und Bein und an der rechten Hand. Lieutenant Taylor warf die innere Luke zu, setzte einen Funkspruch über den Vorfall ab, nahm Kurs auf seinen Stützpunkt und landete sicher um 18.45 Uhr.

Die Streitkräfte im Südatlantik hatten jetzt zwei verdächtige Handelsschiffe zu überprüfen, da das Schiff von Baker 9 nicht die »Glenbank« sein konnte. Die deutschen Agenten hatten richtig gemeldet, daß »Glenbank« aus Kapstadt ausgelaufen war, da sie aber nach Montevideo fahren sollte, konnte sie nicht 540 Seemeilen westsüdwestlich von Ascension stehen. Auf jeden Fall hatte das Schiff mit Feuereröffnung gezeigt, daß es feindlich war. Der Zerstörer »Somers«, Deckname »Scorpion, wurde zur näheren Untersuchung hingeschickt, während der Kreuzer »Marblehead«, auch »Cutlass« genannt, und der Zerstörer »Winslow« das von Baker 5 gesichtete Schiff aufsuchten. Auf den Flugplätzen der Navy landeten die Flugzeuge den ganzen Nachmittag, am Abend und während der Nacht. Sie wurden überholt, aufgetankt, klargemacht und hoben wieder ab. Die Army setzte ihre Flugzeuge während der Nacht nicht ein, weil sie das für zu gefährlich hielt. Die zeitweisen Schwierigkeiten der Nachrichtenverbindungen zwischen den Kriegsschiffen und den Flugzeugen wurden behoben.

Um 20.35 Uhr sichtete Baker 12 ein Schiff, 70 Seemeilen südöstlich von der letzten bekannten Position des von Baker 9 gemeldeten Gegners. Konnte es dasselbe Schiff sein? Und wenn es ein deutscher Blockadebrecher war, warum war er dann nicht weiter nördlich? Vielleicht versuchte der Kapitän die Suchstreitkräfte zu narren, indem er auf Gegenkurs ging?

Um 22 Uhr hatten »Marblehead« und »Winslow« das verdächtige Schiff von Baker 5 gestellt. Ein Kommando mußte an Bord geschickt werden, um endgültig festzustellen, ob es die britische »Seapool« war oder nicht. Sie sah aus der Luft eben anders aus, das war alles.

Das andere Schiff war immer noch nicht überprüft worden. Die laufenden Flugzeugmeldungen während der Nacht und am frühen Morgen zeigten auf der Karte, daß es eine Reihe von riesigen Zick-Zack-Kursen gemacht hatte.

Am 2. Januar 1944 um 9.30 Uhr, genau sechs Stunden nachdem Baker 12 (USN 32065) gelandet war, startete sie wieder. Diesmal war der Flugzeugführer Lieutenant R.T. Johnson mit seiner Besatzung, die, nachdem sie von Natal in einer anderen Maschine gekommen war, Pause gemacht hatte. Sie hatte den üblichen Auftrag, nach Blockadebrecher Ausschau zu halten. Bald wurden aber alle Routine-Aufträge aufgehoben und befohlen, sich nur auf die angebliche »Glenbank« zu konzentrieren, sie zu finden und zu identifizieren. Es sollte ihr noch einmal Gelegenheit gegeben werden, ihre Echtheit zu beweisen, und sonst sollte Sie gebombt werden.

Zwei weitere verdächtige Handelsschiffe hatten die Situation verwirrt; es waren, wie sich herausstellte, die britischen Handelsschiffe »Fort Wellington« und »Wascana Park«. Zur Überprüfung der »Wascana Park« hatte Commander E.C. Hughes von »Somers« ein Kommando an Bord geschickt; gerade als diese Aufgabe beendet war, sah sich Lieutenant Johnson 60 Seemeilen weit weg ein anderes Schiff näher an. Er umkreiste das Objekt mit seiner Baker 12 und sendete dabei automatische Peilzeichen, »MO«, um weitere »PB4Y« und »Somers« heranzuführen. Die Identität war noch nicht festgestellt, aber als Baker 12 zu nahe gekommen war und das Schiff um 17.25 Uhr das Feuer eröffnete, zeigte sich, daß es keine alliierte Nationalität haben konnte. Ein Treffer verursachte ein geringfügiges Leck in einem Brennstofftank des Flugzeuges, aber die Funkanlage war in Ordnung und sendete weiter laut und deutlich die Peilzeichen. Lieutenant Johnson kreiste weiter um das Ziel, bis um 18.30 Uhr drei weitere Flugzeuge herangekommen waren. Jetzt endlich entschloß sich Lieutenant Johnson, den Schauplatz mit seiner Baker 12 zu verlassen und Kurs auf Ascension, das über 600 Seemeilen weit weg war, zu nehmen. Dabei floßen alle zwanzig Minuten eine Gallone Treibstoff aus. Baker 2 begleitete das Flugzeug, aber die Funksprüche von Lieutenant Johnson erzählen am eindringlichsten die Geschichte.

21.28: »Notwassern SOS 60 bis 90 Meilen. sende MO (8340).
21.30: »Gehe runter — werfe Leuchtbomben«.
    »Zwei Motoren ausgefallen. Höhe 1400 Fuß«.

»Motor 4 Öldruck schwankend«.

»Beide Motoren Öldruck schwankend«.

»Motor 4 Öldruck zittert. Scheint nicht aufzuhören. Höhe 600 Fuß.

21.41: »Sende MO (8340)«.

21.45: »Ein Motor OK — anderer zweifelhaft« (gestört) »600 Fuß« (gestört).

21.47: Ende des Funkverkehrs.

US Navy PB4Y Nr. 32605 stürtze unter dem Kreuz des Südens mit seiner ganzen Besatzung ab.

Das Schwesterflugzeug umkreiste die Stelle, bis die Brennstoffmenge es zwang, nach Hause zu fliegen.

Aber Lieutenant Johnson hatte seine Aufgabe erfüllt. Um 22 Uhr sah die Besatzung der »Somers« 12 Seemeilen weit weg Leuchtbomben die von einem Flugzeug abgeworfen wurden, und unter dieser Illumination ein Schiff. Man gab ihm noch eine Stunde Zeit, dann befahl Commander Hugghes mit seinen 5 inch (12,7 cm)-Geschützen auf eine Entfernung von 4 Seemeilen zu schießen. Es wurde nicht zurückgeschoßen. Das Ziel war bald schwer getroffen. Fünf Mann wurden getötet. Eine halbe Stunde nach Mitternacht war das Schiff versunken. Am 3. Januar 1944 um 4 Uhr gab »Somers« folgenden Funkspruch ab: »Schiff jetzt versenkt. Identifiziert als »Weserland«. 134 Überlebende in deutscher Marine-Uniform« (A 16-3/FVB-107: Interception and Trailling of the German SS »Weserland«). Im Kriegstagebuch der »Omaha« ist folgender Vermerk zu finden: »Das nächste Mal sind wir dran.« (NRS 1977/106: USS »Omaha« War Diary).

Am 4. Januar 1944 standen »Omaha« und »Jouett« 550 Seemeilen nordöstlich von Brasilien, als um 9.55 Uhr der Seaman First Class P.J. Kraynik sich den Lohn für das Sichten eines weiteren Blockadebrechers verdiente, er war 16 Seemeilen weit entfernt. Während ein Aufklärungsflugzeug auf Uboote aufpaßte, umkreiste das andere das fremde Schiff, das ein amerikanisches Rufzeichen abgegeben hatte. Es war »Rio Grande«. Ihr I. Offizier wollte noch schießen, aber Kapitän von Allwörden war der Ansicht, daß das keinen Sinn habe. Als die beiden Kriegsschiffe »Rio Grande« umstellt hatten, hörte man eine Explosion, und Rauch quoll aus dem Achterschiff hervor. »Omaha« und »Jouett« eröffneten das Feuer, die Fontänen der Aufschläge waren grün und rot, damit die Artilleristen die Lage ihrer Schüße voneinander unterscheiden konnten. Der Zerstörer versuchte, die Besatzung mit Maschinengewehrfeuer wieder an Bord zurückzuzwingen, aber die restlichen Sprengsätze gingen hoch. »Rio Grande« sank um 10.56 Uhr, Kapitän von Allwörden grüßte, und Kapitän Bansen, einer von den Passagieren, brachte drei Hurras auf das brave Schiff aus. Die Rettungsboote nahmen Kurs auf die brasilianische Küste. Sie wurden von einem kleinen Luftschiff gesichtet, das die »Marblehead« unterrichtete, die dann die Besatzungen, bei denen sich ein zahmer Wolfshund befand, aufnahm.

Am nächsten Tag, »Jouett« war dabei, Kautschukballen und Schweineschmalz aus der See zu fischen, morste 50 Seemeilen südlicher eine Martin PBM Mariner vom Patron (Patrol Squadron) 203 aus Natal ein Schiff an, das behauptete »Floridian« zu sein. In den Schiffsangaben des Flugzeugführers für dieses Gebiet gab es aber kein Schiff mit diesem Namen, während das Aussehen mit dem der »Burgenland« übereinstimmte. Bevor eine weitere PBM eingetroffen war, erschienen »Omaha« und »Jouett« auf dem Schauplatz. Die Besatzungen gingen auf Gefechtsstationen, ohne groß auf Befehle von oben zu warten. Zuerst hatte man Radarkontakt gehabt, nach dem Insichtkommen das Schiff angerufen, und »Omaha« feuerte zwei Granaten vor ihren Bug; als die Sprengsätze zur Selbstversenkung detonierten, eröffneten beide Kriegsschiffe das Feuer. Die »Burgenland« brannte bald und ging über das Heck unter, um 17.58 Uhr war sie verschwunden. Die Besatzung hatte alles zum Aussteigen vorbereitet gehabt, so daß alle 150 Männer bis auf einen gerettet werden konnten. Die amerikanischen Kriegsschiffe, unterstützt von dem brasilianischen Minenleger »Camocim« und dem brasilianischen Schlepper »Poti«, bargen noch 2000 Ballen Kautschuk aus der See, genug Material für 5000 Flugzeugreifen. Die Deutschen halfen damit auch noch der alliierten Kriegsindustrie. Von den fünf Ladungen die im Fernen Osten auf Reise geschickt worden waren, erreichten nur 6890 Tonnen Frankreich — und auch die mußten noch aus der auf Strand gesetzten »Osorno« geborgen werden.

Auf diesen letzten Reisen wurden auf den Blockadebrechern fünf Strafgefangene eingeschifft, die nach Deutschland gebracht werden sollten. Drei von ihnen waren an Bord der »Osorno«, kamen nach Deutschland und wurden dort zur Aburteilung vor ein Gericht gestellt. Einer, von dem behauptet wurde, daß er ein Sowjetagent gewesen sei, wurde von seiner Wache erschoßen, als »Burgenland« aufgegeben werden mußte. Der letzte, der wegen eines geringeren Vergehenes angeklagt worden war, ging mit der »Rio Grande« unter. Die SKL billigte später die Befehle, die zum Tod der beiden geführt hatten mit der Begründung, es sei eine Warnung für Verräter gewesen.

17. Monsun

Die Überwasser-Blockadebrecher schienen nun keine Rolle mehr zu spielen. Nur eins von fünf Handelsschiffen aus dem Fernen Osten war im Winter 1943/1944 in Europa angekommen – und das mußte noch auf Grund gesetzt werden. »Osorno« hatte selbst dann noch mehr an Tonnage abgeliefert, als Uboote bis zur Indienststellung der Typ XX-Boote im Sommer 1945 je hätten heranschaffen können. Bei einer Besprechung über Marinefragen beim Führer, am 18. Januar 1944, meinte Großadmiral Dönitz, daß die Handelsmarine wieder versuchen müsse, die Blockade zu durchbrechen. Acht Schiffe standen dafür in Bordeaux zur Verfügung, vier von ihnen waren beladen und auslaufbereit. Selbst wenn nur eins von diesen Schiffen Hin- und Rückfahrt erfolgreich beenden würde, hätte sich der Einsatz gelohnt. Die Deutschen brauchten den Kautschuk und das Wolfram aus dem Fernen Osten für ihre Kriegführung.

Der Führer war aber der Ansicht, daß die notwendige Menge an Wolfram mit zahlreichen kleinen Schiffe von der iberischen Halbinsel herangeschafft werden könnte. Warum sollten nicht alle für diesen Verkehr brauchbaren Schiffe eingesetzt werden, bevor alliierten Druck ihn beendete? Er glaubte auch nicht, daß die vier Blockadebrecher jemals Japan erreichen, und noch weniger, daß sie zurückkommen würden. Endlich war er nicht davon überzeugt, daß Naturkautschuk so lebenswichtig sei, wie Dönitz annahm. Er habe dafür Zahlen, die das bestätigten: Reifen aus künstlichem Gummi könnten bei einer Geschwindigkeit von 65 bis 70 HPS nahezu 40000 km laufen, die aus Naturkautschuk dagegen nur halb so lange. Woher er diese

Zahlen bekommen hatte, war unwichtig, ob sie sich auf ein Experiment in einem Laboratorium bei gleichmäßiger Belastung, oder auf Räder, die auf Straßen mit Schlaglöchern oder über die Autobahn gerast waren, bezogen, spielte keine Rolle. — Der Führer hatte gesprochen.

Großadmiral Dönitz hatte zu viel zu tun und war zu sehr Realist, um seine Zeit mit Debatten zu verlieren. Das Auslaufen der Schiffe nach dem Fernen Osten unterblieb. Die in Japan liegenden Schiffe wurden als Versorger eingesetzt oder den Japanern überlassen. Die Produkte, die trotz der Ansichten des Führers aus Übersee für die Industrie gebraucht wurden, mußten eben auf anderen Wegen herangeschafft werden. Gab es in dieser Lage eine Alternative zu den Ubooten? — Kaum. Selbst der Schleichhandel mit kleinsten Gegenständen wie Dokumenten, Chemikalien, Diamanten und Platin, war unterbunden worden.

Die neutralen Schiffe mußten weiter aufgebracht und einer Konterbande unterzogen werden. Das Untersuchungszentrum Gibraltar war ab 1943 wahrscheinlich das wichtigste. Hier wurde dafür gesorgt, daß keine Konterbande aus diesen Gewässern ihren Weg über Spanien und Portugal nach Deutschland finden konnte. Die Offiziere mußten sich hier von den Kapitänen und Passagieren dieselben Proteste anhören, wie zu Beginn des Krieges im Norden. Sie wurden Experten im Finden von verborgenen Räumen und Fächern, hinter Wandverkleidungen der Unterkünfte, in dem Gepäck der Reisenden, in den Behältern der Ladung. Dabei handelte es sich mehr um Schmuggel, um Menschen, die versuchten, Geld zu machen. Es gab aber auch Patrioten und Idealisten darunter, die nicht für einen persönlichen Gewinn versuchten, verbotene Sachen durchzubringen. Diese Aktivitäten wurden von den Kapitänen und Eignern der neutralen Schiffe nicht unterstützt, im Gegenteil man wollte nicht auf die schwarze Liste kommen mit all den Folgerungen nach dem Krieg.

Es blieben also nur die Uboote als Blockadebrecher übrig. In jedem Fall würden die Boote der Monsungruppe nach ihrer Rückkehr aus Japan wertvolle Ladung mitbringen. Die ausgelaufenen Uboote liefen, wenn sie konnten, über Wasser 12 Knoten, gewöhnlich mußten sie aber unter Wasser mit 4 Knoten dahinkrebsen, unfähig, die Batterien wieder aufzuladen oder das Boot zu durchlüften. Die mit Radar ausgerüsteten Flugzeuge fanden sie bei Tag und Nacht. Bei dem Ruf »Alarm« stürzten die Ausgucks und der Kommandant durch das Turmluk in das Boot, das Luk wurde geschlossen und das Boot ging in den Keller. Manchmal kam die Warnung zu spät, Geschoße durchschlugen den Bootskörper, Wasserbomben hoben das Boot an, Leitungen und Maschinenfundamente brachen, das Licht ging aus, ein Torpedo kam mit seinen ein- und einhalb Tonnen ins Rutschen. Manchmal setzte das Boot seine schreckliche Fahrt in die Tiefe fort. Manchmal nur ein kurzes Atemholen an der Wasseroberfläche; durch das Luk, dem einzigen Ausweg, stürzten die Wassermassen herein. Manchmal entkam das Boot mit knapper Not. Manchmal passierte gar nichts, der Flieger hatte das tauchende Uboot nicht gesehen, oder das Flugzeug in der Ferne war nur eine Seemöve gewesen. Der Himmel war immer der Feind der Uboote.

Die Kommandanten der Monsun-Uboote sollten auf ihrer Reise jedes Aufsehen vermeiden, sie wurden aber trotzdem auf der ganzen Fahrt gejagt von Flugzeugen des Costal Command der RAF, der US Geleitträger, den PB4Y der US Navy, den südafrikanischen Bombern, den Träger-Flugzeugen der Royal Navy. Selbst wenn sie sich ihrem Ziel näherten, hatten die Besatzungen keine Ruhe. In den Wasserstraßen der Inseln Hinterindiens hatten Fernbomber mit Fallschirmen Minen abgeworfen, auch Unterseeboote hatten dort Minen gelegt, wie auf den Zufahrtswegen zu den Stützpunkten der Uboote. Die Uboote, die diese Prüfungen und die wachsende Stärke der alliierten Ubootsabwehrkräfte im Indischen Ozean überstanden hatten, mußten auf der Heimreise dasselbe Spießrutenlaufen wieder durchmachen. Die Liste der Abfahrten und Ankünfte spricht für sich selbst.

3. Januar 1944	»U 1062, Typ VIIF, Abfahrt Bergen mit einer Ladung von 39 Torpedos für die Monsun-Gruppe. Die Gruppe hatte so wenig Torpedos, daß drei Typ IXC40-Boote, die einen geringeren Fahrbereich hatten, in Penang den Befehl bekamen, strategisches Material zu laden und über ihr Operationsgebiet im Indischen Ozean nach Haus zurückzukommen.
4. Januar 1944	»U532« Abfahrt Penang entsprechend obigem Befehl.
9. Januar 1944	»U188« Abfahrt Penang mit Befehl wie »U532«.
18. Janaur 1944	»U852«, Typ IXD2, Abfahrt Kiel. Kapitänleutnant Eck versuchte Versenkung des Frachters »Peleus« im Atlantik durch Vernichtung alles Schwimmenden den Beweis der Versenkung zu beseitigen. Später wurde »U852« durch ein Flugzeug der RAF im Indischen Ozean beschädigt und auf Strand gesetzt. Nach dem Krieg wurden Kapitänleutnant Eck vor Gericht gestellt und wegen Tötens der Überlebenden der »Peleus« zum Tod verurteilt.

26. Januar 1944	»UIT22« (ex »Bagnolini«) Abfahrt Bordeaux mit Monsun-Ladung.
28. Januar 1944	»U168« Abfahrt Penang, vor Rückkehr nach Europa Uboots-Krieg im Indischen Ozean.
Februar 1944	»U843«, »U801«, beide Typ IXC, und »U851«, Typ IXD2, Abfahrt Frankreich. »U801« wurde durch US Flugzeugträger, einem Zerstörer und einem Geleitboot Atlantik versenkt. »U851« vermißt.
9. Februar 1944	»UIT24« (ex »Comandante Cappellini«) Abfahrt Penang mit Ladung für Bordeaux.
10. Februar 1944	»U183« Abfahrt Penang, mit Befehl wie für »U532«.

Alle nach beiden Richtungen fahrenden Uboote mußten von einem Tanker im Indischen Ozean Brennstoff ergänzen. Zu dieser Zeit war »Charlotte Schliemann« dort. Die Treffen konnten nicht ohne Funkverkehr vereinbart werden. Dieser wurde vom alliierten Geheimdienst aufgefangen und entziffert. Der Tanker beölte gerade »U532«, 950 Seemeilen östlich von Madagaskar, als am 11. Februar 1944 eine Catalina, deren Stützpunkt Mauritius war, in Sicht kam. Der Zerstörer »Relentless«, 100 Seemeilen davon entfernt, überbrückte diese Entfernung mit äußerster Kraft. Mit 4.7 inch (11,9 cm)-Geschoßen und einem Torpedo beschleunigte er den Untergang des Tankers, der seine Sprengsätze zur Selbstversenkung gezündet hatte. Einundvierzig Gefangene wurden aufgenommen. Nach dem Auftauchen von »U532« wurden später noch mehr Überlebende gerettet. Das Uboot war drei Tage lang Wasserbombenangriffen ausgewichen. Die Uboote im Indischen Ozean mußten sich bis zum Eintreffen des Tankers »Brake« gegenseitig mit Brennstoff aushelfen.

15. Februar 1944	»UIT23» (ex »Reginaldo Giuliani«) läuft in Penang ein, nachdem es drei Tage vorher aus Singapur mit einer Ladung für Europa ausgelaufen war. Es wurde von einem britischen Unterseeboot, »Tally-Ho« zugestanden, versenkt.
März 1944	»U1059,«, Typ VIIF, Abfahrt Europa mit einer Ladung Monsun-Torpedos. Es wurde im Atlantik von einem Flugzeug eines Geleitträgers versenkt. »U181«, »U196«, »U198«, alle Typ IXD2 und »U537«, Typ IXC40 Abfahrt Europa. »U198« wurde im Indischen Ozean durch einen Ubootjäger mit Luftunterstützung versenkt.
11. März 1944	Operation »Kiefer«. Das japanische Uboot «I29« traf das Typ IXC-Boot »U518« in der äußeren Biscaya. Beide Boote wurden von »Z23«, »ZH1«, »T27« und »T29« nach Bordeaux geleitet. Das war der letzte Einsatz deutscher Überwasserschiffe im weiteren Atlanik.

Unterdessen hatte »U178« Befehl bekommen, an das nach Osten fahrende UIT22, dessen Dieseltanks bei einem Luftangriff von Ascension aus beschädigt worden waren, Brennstoff abzugeben. Die Alliierten fanden durch das Einpeilen und Entziffern des Funkverkehrs heraus, daß das Treffen der beiden Uboote querab vom Kap der Guten Hoffnung stattfinden sollte. »U178« wurde als erstes angegriffen, aber Kapitänleutnant Spahr war ein alter Ubootfahrer, als Obersteuermann von »U47« war er bei der Versenkung der »Royal Oak« in Scapa Flow 1939 dabei gewesen. »U178« überstand den Bombenangriff eines Ventura-Flugzeuges am 8. März 1944. Er blieb bei Tageslicht unter Wasser und entging damit den Patrouillen der Ventura und Catalina Flugzeugen.

Am 11. März 1944 morgens sichtete eine Catalina vom 262 RAF Squadron ein Uboot, es war nicht das, das früher gejagt worden war. Diesmal war es »UIT22«, und der Kommandant entschied sich, oben zu bleiben und sich mit automatischen Waffen zu verteidigen. Der Catalina wurde zwar einiger Schaden zugefügt, aber »UIT22« wurde schwer mit Wasserbomben belegt. Beim Tauchen wurde es mit Bordwaffen beschoßen und zwei weitere Flugboote warfen immer wieder Wasserbomben, wenn es versuchte aufzutauchen. Als Kapitänleutnant Spahr fünfzehn Stunden später an den Treffpunkt kam, war dort nur ein großer Ölfleck. »U178« tauchte für den Rest des Tages.

Andere Geheimberichte sprachen von weiteren Blockadebrechern und Versorgern im Indischen Ozean. Es wurden zwei Kampfgruppen gebildet, die zusammen aus zwei Flugzeugträgern, vier Kreuzern und vier Zerstörern bestanden und nach ihnen suchen sollten. Am 12. März 1944 sichtete eine Swordfish von »Battler« den Tanker »Brake« bei der Brennstoffabgabe an zwei Uboote-1500 Seemeilen südöstlich von Madagaskar. Der Doppeldecker führte »Roebuck« heran. Die Sprengsätze zur Selbstversenkung gingen auf »Brake« hoch. Das Wrack wurde eine Stunde lang beschoßen. »U168« und »U188« nahmen später die Überlebenden auf. »U532« war früher beölt worden und die Tanks von »U188« waren nahezu voll, aber die Brennstofflage der anderen Uboote im Indischen Ozean war zum Verzweifeln. Durch gegenseitiges Aushelfen erreichten alle Boote den Hafen. »U532«, »UIT24« und »U183« kehrten nach Penang zurück, während »U168« nach Djakarta ging. Nur »U188« konnte das Kap der Guten Hoffnung umrunden und Frankreich ansteuern.

16. April 1944	»I29« Abfahrt Bordeaux.
19. April 1944	»U1062« Ankunft Penang.
April 1944	»U859« und »U860«, beide Typ IXD2, Abfahrt Kiel »U860« wurde durch Flugzeug eines Geleitträgers im Südatlanik versenkt.

»U1224«, Typ IXC, wurde ihrer japanischen Besatzung übergeben und in »Ro501« umbenannt; es verließ Norwegen mit dem Ziel Japan. Ein US-Geleitzerstörer versenkte »Ro501« im Atlantik.

23. April 1944 — Das eben in Dienst gestellte »I52« verließ Singapur im ersten Stadium des Unternehmen »Tanne-Föhre«, das einen weiteren Warenaustausch bezweckte. Der alliierte Geheimdienst entschlüsselte die Absprachen über ein Treffen dieses Bootes mit »U530« im Atlantik. Am 23. Juni 1944 erhielt der Japaner von »U530« ein Radar-Warngerät. Eine neue Erfindung aus der Rüstkammer der Alliierten wurde angewandt. Über dem Treffpunkt wurden automatische Schallbojen abgeworfen, die die Echos des Sonargerätes, der Unterwasserschallortung, an das darüber kreisende Flugzeug übermittelte. Zwei Avengers von einem US Flugzeugträger orteten auf diese Weise »I52« und versenkten es noch in derselben Nacht.

6. Mai 1944 — »U490«, ein Typ XIV Tanker, verläßt Kristiansund, um die gesunkenen Versorger im Indischen Ozean zu ersetzen. Ihr Schicksal wurde durch eine andere US Geleitträgergruppe im Atlantik besiegelt.

25. Mai 1944 — »U178« Ankunft Bordeaux. Die wackligen Maschinen hatte man mit Hilfe von Kautschukballen festgehalten.

19. Juni 1944 — »U188« Ankunft Bordeaux

Juni 1944 — »U861« und »U862«, beide Typ VIIF, verlassen norwegische Gewässer.

»U843« Ankunft Penang. Boot wurde auf dem Marsch im Atlanik bei einem Flugzeugangriff beschädigt.

6. Juli 1944 — »U1062«, Typ VIIF Transporter, Auslaufen Penang zur Rückreise. Boot wurde am 5. Oktober 1944 im mittleren Atlantik von einer US Geleitträgergruppe gestellt und von USS »Fessenden« mit Wasserbomben endgültig vernichtet.

26. Juli 1944 — »U863«, Typ IXD2, Abfahrt Drontheim. Zwei PB4Y von Bombron 107 versenkten das Boot nahe Ascension. Am selben Tag befand sich »I29« auf dem letzten Teil seiner Frachtfahrt von Bordeaux über Penang nach Singapur, nördlich der Philippinen, als es dort von dem US Unterseeboot »Sawfish« torpediert und versenkt wurde.

2. August 1944 — »U537« Ankunft Djakarta.

August 1944	»U196« Ankunft Penang.
20. August 1944	»U180« und »U195«, zwei Boote des Typ IXD1 mit hochtourigen Dieseln, die dicke Rauckwolken ausstießen, waren jetzt als reine Uboot-Transportboote mit verläßlichen Dieseln auf der Werft in Bordeaux umgebaut worden. Sie wurden nach der Landung der Alliierten bei der Evakuierung der französischen Häfen eingesetzt. Die beiden Boote waren mit »U219«, einem Typ XB-Minenleger, der als Transporter umgebaut worden war, für eine Reise nach dem Fernen Osten bestimmt. Die Fahrt die Gironde hinunter dauerte wegen der alliierten Luftüberlegenheit lang. »U180« kam nur bis zur Mündung des Flußes, wo es auf eine Mine lief und am 22. August 1944 sank.
31. August 1944	»U871«, Typ IXD2, Abfahrt Drontheim. Eine fliegende Festung der RAF von den Azoren beendete seine weiteren Fahrten.
23. September 1944	»U859« hatte die Fahrt durch den Atlantik und den Indischen Ozean heil überstanden; vor Penang, wurde es von dem britischen Unterseeboot »Trenchant« am 23. September 1944 torpediert und versenkt.

Die Straße von Malakka war eine Todesfalle geworden und der Indische Ozean so gefährlich wie der Atlantik. Penang war nie ein guter Stützpunkt gewesen. Das Klima war zu ungesund, es fehlte an europäischer Nahrung und an fähigen Werftarbeitern, es mangelte an Ersatzteilen, Munition und Torpedos. Die Überholung eines Ubootes zwischen zwei Feindfahrten konnte bis zu zwei Monaten dauern. Es fehlte der Geist für eine wirkungsvolle Zusammenarbeit unter den Alliierten. Die Japaner waren nie zu freundlich gewesen, nun, nachdem die Kriegsaussichten sich laufend verschlechterten, wurden sie ausgesprochen feindlich. Da die Versorgungsschiffe sich nicht mehr im Indischen Ozean halten konnten, brauchten die Uboote viel Zeit für die Fahrt zu und von ihren Operationsgebieten.

Fregattenkapitän Dommes bekam Befehl, den Stützpunkt von Penang nach Djakarta zu verlegen, um näher an den Indonesischen Ölfeldern zu sein und durch die Sunda-Straße einen kurzen Weg in die Weite des Indischen Ozeans zu haben. Er mußte seine Boote seeklar machen, soviel wie irgendmöglich laden und jeden brauchbaren Torpedo an Bord geben. Mit den französischen Häfen konnte von nun an nicht mehr gerechnet werden. Die Häfen, die noch nicht von den Alliierten überrannt worden waren, mußten selbst durch Uboote versorgt werden. Die Monsun-Uboote mußten sich darauf einrichten nach dem Norden zu gehen, um durch die Island-Faröer-Enge oder durch die Dänemark-Straße in norwegische Gewässer zu kommen. Diese Uboote hatten keine Schnorchel und mußten zum Aufladen der Batterien auftauchen. Das bedeutete, daß sie die gefährlichen Gebiete im dunklen, stürmischen Nordatlantik-Winter zu passieren hatten. Der Krieg der Blockadebrecher endete so, wie er begonnen hatte. Jedes Boot lief aus, sobald es seeklar war. Die Liste der Unglücksfälle setzte sich fort.

4. Oktober 1944	»U168« Auslaufen Djakarta. Es fuhr über Wasser, entlang der Nordküste von Java, mit schwarz qualmenden Dieseln, wegen der schlechten Qualität des Brennstoffes. Am 6. Oktober 1944 um 6.41 Uhr wurde das Boot gesichtet von Lieutenant-Commander H.A.W.Gossens, dem Kommandanten von »Zwaardvisch«, einem britischen T-class Unterseeboot, das in der Königlich Niederländischen Marine diente. Es schoß sechs Torpedos in einem Intervall von fünf Sekunden auf einer Entfernung von 900 Meter. Der Erste ging vorn vorbei, der zweite explodierte am Bug, der dritte und vierte traf die Zentrale und den Maschinenraum, ohne zu detonieren. Der größte Teil der Besatzung ging nach der Explosion mit dem Boot auf 40 Meter Wassertiefe. Lieutenant-Commander Gossens tauchte auf, um sechs Überlebende aufzunehmen, als plötzlich weitere einundzwanzig Mann hochschoßen, viele mit kaputter Lunge. Er nahm sie alle auf und übergab sie, mit Ausnahme von Kapitänleutnant Pich, drei Offizieren und einem verwundeten Seemann, an ein Fischerboot.
19. Oktober 1944	»U181« Auslaufen Djakarta. Versenkt im Indischen Ozean einen amerikanischen Frachter, muß auf der Höhe von Südafrika wegen Wellenschaden zurückkehren. 5. Januar 1945 Ankunft Djakarta.
8. November 1944	»U537« verläßt Djakarta und fährt mit östlichem Kurs entlang der Küste von Java, um durch eine der Kanäle der Kleinen Sunda-Inseln zu fahren, in der Hoffnung, daß sie nicht so bewacht sein würden, wie die Hauptdurchfahrt bei Krakatoa. »U537« machte gute Fahrt, erreichte am nächsten Tag die Gewässer von Bali, die von dem US Unterseeboot »Flounder« bewacht wurden. Kein Uboot konnte die Detonation von vier Torpedos überleben.
11. November 1944	»U196« verläßt Djakarta und nimmt Kurs auf die Sunda-Straße. Das war das letzte was man von diesem Boot gehört hatte. Später erfuhr man, daß das britische Unterseeboot »Porpoise« in diesem Gebiet ein Minenfeld gelegt hatte. »U510« war ebenfalls ausgelaufen, kehrte aber wegen Maschinenschadens wieder zurück.

10. Dezember 1944	»U843« verläßt Djakarta, übernimmt auf der Heimfahrt von dem nach Osten fahrenden »U195« Brennstoff. »U195« und »U219« kommen im Fernen Osten an.
6. Januar 1945	»U510« Auslaufen Penang.
13. Januar 1945	»U532« Auslaufen Penang.
14. Januar 1945	»U861« Auslaufen Djakarta.
17. Januar 1945	»U195« Auslaufen Djakarta. Auf der Fahrt zeigte sich, daß die Maschinen den Belastungen einer langen Reise nicht gewachsen sein würden, deshalb nach Brennstoffabgabe an »U532« Rückkehr nach Djakarta. Einlaufen 3. März 1945.
5. Februar 1945	»U864«, Typ IXD2, Auslaufen Bergen nach dem Fernen Osten. Vier Tage später wurde »U864« von dem britischen Unterseeboot »Venturer« torpediert und versenkt.

Im Februar 1945 erfuhren die südamerikanischen Streitkräfte, ein Uboot wolle ihre Bewachung durchlaufen. Kapitänleutnant Eick verhielt sich mit seinem »U510« dabei so geschickt, daß er von den Suchstreitkräften nicht gefaßt werden konnte. Am 23. Februar hatte er den Frachter »Point Pleasant Park« torpediert und tauchte dann kaltblütig auf, um ihn mit Geschützfeuer zu versenken. Zwei weitere Handelsschiffe wurden von »U532« auf der Fahrt nach dem Norden im März 1945 versenkt; das Boot hatte sich nahe an der amerikanischen Küste gehalten, bevor es den Atlantik überquerte.

Gegen Ende des Krieges in Europa machten die Deutschen noch eine letzte Anstrengung, um ihrem Achsenpartner zu helfen. Am 1. April 1945 wurde das Typ XB Boot »U234« in Marsch gesetzt, um zwei japanische Luftfahrt- und Uboot-Spezialisten in ihre Heimat zu bringen, Chu-sa Tomonaga und Chu-sa Soji, mit Musterexemplaren von Geräten.

Am nächsten Tag, am 2. April 1945, lief »U843« in Bergen ein, aber die Ladung kam nie nach Deutschland, da das Boot von Mosquitos der RAF bei der Fahrt durch das Kattegat versenkt wurde.

Am 18. April 1945 kam »U861« in Norwegen an, doch das Boot blieb in Norwegen — mit einer Ladung von 144 Tonnen Wolfram, Jod, Zinn und Kautschuk. »U510« mußte wegen Brennstoffmangel in St. Nazaire einlaufen und sich dort alliierten Streitkräften ergeben.

Draußen, im Fernen Osten, war »U183« aus Djakarta ausgelaufen. Es fuhr am 24. April 1945 mit großer Fahrt durch die Java-See und zeigte eine große aufgehende Sonne als Zeichen der Freundschaft für die Japaner und der Feindschaft gegenüber dem amerikanischen Unterseeboot »Besugo«. — Es gab nur einen Überlebenden von »U183«.

Nach Kriegsende in Europa wurden alle deutschen Uboote und Handelsschiffe, die sich noch verstreut im Fernen Osten befanden, von den Japanern übernommen. Die japanischen Offiziere, die auf »U234« eingeschifft waren, verübten Selbstmord, als das Boot Kurs auf Porthsmouth, New Hampshire nahm; sie wollten sich nicht mit den Deutschen ergeben. Zwei Typ IXD2-Boote, »U874« und »U875«, hatten 170 Tonnen Quecksilber, Blei und optische Geräte geladen, aber die europäischen Gewässer nicht mehr verlassen.

Dann war noch ein Blockadebrecher, der mit seiner Ladung Rohmaterial nach Haus wollte. Am Waffenstillstandstag war er bei den Faröern. Der Kommandant, Fregattenkapitän Junker, tauchte mit seinem Boot auf und setzte die schwarze Flagge der Kapitulation. In den Docks von Liverpool löschte dann »U532« seine Ladung, in denselben Docks, die die Geleitzüge zweier Weltkriege gesehen und wo die Blockadebrecher des amerikanischen Sezessionskrieges gelegen hatten. Die Ladung bestand aus 110 Tonnen Zinnbarren, 8 Tonnen Wolfram, 4 Tonnen Molybdän und kleinere Mengen Selen, Chinin und Kristallen. Dazu noch zylinderartigen Behälter, die 8 Tonnen Kautschuk enthielten — Kautschuk für die Reifen der Traktoren in der Landwirtschaft, der Lieferwagen und Privatautos, Rohmaterial für den Wiederaufbau Europas in einer Friedenszeit.

18. Wo liegt das Land?

Die Schiffe der Achsenmächte hatten 1941 bis 1944 auf der unmittelbaren Fahrt zwischen dem Fernen Osten und dem besetzten Europa für die deutsche und italienische Industrie und Wirtschaft 43891 Tonnen Naturkautschuk und 68117 Tonnen Speiseöl, Wolfram, Zinn, Opium, Chinin und andere Produkte des Orients abgeliefert. Über einhundert weitere Schiffe, Prisen eingeschlossen, erreichten von 1939 bis 1942 aus Übersee Häfen im deutschen Einflußbereich. Diese Schiffe waren zwar nicht alle voll beladen, aber ihre Frachten umfaßten die verschiedensten Lebensmittel, Öle, Rohmaterial und Fertigfabrikate. Umgekehrt wurden in japanischen Häfen 56987 Tonnen Güter gelöscht, hauptsächlich Maschinen, Fertigwaren, Chemikalien, Dokumente, Musterexemplare von Maschinen und Geräten. Die japanischen Wissenschaftler und Techniker versuchten, die deutschen Erfindungen in ihren eigenen Vorhaben zu verwenden. Sie wurden jedoch gestört durch die Unterbrechung des japanischen Seeverkehrs und später, nach den schweren Verwüstungen der Hauptinseln durch die Luftangriffe, ganz daran gehindert. Die Deutsche Industrie hatte einen wesentlich größeren Nutzen an den Gütern, die aus dem Fernen Osten kamen, auch wenn es sich nur um kleine Mengen handelte, im Vergleich zum gesamten Verbrauch der europäischen und dort erzeugten künstlichen Produkte. Es ist die Frage, ob sich der Verlust von neunzehn Handelsschiffen und sechzehn Kriegsschiffen, allein in der Kautschukfahrt, gelohnt hatte, abgesehen von all den anderen Handelsschiffen, die sich bei den vergeblichen Versuchen, die britische Blockade in der Zeit von 1939 bis

1943 zu durchbrechen, selbst versenkten oder gekapert wurden.

Die Kriegswirtschaft in dem von den Nazi beherrschten Europa war nahezu autark, in viel größerem Maß als die von Großbritannien und Japan. Die Produkte aus Übersee, die unter so hohen Kosten an Menschenleben und Kräften herangebracht wurden, waren die wenigen Rohstoffe, die die deutschen Wissenschaftler nicht künstlich herstellen konnten, oder wenigstens nicht in nennenswerter Menge oder Qualität. Der Wert dieser Rohstoffe wurde erst deutlich, als man sie nicht mehr hatte. Was konnte nicht alles passieren, wenn ein Reifen platzte, weil kein Naturkautschuk mit verwandt worden war. Ein Reifen platzt, ein Übungsflugzeug überschlägt sich und tötet einen vielversprechenden Nachtjäger, der als Fluglehrer eingesetzt war; ein Dienstwagen verspätet sich auf der Fahrt zu einer wichtigen Konferenz; oder ein Konstrukteur schmiert seine Notizen so auf das Zeichenbrett, daß der nächste Angestellte die Zahlen falsch liest und die ganzen Berechnungen noch einmal gemacht werden müssen. Die Lager einer Feuerlöschpumpe fressen sich bei einem Brand fest, weil die Kugeln von schlechter Qualität sind. Ein Fabrikarbeiter geht wegen Kopfschmerzen, die er aus Vitaminmangel hat, nicht zur Arbeit. Die Schreie der Verwundeten ohne Schmerzlinderungsmittel hallen durch die Gänge des Lazaretts ...

Die Bedeutung der Blockadebrecher der Achsenmächte erkennt man an den Kräften, die die Alliierten zu ihrer Bekämpfung einsetzten. Nachdem die Mittel zur Verfügung standen, wurde alles getan, um mit Hilfe der Kriegsschiffe, Flugzeuge und der Geheimdienste diese Fahrten zu unterbinden. Man hatte 1939 zuversichtlich gehofft, mit der Beschlagnahme der Konterbande den Krieg zu gewinnen, aber die deutsche Industrie war zu gut vorbereitet. 1942 hatte man die strategische Achillesferse der deutschen Industrie erkannt und bekämpfte sie unerbitterlich durch unmittelbare Bombardierungen der Fabriken und der Städte. Im Süd-, Mittel- und Nordatlantik wurden Stützpunkte mit leistungsfähigen Streitkräften geschaffen, die es jedem — auch nur einem gelegentlichen — Blockadebrecher unmöglich machte, sich Europa ungesehen zu nähern.

Die deutsche Führung hatte schließlich das Vertrauen an einen Erfolg der Blockadebrecher verloren, auch noch größerer Einsatz konnte nur geringen Gewinn bringen, das Risiko war zu groß geworden. Die Seeleute der Frachter und Unterseeboote gingen weiter mit ihren Fahrzeugen in See, im Vertrauen auf ihr Können, auf Bluff und Glück und mit dem Glauben an einen Sieg der Achse. Diese Seeleute waren denselben Gefahren ausgesetzt wie die auf der anderen Seite, aber sie fuhren ohne Geleitschutz; das entnervende Fahren in einem langsamen Geleitzug mag ihnen erspart geblieben sein, aber sie spürten die Einsamkeit in einer großen feindlichen See, wo jedes Schiff, das in Sicht kam, ein Gegner war.

Die Deutschen Blockadebrecherfahrten kann man vielleicht vergleichen mit den Fahrten der britischen Handelsschiffe, die 1942 ihre Ladungen von Australien nach Wladiwostok bringen mußten.

Die meisten internationalen Krisen seit dem Zweiten Weltkrieg brachten in irgendeiner Form auch Blockaden mit sich. Es wurde jedesmal alles versucht, um den patrouillierenden Kriegsschiffen und Flugzeugen, die gewöhnlich das internationale Recht für sich beanspruchten, zu entwischen. Während der Berlin-Blockade 1948/1949 durch die Rußen versorgten westalliierte Flugzeuge die Bevölkerung und die Industrie. Bei der Gründung des Staates Isreal war ein wichtiges Moment der schnelle Zuwachs der jüdischen Bevölkerung. Tausende von Juden versuchten auf alten Handelsschiffen, Fähren und auf außer Dienst gestellten Kriegsschiffen die Küste Palastinas zu erreichen. Nach dem britischen Mandatsrecht waren sie ungesetzliche Einwanderer. Die Schiffe wurden beschlagnahmt, wenn sie von einem Flugzeug gesichtet und von einem Zerstörer gestellt worden waren; sie wurden nach Haifa, oder wenn sie noch seefähig waren, in einen entfernteren Hafen geleitet. Die Passagiere kamen bis zur Unabhängigkeitserklärung Israels 1948 in Internierungslager.

Bei den Aufständen in Ostindien von 1950 bis 1953 sollten Kriegsschiffe der Vereinten Nationen den Waffenschmuggel der Rebellen unterbinden, wobei es sich mehr um die Küstenschiffahrt und Fischerei handelte, als um den Überseehandel. Dasselbe gilt im großen und ganzen auch für die amerikanische Blockade Vietnams von 1964 bis 1973. Bei der Verhinderung des Aufbaus von Raketenbasen in Kuba 1962 kann man nicht von Blockade sprechen, da die USA und die Sowjetunion nicht in Feindseligkeiten verwickelt waren. Die amerikanischen Zerstörer, die in einem Kordon um Kuba standen, stellten die mit »Konterbande« beladenen Schiffe sehr behutsam und schickten sie unter Kriegsandrohung zurück. Nach der alten Definition handelte es sich auch um keine Blockade, als die nigerianische Regierung ihre Biafra-Häfen schloß, um die Versorgung der Aufständischen zu unterbinden. Nach der einseitigen Unabhängigkeitserklärung Rhodesiens wurden Zwangsmaßnahmen ergriffen, die durch die Royal Navy verstärkt wurden. Sie beschlagnahmte Schiffe mit verbotener Ladung für die Häfen von Mosambik, da die Güter von dort mit der Eisenbahn nach Rhodesien gebracht werden konnten.

Unabhängig von der vökerrechtlichen Definition des Begriffes Blokkade, scheint es, als ob die heutigen Mächte immer mehr versuchen, ihren Willen mit der Waffe der Wirtschaftsblockade dem Gegner aufzuzwingen. Man will damit einen offenen Krieg vermeiden und kann versuchen, über einen Dritten zu einem Kompromiß zu kommen, ohne daß einer das Gesicht zu verlieren braucht. Sollte es dabei zu einer Schießerei kommen, besteht immer noch die Möglichkeit, den Vorfall auf die beiden Schiffe auf hoher See zu begrenzen.

Man darf aber dabei nicht vergessen, daß es immer beherzte Männer und Frauen geben wird, die bereit sind zu kämpfen, wenn eine Bevölkerung durch Blockade wirklich in Not gerät. Sie mögen getrieben sein von Idealismus, Abenteuerlust, Pflichtgefühl oder Gewinnsucht, sie mögen als Helden gefeiert werden oder als gewinnsüchtige Schmuggler verrufen sein, sie riskieren in jedem Fall Tod, Freiheit und Siechtum beim kleinsten Fehler. Der Erfolg hängt vom Können und Bluffen ab und — vom Glück.

Alle Hilfsmittel, die man damals an den Küsten des Indischen Ozeans und des Atlantiks eingesetzt hatte, um die Fahrten der Blockadebrecher zu unterbinden, sind seitdem viel höher entwickelt worden. Man denke an die modernen Methoden der Nachrichtenübermittlung, der Überwachungen, der Satelittenbeobachtungen und der zentralisierten Identitätskontrollen. Trotz allem, nichts ist vollkommen. Bei den Kontrollzentren können sich zu viele bona fide Schiffe, zu viele lautere Passagiere ansammeln, um das oder den mit der Konterbande herauszufinden und bei langen Wartezeiten kann manches beiseite geschafft werden.

Es ist das Glück beim Spiel. Ein Spiel, das jeder Blockadebrecher kennt, der ausläuft auf seine einsame Reise zu einem geheimen Ziel auf einem Überwasserschiff, in einem Unterseeboot, einem Flugzeug oder — oder in einem Raumschiff?

> Where lies the land to which the ship would go?
> Far, far ahead is all her seamen know
> And where the land she travels from? Away,
> Far, far behind, is all that they can say.
> Arthur Hugh Clough

> Wo liegt das Land, wohin die Schiffe eilen fort?
> Weit voraus, weit! Seeleute kennen nicht den Ort.
> Und wo das Land, woher sie kamen?
> Von weither, weit, ist alles was sie ahnen.

Literaturverzeichnis

A16–3/FVB–107: Interception and Trailing of the German SS »Weser-
    land«, US Navy Historical Center.
Patrick Abbazia, Mr. Rossevelt's Navy, USNI, Annapolis, USA, 1975.
ADM1/9545: Contraband Control Service Organisation, PRO
ADM1/9755: HMS »California« Capture of SS »Borkum«,PRO
ADM1/10439: German SS »Wahehe«, PRO
ADM1/10539: Interception of German Merchant Vesells, PRO
ADM1/10601: HMS »Despatch« Report of Proceedings, PRO
ADM1/10624: HMS »York« Report of Proceedings 1–10/3/40, PRO
ADM1/10645: Capture of Germans SS »Morea by HMS »Hasty« on
    12/2/40, PRO
ADM1/10658: Report of Proceedings from HMS »Despatch«, PRO
ADM1/11111: Economic Warefare Division, PRO
ADM1/11710: Identification of Supicious Merchant Ships, PRO
ADM1/12030: Cypher Log of HMS »Cheshire«, PRO
ADM1/12033: Encounter between HMS »Durban« and Unknown Ship
    on Friday 13. March 1942, PRO
ADM1/12272: HMS »Dunedin«, PRO
ADM1/12476: HMS »Adventure« Interception and Sinking of MV
    »Silvaplana«, PRO
ADM1/12665: Italian Sloop »Eritrea«, PRO
ADM1/12883: Disguised Enemy Raiders and Blockade Runners, PRO
AMD1/14426: US Submarine »Shad«, PRO
ADM1/17374: HNethM Submarine »Zwaardvisch«, PRO
ADM1/18914: Madame Tart, PRO
ADM1/18939: Behaviour of British Captured Naval Personnel on board
    German Ship »Portland«, PRO
ADM199/390: Northern Patrol, PRO
ADM199/549: German-Japanese Blockade Running, PRO
ADM199/635: War Diary West Africa Command 1943, PRO

ADM199/969: Reports of Proceedings of HM Ships on South Atlantic
    Station, PRO
ADM199/1844: »Tuna« Patrol Report, PRO
ADM199/1861: HMS »Truant« Patrol Report, PRO
Rear-Admiral Paul Auphan & Jacques Mordal, »The French Navy in
    Word War II«, Annapolis/USA 1959
Jochen Brennecke, »Schwarze Schiffe, Weite See«, Oldenburg 1958
Martin H. Brice, »Blockade Runners«, War Monthly 1976
Chicago Daily News May 1943
FO371/36002/Z9586: Attitude of Men of the French Navy,
    14 August 1943, PRO
Aldo Fraccaroli, »Italien Warships of Wordl War II«, 1968
Lientenant-Commander G.H. Gill, »Royal Australian Navy 1939–1945,
    Australia in the War of 1939–1945«, Cannberra 1957
Geoffrey Jones, »Under Three Flaggs«, 1973
Arnold Kludas, »Die Schiffe der deutschen Afrika Linien«,
    Oldenburg 1975
H.T. Lenton, »German Submarines«, 1965
H.T. Lenton & J.J. Colledge, »Warships of World War II«, 1964
C.E. Lucas-Phillips, »Cockleshell Heroes«, 1956
W.N. Medlicoot, »The Economic Blockade«, 1952
Theo Michaux, »Rohstoffe aus Ostasien«, Wehrwissenschaftliche
    Rundschau 1955/11
Ulrich Mohr & A.V. Sellwood, »Atlantis«, 1974
NRS1971/61: US Atlantic Fleet Cruiser Division 2, US Navel Historical
    Center
NRS1977/106: USS »Omaha« War Diary, US Historical Center
Peace between the Allied and Associated Powers and Germany,
    HMSO 1919
Kenneth Poolman, »Ark Royal«, 1974
Hans Georg Prager, »DDG Hansa«, Herford 1976
Purnell & Sons, »History of the Second World War«, 1968
Denis Richard & Hilary St. George Saunders, »Royal Air Force 1939–
    1945«, HMSO 1954
Carlo de Risio et al., »La Marina Italiana Nella Seconda Guerra
    Mondiale« (besonders Vol XVII I Violatori Di Blocco),
    Ufficio Storico Della Marina Militare, Roma 1963
J. Rohwer & G. Hümmelchen, »Chronology of the War et Sea 1939–
    1945«, 1972
Captain S.W. Roskill, »The War at Sea 1939–1945, HMSO 1961
Bernard Stubbs, »The Navy at War«, 1940
J.C. Taylor, »German Warships of World War II«, 1966
L.C.F. Turner, H.R. Gordon-Cumming & J.E. Betzler, »War in the
    Southern Oceans 1939–1945, Cape Town 1961
Anthony J. Watts, »Japanese Warships of World War II«, 1966
Hans Jürgen Witthoft, »Die Rohstoff-Blockadebrecher«,
Joachim Wölfer, »Cap Arcona«, Herford 1977

SCHIFFSREGISTER

Adelaide 146
Admiral Graf Spee 62, 66, 69, 70, 90
Admiral Hipper 123
Admiral Scheer 112, 113, 121, 173
Adolf Leonhardt 71
Adolph Woermann 67, 68
Adventure 160
Africana 127
Afric Star 110
Agosta 82
Aikoku Maru 166
Ajax 41, 58, 70
Alabama 148
Albert L. Ellsworth 89
Alcantara 62
Alpino Bagnolini (später UIT22) 168
Alstertor 125
Alsterufer 16, 20, 21, 156 159, 162, 175, 176, 179, 181
Altmark (später Uckermark) 62, 84
Ammiraglio Cagni 168, 172
Ancona siehe Cap Norte
Anfora 174
Anneliese Essberger 10, 129 142, 144, 145
Antilla 85, 86
Antiochia 60
Antonio Delfino 53
Arandora Star 91
Arauca 75, 77
Archimede 168, 173
Argosy siehe Uruguay
Ariadne 179
Ark Royal 62, 63, 67–70, 107
Arucas 88
Asama Maru 78
Askari 112
Assiniboine 89, 90
Asturias 12
Athabaskan 157
Athenia 38, 121
Atlanta 127
Atlantis 104, 106, 112, 113, 121, 131, 135
Audicity siehe Hannover
Aurora 125
Aust siehe Wolfsburg
Babitonga 125
Bahia 91
Bahia Blanca 82
Bangkok 100
Barbara 115
Barbarigo 168, 171
Battler 191
Belchen 125
Belfast 53–56, 157
Belgrano 12, 142, 144
Belgrano siehe Rio Grande
Belpamela 78

Benno 104, 118, 126, 129, 136
Bermuda 157
Bernau siehe Osorno
Berta Fisser 59
Bertrand Rickmers 114
Berwick 86, 87
Besugo 196
Bianca (deutsch) 57
Bianca (norwegisch) 107
Biscaya 57
Bismarck 122–123
Bogota 152
Borkum 59–60
Bougainville 116
Brake 142, 151, 169, 190, 191
Braunfels 177
Bremen (Uboot) 25
Bremen (Passagierschiff) 10, 43–44, 74
Brilliant 125
British Advocat 121
Bronte 115
Bulolo 47
Burano 120
Burgenland 17, 130, 142, 151, 155, 162, 175, 176, 186
Butterfly 127
Caboto 115
Caledon 46
California 28, 59
Calypso 46, 59
Camito 121
Camocim 186
Campoamor 154
Canadolite 121
Canberra 114
Canton 126, 132
Cape Sable 136
Cap Norte 53–56, 62
Capo Alga 120
Cap Padaran 100
Caradoc 66, 109
Card 18
Cardiff 46
Carl Fritzen 41, 42
Carnarvon Castle 62
Carthage 100
Cessnock 146
Chantala 47
Chantilly 98–99
Charles L.D. 114
Charlotte Schliemann 141, 142, 169, 190
Charybdis 177
Chemnitz 52–53
Chitral 59
Cilicia 89
Cincinnati 133, 145
Circassia 89, 127
City of Durban 136
City of Flint 73
Coburg 114
Colombo (britisch) 58, 100
Colombo (italienisch) 115

Columbus 75–78
Commandante Cappellini 168, 170, 172 (später UIT24)
Commandant Dorise 100
Comandant Duboc 115
Compiègne 100
Corfu 47
Cortellazzo 130, 142, 146–147
Crown Arun siehe Hanna Böge
Cumberland 98
Cyclops 56
Dauphin siehe FR115
Davis 133
Decatur 18, 19
Dehli 59
Delmar siehe Altmark
Derbyshire 89
Desirade 125
Despatch 70–71, 85–86, 127
Deutschland (Uboot) 25
Deutschland (später Lützow) 66, 73
Devonshire 100, 135
d'Iberville 100, 116
Diomede 46, 108,–109
Doggerbank (ex Speybank) 130–131, 151, 153
Dorsetshire 84, 132
Doutelle siehe Du Teillay
Drachenfels 174
Dragon 46, 98
Dresden 121–122, 130, 142 148
Duca degli Abruzzi 112
Duguay-Trouin 67
Duncan 99
Dunedin 46, 86, 89, 125, 126, 132, 137
Dunedin Star siehe Doggerbank
Dunnotar Castle siehe Doggerbank
Dupleix 67
Durmitor 106, 112
Düsseldorf 70–71
Du Teillay 23
Dvina siehe Lahnek
Eagle 45, 125
Eberle 155–156
Echo 157
Effingham 46, 61
Egerland 121, 125
Egret 147
Ehrenfels 174
Eilbek 58
Elan 83
Elbe 125
Elf siehe City of Flint
Elisabeth 23
Elsa Essberger 129, 130, 136 144
Emerald 46, 61
Emmy Friedrich 66
Empire John 179

203

Empire Trooper siehe
  Cap Norte
Enrico Tazzoli 168, 170
Enterprise 11, 82,
  179—181
Eritrea 114, 170
Erlangen 42—43, 70,
  126—127
Ermland/Weserland 16, 17,
  118, 119, 182—185
Ermland (Versorger) 16, 127,
  141, 152
Ernani 126
Espadon siehe FR114
Esperance Bay 125
Esso Hamburg 125
Excellent 70
Falke 146, 156
Fessenden 192
Florida 100
Floridian siehe Burgenland
Flounder 194
Fort Wellington 184
FR111 168
FR113 168
FR114 168, 169
FR115 168, 169
François L.D. 100
Franco Martelli 119—120
Franken 44
Frankfurt 119, 126
Fratton 47
Friedrich Breme 125
Frisco 120
Fusijama 10, 130
Gambia 178—179
Gedania 125
Georges Leygues 160—161
Germania 130—131, 141
Gerusalemme 95
Gianna M. 120—121
Giuseppe Finzi (später
  UIT21) 168, 173
Glasgow 157—158, 178,
  179—181
Glenbank siehe Ermland/
  Weserland
Gloria 57
Gneisenau 62, 107
Godavari 179
Gonzenheim 60, 125
Graf Zeppelin 173
Gyller 92
Haalweg 89
Hallé 66—67
Hanna Böge 37—39
Hannover 89
Hansi 78
Hasty 83
Hawkins 112
Haxby 102—103
Heidelberg 85—86
Helgoland 108
Henning Oldendorff 58
Herborg siehe
  Hohenfriedberg

Hermes (britisch) 112
Hermes (deutsch) siehe
  Karnak
Hermonthis 120
Herstein siehe Anneliese
  Essberger
Hilary 48, 120
Hilda 115
Himalaya 10, 114, 127, 156,
  159
Hind 116
Hohenfels 115
Hohenfriedberg 142, 153
Hokoku Maru 166
HS53 siehe Doggerbank
Hurricane 19
Hyperion 75—79
I8 171—172
I10 171
I29 169, 178, 190—192
I30 166—167
I34 177
I52 192
I373 166
I402 166
Iama siehe Parana
Idarwald 108—109
India 114
Intrepid 157
Irene (ex Silvaplana)
  142, 151, 155, 159—160
Jacob van Heemskerck 146
Jaguar 98—99
Jervis Bay 62
Joao Pessoa 119, 126
Joseph Elise 97
Jouett 133, 185—186
Kandahar 114
Kanimbla 78—79
Karin (ex Kota Nopan) 142,
  151, 155—156
Karnack 119, 126
Kenya 125, 132
Kertosono 107
Ketty Brovig 112, 114
Kimberley 84—85
Kinston Beryl 60
Komet 131
Kondor 146, 156, 159
Koningen Emma 132
Konsul Hendrik Fisser 59
Konsul Horn 10, 82
Kota Nopan (später Karin)
  129, 130, 131
Kota Pinang 126, 129, 132
Koutoubia 67
Krebs 123
Krossfonn (später Spichern) 102
Kulmerland 108, 142
Kurmark siehe Tropic Sea
La Coruna 90
Lady Somers 48
Lagaholm 78
Lahnek 61
Lamotte Piquet 79

Landsman siehe Osorno
Lauenberg 126
Lawrence 115
LCT573 179
Leander 42—43, 114
Leary 19
Lech 119, 120, 124
Le Fantasque 67
Leonardo da Vinci 168, 173
Le Terrible 67
Leuthen 150
Lichtenfels 114
Limbourne 177
Lion 23
Livermore 155
Liverpool 78
London 125
Lorentz W. Hansen 73
Lothringen 125
Luigi Torelli (später UIT25)
  168, 171, 172
Lützow (ex Deutschland) 173
Madrona siehe Rossbach
Maloja 90
Malvernian 48
Manchester 84, 89
Manoora 94
Marblehead 17, 183, 186
Marienfels 115
Marsdale 125
Mauritius 179
Mecklenburg 58
Memphis 133
Michel 131, 150
Milwaukee 133, 145
Mim 78
Mimi Horn 90
Moffet 133
Mombaldo 120
Morea 83—84
Mormacsun 78
München (Frachter) 120
München (Wetterschiff) 123
Münsterland 130, 177
Nanking siehe Cortellazzo
Naram Passa 116
Natal siehe Joao Pessoa
Nelson 125
Neptune 68, 125
Nestor siehe Sperrbrecher 21
Newcastle 58, 126—127
Newfoundland 157
Nishmaha 138
Norderney 127
Nordmark (ex Westerwald)
  109, 121
Nordmeer 71
Northern Sun 89
Nordvard 107
Nyassa siehe Adolph
  Woermann
Odenwald 129, 134—135
Oder 114
Oldenburg (Uboot) 25
Ole Jacob siehe Benno

Ole Wegger 106
Olinda 41–42
Olwen 132–135
Omaha 133–135, 181, 185–186
Opawa 68
Orinoco 108
Orion (britisch) 66, 67
Orion (deutsch) 102–103,
   108, 118, 126
Orizaba 85
Osorno 16–20, 130, 156, 159,
   162, 176, 179, 181, 186, 187
Ouessant 70
Parana 58
Pelagos 106
Peleus 189
Penelope 179
Pensilvania 112
Perth 75
Phoque siehe FR111
Phrygia 108
Piave 114
Pietro Orseolo 10, 130, 131,
   142, 144, 151, 155, 156,
   157, 158, 159, 173, 178
Pinguin 106
Poitiers 98
Point Pleasant Park 195
Pol VIII 106
Pol IX 106
Pol X 106
Polykarp 107
Poncelet 52–53
Porpoise 194
Portland 10, 109–110,
   129–130, 148, 156, 159,
   161–162
Poseidon 58
Poti 186
Pretoria Castle 125, 127
Prince Henry 120
Prince Robert 108
Prinses Beatrix 132
Prinz Eugen 123
Python 130, 135
Queen of Bermuda 11, 47
Quickmatch 147
Quito 152
Ramb I 114
Ramb II 114
Ramses 14, 125, 142–143, 146
Ranchi 95
Rawalpindi 62
Recco 120
Redoubt 147–148
Regensburg 108, 125, 126,
   130, 142, 144, 151, 155
   156, 158
Reginaldo Giuliani (später
   UIT23) 168, 170, 172
Relentless 190
Remo 167, 173
Renown 68–70
Requin siehe FR113
Rhakotis 142, 151–152

Rhein 108–109
Rheingold 59
Rio Grande (argentinisch) 12
Rio Grande (deutsch) 10–15,
   17, 21, 129, 130, 142, 151,
   155, 162, 175, 176, 185, 186
Ro500 siehe U511
Ro501 siehe U1224
Roebuck 191
Romolo (Passagierschiff) 94
Romolo (Unterseeboot) 167, 173
Rossbach 142, 152
Rostock 83
Royal Oak 56, 191
Saguenay 66
Saint Bertrand siehe Chemnitz
Salmon 74
San Casimiro 107
San Juan 134
Sandefjord 107
San Gerardo 42
Santa Fé 67
Santee 155
Savannah 155
Savorgnan de Brazza 115–116
Sawfish 192
Scarborough 107
Scharnhorst 62, 107
Schenk 18–19
Scotstoun 57, 58
Scylla 151–152
Seapool 184
Searaven 144
Seattle 90–92
Shad 159
Sheffield 57, 125, 132
Shoreham 114
Shropshire 70
Silvaplana (später Irene)
   129, 131
Skjelbred seihe Anneliese
   Essberger
Solglimt 106
Somali 37–38
Somalia 112
Somers 133, 145, 183–185
Sperrbrecher 20 21
Speybank (später
   Doggerbank) 112–113
Spichern 107, 127, 142, 144, 152
Spreewald 130, 135
Star XIV 106
Star XIX 106, 107
Star XX 106
Star XXI 106
Star XXII 106
Star XXIII 106
Star XXIV 106, 107
Stella 127
Stephen Hopkins 143
Stier 143
Stonegate 73
Storstad 107
Sturmfels 115
St. Wistan 86

Sussex 69–70, 153
T2 156, 159
T5 156, 159
T9 156
T10 141
T12 156
T13 141
T14 141
T18 156
T19 156
T22 146, 159, 172, 179, 181
T23 146, 156, 159, 179, 181
T24 172, 179, 181
T25 172, 179, 180
T26 179, 180
T27 179, 181, 190
T29 190
Taifun siehe Polykarp
Tai Yin 53
Taki Maru siehe La Coruna
Tally Ho 190
Tannenfels 112–113, 130–132,
   142, 143, 144, 148
Tarn 98
Tartar 126
Taujang siehe Ramses
Taurus 177
Tenerife 60
Thor 12, 107, 150
Timavo 95
Tirpitz 65
Tirranna 104–105, 118
Todaro 127
Togo 42
Tokyo Maru siehe
   Regensburg & Kulmerland
Toowoomba 146
Torlyn 106
Touareg 98
Transylvania 57, 90
Trave siehe Alsterufer
Trenchant 193
Trifels 67
Triton 85
Troja 85–86
Tropic Sea 102–104
Truant 103–104
Tuna 105, 148
Tuscaloosa 75–76
U43 154
U47 191
U97 121
U103 126
U105 120
U106 120
U110 121, 123, 132
U124 137
U138 125
U161 156, 171
U168 172, 190, 191, 194
U172 153
U174 156, 160
U177 178
U178 171, 177, 191, 192
U180 165, 169, 193

U181 190, 194
U183 172, 190, 191, 195
U188 172, 189, 191, 192
U191 155
U195 165, 193, 195
U196 190, 193, 194
U198 190
U200 170
U219 178, 193, 195
U234 195, 196
U258 153
U264 153
U275 19
U305 19
U333 135
U382 19
U410 151
U437 153
U462 172
U469 155
U490 192
U506 172
U508 153
U509 172
U510 17, 178, 194, 195
U511 (später Ro500) 170
U514 172
U515 153
U516 172
U518 190
U530 192
U532 172, 189, 190, 191, 195
U533 172
U537 190, 192, 194
U635 155
U645 19
U801 190
U843 190, 192, 195

U847 172
U848 178
U849 178
U850 178
U851 190
U852 189
U859 192, 193
U860 192
U861 192, 195
U862 192
U863 192
U864 195
U871 193
U874 195
U875 195
U1059 190
U1062 189, 192
U1224 (später Ro501), 171, 192
Uckermark (Frachter) 112
Uckermark (ex Altmark) 141, 142, 150, 152
Uhenfels 67
UIT21 173
UIT22 173, 190, 191
UIT23 173, 190
UIT24 172, 190, 191
UIT25 173
Umbria 94—95
Urge 119
Uruguay 87
Ussukuma 70
Valiant 65
Vandyck 47
Van Kinsbergen 109, 122
Vengeur 116
Venturer 195
Victorious 125
Ville de Rouen 126

Ville de Tamatave 126
Vincennes 75
Vladimir Mayakovsky 79
Voltaire 56, 62
Wahehe 83—85
Waimarama 68
Wakakura 42
Wakama 84
Wangoni 10, 85
Wartenfels 114—116
Wascana Park 184
Watussi 68—70
Weissenfels 115
Weser 108
Weserland/Ermland 16—17, 118—119, 142, 151, 155, 162, 175, 176
Westerwald siehe Nordmark
Widder 102
Wildenfels 115
Willmoto siehe Odenwald
Will o'the Wisp 24
Windhuk 68
Winnepeg 122
Winnetou 103
Winslow 133, 183
Wolfe 89
Wolfsburg 86
XXIV Maggio 126
York 87—88
Z23 154, 157—159, 179—181, 190
Z24 154, 157—159, 181
Z27 176, 180
Z32 154, 157—159, 181
Z37 154, 157, 158, 181
Zamzam 121
ZH1 176, 179, 190
Zwaardvisch 195

SACH- und NAMENSREGISTER

Admiralität, britische 26, 32
Amerikanischer Sezessionskrieg 23–25, 135, 196
Antikes Griechenland 22
Auphan, Contre Amiral Paul 97
Avro Anson 131
Avro Lancaster 141
B 25 Mitchell Flugzeug 181
Bachmann, Admiral Johannes 148
Baluchi Regiment 115
Biafra 199
Boeing B-17 & PB1 Flying Fortress 193
Bonnie Prince Charlie 23
Bristol Beaufighter 16, 19, 178
Bristol Beaufort 136, 158
Bristol Torbeau 158
Chaplin, Charlie 171
Churchill, Winston 78
Cockleshell Heroes 148–149, 155
Collinet, Vice Admiral 161
Consolidated PBY Catalina 190–191
Consolidated B-24 & PB4Y Liberator 17, 20–21, 180–185, 189, 192
Cross, Ronald 26
Cunningham, Admiral of the Fleet, Sir Andrew 170–180
Dalton, Hugh 26
de Havilland Mosquito 17, 19, 195
Deutsche Marineorganisation 31–33, 118, 119, 122, 128 143, 152
Deutsche Wirtschaft 25–26, 29–31, 91, 93, 96, 117, 128 131, 139, 143, 151, 173, 187, 197–198
Division, 12. Afrika 112
Dommes, Fregattenkapitän Wilhelm 171, 193
Dönitz, Grossadmiral Karl 34, 119, 132, 152, 154, 167–168, 187–188
Dornier Do18 74
Erdmenger, Kapitän z.S. Hans 19–20, 154, 176, 179–180
Essberger, John 31, 36, 175
Fairey Swordfish 44, 62, 125, 191
Finlay, Lord Justice 51
Focke-Achgelis FA300 Bachstelze 169
Focke-Wulf Fw200c Condor 160, 180, 181
Fotographische Aufklärung 16, 140, 149, 157, 176
Französische Marineorganisation 96–97, 161
Französische Wirtschaft 96–97, 111, 115–116
Funknachrichtendienst und

Funkaufklärung 11, 33, 36, 65, 75, 83, 87, 95, 113, 122–124, 128, 132, 135, 147, 151–152, 155, 157 163–165, 176, 184–185, 190–192
Gefangene 12, 15, 39, 72–73 87–88, 102, 105, 106, 109–110, 118, 122, 127, 143, 148, 172, 186, 190
Gestapo 15, 34
Grumman TBF Avenger 192
Grumman F4F & FM1 Wildcat 18, 19
Halifax, Captain O.E. RN 26
Handley Page Halifax 18–19 141, 180–181
Handley Page Hampden 151
Hansa Programm 174
Hawker Typhoon 178
Heinkel He111 137
Hitler, Adolf 30, 34, 148, 167, 174, 187–188
Hodges, Admiral RN 137
Horton, Vice Admiral Sir Max 46
Ingram, Vice Admiral Jonas H., USN 132–133, 135, 144, 181
Italienische Marineorganisation 94–95, 131
Italienische Wirtschaft 94, 111, 118, 131
Japanische Wirtschaft 118, 139, 143, 173, 197
Junkers Ju86 69
Junkers Ju88 19, 152, 179
Kalkutta Leuchtturm 174
Kuba 199
Leatham, Admiral Sir Ralph 178–179
Lincoln, Präsident Abraham 23
Lockhead PV1 Ventura 191
Martin PBM Mariner 16, 186
Martin A-22 Maryland 100
Ministère de Blocus 51
Monnet, Georges 51
Musenberg, Korvettenkapitän Werner 169
Mussolini, Benito 94
Nomura, Vice Admiral 170
Pan-Amerikanische Neutralitätszone 74–75, 119, 132–135
Pegram, Rear Admiral, RN 14
Pernot, Georges 51
Prisengeld 28
Radar 144, 145, 147, 156 17, 159, 160, 163, 171, 177, 186, 188, 192
Raeder, Grossadmiral Dr. h. c. Erich 34, 123, 152
Raikes, Vice-Admiral R.H.T., RN 61

Read, Rear-Admiral O.M., USN 145, 155
Rhodesien 199
Roosevelt, Präsident F.D. 44, 74
Royal Marines 140, 148
Royal Marines Boom Patrol Detachment siehe Cockleshells Heroes
Schacht, Hjalmar 30
Selbstversenkungs-Maßnahmen 40–41, 55, 63–65, 129
Selborne, Lord 26, 139, 149
Short Stirling 16, 20, 141
Short Sunderland 16–21, 104, 136, 146–147, 151
Sorge Richard 15
Spionage und Nachrichtendienst 11, 17, 65–66, 80, 94, 157, 163–164, 174, 176, 177, 183
Spooner, Rear Admiral, RN 62
Squadrons
  Nr. 10 RAAF 136, 147, 151
  Nr. 15 SAAF 69
  Nr. 22 RAF 136
  Nr. 105 USN 180
  Nr. 107 USN 17, 180–181, 184–185, 192
  Nr. 201 RAF 19–20
  Nr. 254 RAF 178
  Nr. 262 RAF 191
  Nr. 311 Czech 21
  Nr. 422 RCAF 19–20
  Nr. 461 RAAF 19
  Nr. 502 RAF 19, 151
Subhas Chandra Bose 169
Submarine Squadron (Subron) 50, US 157
Taylor, Rear-Admiral A.H., RN 26
Territoritale Gewässer 72–74 134–136, 144, 157
Torpedoboots Flottillen
  3. T.Fl. 144
  4. T.Fl. 19, 179
  5. T.Fl. 144
Vargas, Präsident von Brasilien 133
Vickers Wellington 189
Vietnam 199
Vought-Sikorsky OS2U Kingsfisher 16
Wells, Vice Admiral L.V., RN 62
Wenneker, Admiral Paul 16, 108
West Berlin 199
Wirtschaftskriegführung, britisches Ministerium für 16, 26, 49, 79–80, 139–140
Zerstörer Flottillen
  6. Z.Fl. 155, 158
  8. Z.Fl. 19, 154, 157, 158